L'ENTREPRISE DIGITALE

Conception graphique : Georges Brevière

ISBN : 2-87691-336-4
Dépôt légal : 4e trimestre 1996

Nous nous efforçons de publier des ouvrages qui correspondent à vos attentes et votre satisfaction est pour nous une priorité.
Toutes vos observations nous sont précieuses pour nous améliorer.
Alors n'hésitez pas à nous faire part de vos commentaires à :

Éditions Générales First
70, rue d'Assas, 75006 Paris
Tél. 01 45 44 88 88
Fax. 01 45 44 88 77
Minitel : 3615 AC3* FIRST
Internet e-mail : first@imaginet.fr

L'ENTREPRISE DIGITALE

Arnaud ANDRÉ Jacques HABIB
Jean-Claude GUEZ Guy VANDEBROUCK

F1RST
Management

SOMMAIRE

Les nouvelles technologies de l'information et de la communication en France : Venez prendre part au débat...

Notre adresse Internet :
http://www.ac.com

Nous mettons à disposition une adresse Internet, en souhaitant qu'elle devienne le lieu d'échange autour du livre et des questions qu'il soulève.
Si vous ne deviez pas encore être connecté... vous pouvez aussi utiliser le fax...

L'Entreprise digitale
01 53 23 53 23

Tous nous pouvons contribuer à imaginer et à construire le monde de demain. Ne pas s'exprimer, c'est laisser dire... et faire. Enrichissons le débat !

120 JEUNES FACE AUX NOUVELLES TECHNOLOGIES

Internet, CD-ROM, réalité virtuelle, réseaux... Les nouvelles technologies de l'information et de la communication semblent déjà régler le rythme de nos existences. Familières pour certains, elles cristallisent pour la plupart beaucoup de fantasmes et de peurs. Peur de la machine qui remplace l'homme au travail. Peur d'un monde désormais sans frontières donc sans protection, un monde taillé à la mesure des forts. Peur aussi d'une société déshumanisée, qui consacre l'éclatement des communautés et des solidarités au profit de logiques individuelles et d'un modèle généralisé de solitude. Peur enfin de voir remises en question nos valeurs et la démocratie.

Est-ce une question de génération ? Curieusement non. Les jeunes devraient être ceux qui craignent le moins l'arrivée des nouvelles technologies. Ce sont en fait ceux qui expriment le mieux nos ambivalences et nos craintes. En juin 1996, Andersen Consulting a organisé quinze tables rondes avec des jeunes sur le thème des nouvelles technologies. Cent trente-deux élèves et étudiants de 11 à 24 ans, de milieux sociaux et de formations très divers (classes de sixième à terminale, étudiants de sections techniques, médecine, droit, Centrale, HEC, Miage...) sont venus découvrir le nouveau concept de bureaux d'Andersen Consulting, expérimenter notre réseau interne, s'initier à Internet, visionner un CD-ROM et une vidéo présentant le travail en l'an 2000. Et ils ont répondu à nos questions : comment percevez-vous ces outils ? Quels impacts auront-ils sur votre vie professionnelle, votre vie quotidienne et sur la société ? Quelle attitude adopter pour les maîtriser ?

« C'est comme grandir : cela fait peur »

A notre grande surprise, ces jeunes se sont montrés curieux mais très prudents. Amusés mais plutôt inquiets. Utilisateurs occasionnels mais d'abord très distants. Paul s'enthousiasme : *« L'informatique et le virtuel me passionnent. Mais c'est un outil tellement pratique qu'on risque de ne plus arrêter de s'en servir... »* Jullian s'inquiète : *« Cela ne me plaît pas vraiment. C'est un peu comme grandir : cela fait peur. »*

Ces réactions sont représentatives. Les nouvelles technologies paraissent présentes partout : qui n'a jamais entendu parler d'Internet ? Qui n'a pas remarqué dans les rues ces promeneurs avec leur téléphone portable ? Qui n'a jamais lu dans la presse un article sur l'explosion du multimédia ? Difficile d'ignorer ce qui semble déjà changer nos vies... Et pourtant nul ne sait vraiment où ces technologies nous emmènent.

« J'ai du mal à voir, dans un futur proche, la réalisation de tous les délires journalistiques qu'il y a en ce moment sur les autoroutes de l'information, le multimédia, etc. Je n'y crois pas du tout », dit Stéphane. Margot est encore plus critique : *« Je pense qu'Internet c'est bien, mais qu'on le laisse à ceux qui en ont vraiment besoin ! Qu'on n'essaie pas d'imposer ce mode de communication ! On voit cela dans les journaux : il faut vraiment avoir Int ernet sinon on n'est pas dans le coup ! »*

Un déficit d'information et de formation

Derrière ces premières réactions se manifeste un véritable besoin d'informations pertinentes. Submergés par l'inflation médiatique, les jeunes ne comprennent ni la nature ni le sens des mutations technologiques dont on leur parle si souvent. Ils se sentent incapables de trier l'information et de construire leur propre jugement. *« Je ne suis pas tellement pour, parce que j'ai peur que cela tombe dans l'excessif, que cela serve à d'autres fins que professionnelles »*, explique Hélène. Mais elle avoue : *« Comme je ne connais pas trop, il faudrait que je puisse juger par moi-même des possibilités qu'offre Internet. C'est plus par ignorance que je suis réticente. »*

Déficit d'information, mais surtout déficit de formation. L'école qui, par ailleurs, demande tant à nos jeunes, les laisse démunis face aux nouvelles technologies. Julie, élève de troisième, raconte : *« À l'école, on n'a pas de cours d'informatique. On ne s'en sert que pour faire du dessin, du Paintbrush. Mais ce serait important de se familiariser vraiment avec l'outil et avec toutes ses possibilités. »* Après la visite des locaux d'Andersen Consulting les élèves mesurent l'écart entre ce qui est enseigné à l'école et ce qui peut être utilisé dans l'entreprise : *« Si dans le monde du travail, la grande majorité des gens se servent d'un ordinateur, l'apprentissage systématique ne se fait pas encore à l'école, d'où un grand décalage. »*

Nous vivons probablement une époque charnière, tiraillée entre des schémas de pensée obsolètes et les incertitudes du futur. La surmédiatisation des difficultés de notre société – chômage, exclusion, insécurité, terrorisme – est loin de créer un climat propice à la confiance. D'où l'attitude ambivalente des jeunes que nous avons interrogés : les technologies dans leur nouveauté, leur caractère ludique et leur foisonnement les fascinent. Mais elles suscitent aussi réserve et inquiétude devant les conséquences que pourrait provoquer leur généralisation.

Avoir une génération de retard quand on a... 17 ans

Constat surprenant : certains des jeunes interviewés, les 17-18 ans surtout, ont l'impression d'avoir été laissés à l'écart. Marie, 17 ans : *« Mes frères et sœurs plus jeunes ont des cours d'informatique à l'école. Ils tapent déjà à la machine. Ils font plein de fautes d'orthographe, mais ils tapent – alors que nous, nous n'avons pas eu de cours d'informatique, et on n'a pas eu l'opportunité d'apprendre à taper. Ça fait peur à cause du retard qu'on accumule : on va arriver sur le marché du travail, et on ne sera pas à la hauteur. A notre âge on se sent déjà dépassé ! »*

Beaucoup d'étudiants demeurent sceptiques sur leur capacité à se familiariser avec les nouvelles technologies. Les occasions de le faire sont encore trop rares. Elles seraient pourtant une excellente occasion pour exorciser leurs peurs. *« Pour ma part, j'aime vraiment cela »*, déclare par exemple Carole. *« J'en fais déjà chez moi. Je suis branchée sur l'ordinateur de mon père qui a Internet. Je ne connais pas ça très bien, mais je trouve formidables toutes ces possibilités !* » Les jeunes ont une insolente facilité à intégrer les technologies dès lors qu'ils en perçoivent l'intérêt... Nicolas a rapidement su utiliser la messagerie électronique d'Internet parce qu'elle lui permettait de communiquer avec ses amis disséminés dans tous les Etats-Unis : « *On arrive dans un univers que nous ne connaissons pas, mais on apprend très vite !* »

La technologie entre le meilleur et le pire

Thomas dialogue depuis son ordinateur avec le monde entier, *via* Internet : « *Je connais Internet et j'adore cela. C'est un moyen de s'exprimer et de s'informer à la fois, de développer sa personnalité et, contrairement à ce que l'on peut dire, cela ne tue pas l'intimité !* » Pour Grégory, « *à long terme, cela pourrait peut-être apporter une égalité entre les gens. Si l'informatique se démocratise, cela peut permettre à tout le monde d'avoir un accès à l'information et à la connaissance. Cela pourrait simplifier la vie, apporter peut-être plus de loisirs aux gens.* » Et selon Quentin, « *cela va vraiment faire avancer les choses. Dans la recherche par exemple, que tous les laboratoires des hôpitaux puissent être en relation avec un spécialiste de l'ADN, c'est formidable !* »

Mais pour un Thomas, un Grégory ou un Quentin, combien pensent comme Marianne qu' « *on ne sera plus qu'une adresse, une e-mail, une image numérique ?* » Jusqu'à prophétiser : « *On disposera de vous. Les employeurs n'hésiteront pas à licencier, et cela se fera à travers un écran ! Et avec toute cette communication à distance, on risque de se couper du reste du monde et d'avoir des relations beaucoup trop superficielles. Et on ne dîne pas par ordinateur avec des amis !* »

Fausses prophéties et vrais enjeux

Le manque d'information nourrit les peurs les plus insolites. Pour Lisa, futurologue en herbe : « *Peut-être même que les sports se feraient sur ordinateur, donc on ne se dépenserait plus physiquement ! Si on continue comme cela les membres pourraient ne ser-*

vir à rien, l'homme ne deviendrait plus qu'une machine ! »

Beaucoup de jeunes se demandent plus sérieusement si nous n'aurons pas bientôt un monde où l'information, manipulée, deviendra enjeu de pouvoir. Pour Emmanuelle, « *il y a le problème des sources d'information : rien n'est vérifiable, on peut écrire et trouver n'importe quoi !* » Big Brother n'est pas loin... « *S'il y a des personnes dangereuses qui ont accès à tout, elles peuvent en faire un usage néfaste, par exemple les extrémistes* », s'exclame Jean-Yves. « *Si on peut mettre la démocratie sur Internet, pourquoi pas la dictature ?* » s'inquiète Etienne.

Ces jeunes expriment aussi leur anxiété devant une société divisée, à deux vitesses. « *Il peut y avoir dans les années à venir, au sein même des sociétés industrialisées, un nouveau tiers-monde, constitué de gens qui n'auraient pas accès à l'information* », prévoit Noël. « *Je pense que les conditions de travail seront beaucoup plus agréables qu'aujourd'hui ; le seul problème c'est qu'elles risquent d'être agréables pour un petit nombre, et le reste se retrouvera au chômage* », déclare Ariane.

« C'est toute la vie qui est affectée »

Enthousiastes ou prêts à envisager le pire, les jeunes de nos tables rondes ont surtout conscience de l'énergie et des efforts qu'ils devront déployer pour vivre et travailler avec les nouvelles technologies. « *C'est vrai, il y a des gens très fermés qui ne veulent pas y toucher, même des jeunes ! C'est la peur du changement, l'impression que c'est difficile.* » « *On développe beaucoup d'outils high tech, mais on essaie de changer les habitudes plus vite que la capacité d'adaptation des gens,* analyse Amaury, *ce qui pose problème c'est la période de transition, cette accélération du temps, en tout cas.* »

Comment s'adapter ? Comment vivre ce changement ? Mais surtout sur quoi s'appuyer pour reprendre le dessus ? « *Nous avons un tunnel à traverser et nous sommes au milieu, dans la partie la plus sombre,* affirme David, *je pense qu'on est un peu dans une période transitoire. L'ancienne génération est complètement sub-*

mergée par ce genre de technique. La nouvelle génération, elle, a peur et ne sait pas très bien où elle va. Nous, on joue un peu aux apprentis sorciers ! »

Beaucoup comprennent que notre façon de penser le monde et nos choix de vie sont en jeu. « *C'est carrément une autre philosophie. Ce n'est pas simplement utiliser un outil technique, c'est vivre d'une autre manière. Il faut vraiment penser au global, car c'est toute la vie qui est affectée,* pense Sébastien, *c'est un vrai défi que de tirer parti de l'accélération des choses : il y a un tel gisement de temps à retrouver.* » « *Les nouvelles technologies peuvent tout changer, nous émanciper de ce temps perdu et nous donner une vraie liberté* », renchérit Francisco.

Liberté individuelle et règles du jeu collectives

Que faire de cette liberté ? « *C'est paradoxal : d'un côté on a une liberté phénoménale, mais je ne suis pas sûr que chaque personne soit capable de la gérer* », doute Alba. *Rester maître de son destin suppose que chacun exerce son libre arbitre.* » Nessrine reste confiant : « *J'ai tendance à croire que pour l'avenir, tout va dépendre d'une éthique personnelle que chacun devra avoir. Ce sera à chacun de nous de gérer son usage des technologies. Pour moi, il n'y a pas de problème : certains en abuseront, d'autres en useront modérément et c'est très bien comme cela.* »

Adrien, travaillant sur ordinateur, est convaincu de la maîtrise de l'homme face à l'outil : « *Je l'utilise souvent, et pour moi le problème est de savoir à quoi est utilisé le temps que l'on gagne. Je pense qu'on doit avoir beaucoup de volonté personnelle pour ne pas rester cloué devant son ordinateur !* » Olivier explique, très informé : « *Il y a des logiciels sur Internet qui filtrent et permettent d'éviter de tomber sur certains serveurs, mais c'est une démarche que l'utilisateur doit faire personnellement.* »

Essentiels, ces choix individuels doivent être complétés par des mécanismes collectifs. Avec beaucoup de maturité, nos étudiants en appellent également à des réponses globales et à de véritables choix de société. Réglementation, information et formation des individus, et surtout implication de chacun dans l'émergence et l'apprentissage de ce nouveau monde : *« À partir du moment où on a pris conscience des dangers et des risques de dérapages, si on veut être prudent, c'est maintenant qu'il faut en parler ! »*

Qui devrait prendre alors les choses en main ? Les parents, qui « doivent développer l'esprit critique de leurs enfants ! » L'école, qui « aura un rôle de plus en plus important d'information, en plus de son rôle social. S'il y a un message à faire passer, c'est peut-être que l'école doit commencer maintenant. » Et tout le système éducatif en général : « C'est sans doute un peu idéaliste, mais dès l'école primaire, on doit faire comprendre aux enfants que la machine n'est qu'une machine. C'est un outil qui n'est là que pour rendre des services. Et c'est à l'Education nationale de faire comprendre aux enfants ce message. »

Des transformations à la mesure de l'homme

Notre jeunesse fait preuve d'un grand sens des responsabilités et de beaucoup de prudence... Cette attitude surprendra peut-être ceux qui imaginaient les jeunes d'aujourd'hui insouciants, curieux de tout, entreprenants. Ce serait sous-estimer l'ampleur des incertitudes auxquelles ils doivent faire face. Cette inquiétude, c'est aussi un appel à des réponses qu'aucun individu, aucune organisation ne sont, seuls, en mesure de leur fournir.

Pourtant, questionner le sens des nouvelles technologies est profondément rassurant. Pour la première fois peut-être, l'homme ne rêve pas de nouveaux outils : il tente plutôt de comprendre tout ce que les technologies portent en germe pour l'avenir. La vitesse de mise en mouvement des hommes, des organisations, des cultures préside à l'introduction des technologies. Or, comme le voient bien les jeunes que nous avons interrogés, aucun projet d'innovation ne rencontre le succès sans prendre en compte la capacité d'assimilation de l'individu et si celui-ci n'y retrouve pas toute sa place. A aucun moment, le monde ne devient autre chose que ce que l'homme en fait.

« La liberté cela s'acquiert et cela s'apprend », déclare Capucine. *« Si*

on n'apprend pas aux gens à se servir de ces outils-là, ils deviendront très dépendants.» Un autre étudiant lui fait écho : *«J'ai du mal à envisager un monde complètement utopique. Je crois à une transition lente qui respecte les hommes. Je crois qu'il faut rester vigilant sur tous ces problèmes et j'ai envie de réfléchir sur ce sujet avec les autres.»*

S'approprier l'avenir

Le monde qu'offre aux jeunes la génération des Trente Glorieuses est complexe et incertain. Mais les leviers du changement sont déjà disponibles. A chacun d'entre nous de refuser la démission et de rechercher des opportunités pour concrétiser des aspirations qui, paradoxalement, sont toujours les mêmes : trouver les voies de l'épanouissement personnel, échanger avec les autres, agir sur notre futur.

C'est un grand moment pour nous, Andersen Consulting, que ce passage à l'ère de l'information et de la communication. Acteur privilégié du déploiement de ces nouvelles technologies, nous envisageons avec enthousiasme les changements à l'œuvre. Ce livre, nous l'avons conçu comme une invitation à partager notre optimisme face à ce qui se joue, mais surtout à participer pleinement à cette aventure.

L'EXPLOSION DES NOUVELLES TECHNOLOGIES

« Dans la vie il n'y a pas de solutions,
il y a des forces en marche.
Il faut les créer et les solutions suivent. »
Antoine de Saint-Exupéry, *Vol de nuit.*

Internet, CD-ROM, réalité virtuelle... Les nouvelles technologies de l'information et de la communication font la une de la presse magazine. Tous les quotidiens ont désormais leur cahier spécialisé. Chaque jour apporte son lot de nouvelles découvertes ou de nouveaux champs d'application qui, nous dit-on, bouleverseront nos habitudes !

Dans ce battage médiatique, comment distinguer l'important du dérisoire ? Le grand Barnum de l'innovation mélange le sérieux et le gadget. Il met sur le même plan le chercheur du MIT et l'adolescent prépubère fou de jeux électroniques. Il confond les innovations porteuses de sens et les avatars de l'imagination humaine. Pris dans ce maelström d'images de notre futur, comment faire le tri et décrypter les vrais enjeux ?

D'autant que nous n'avons encore rien vu : le formidable potentiel des nouvelles technologies va nous conduire de surprise en surprise. Car sous cette profusion d'innovations, une vraie révolution est en cours : le « système technique » sur lequel s'appuient les économies développées vit une mutation en profondeur. Nous passons de l'ère industrielle à celle de l'information.

Cette nouvelle donne appelle un nouveau modèle, à la fois économique, social et relationnel. Car les individus sont écartelés entre des technologies qui les éloignent de leurs repères habituels et des organisations qui tentent, dans le désordre, de prendre le train de la grande mutation.

Les dysfonctionnements de notre société, le chômage, l'exclusion, la crise de nos valeurs sont pour la plupart les fruits de cette tension entre un ordre ancien et un autre en émergence. Nous assistons à l'accouchement difficile d'une nouvelle ère.

Le grand Barnum des nouvelles technologies

Le battage médiatique autour des nouvelles technologies de l'information et de la communication tourne à la foire. Médias, futurologues et autres décrypteurs de l'avenir nous prennent en main. « Ne vous occupez de rien !, clament-ils, voici la grande parade des nouvelles technologies ! Il y en aura pour tous les goûts, de l'étrange et du fascinant ! Des microprocesseurs comme s'il en pleuvait, dans vos chaussures, dans les poignées de porte, et même dans vos artères ! Tout sera virtuel, votre chien, votre épouse, vos sentiments et vos sensations ! »

Faut-il leur faire confiance et se dire que « c'est pour bientôt » ?

Dans la concession automobile du futur

Dans ces exercices d'anticipation plus ou moins réalistes, tout commence souvent par notre objet le plus cher : la voiture ! « Croyez-moi, j'ai ce qu'il vous faut... pour vous éviter de conduire, semble déjà nous glisser un technovendeur. Dans notre dernier modèle, l'accélération, l'orientation du volant et le contrôle des distances de sécurité sont totalement assistés par ordinateur. La ZRV5 vous aide même à faire les créneaux délicats ! Le copilote virtuel assure aussi votre sécurité active ; il vérifie la pression des pneus, le niveau d'huile...

« Plus de tableau de bord ? C'est normal : les informations sont projetées sur le pare-brise. Ici, vous avez la vitesse, là les voyants d'alerte mais aussi la radio, l'aide à la navigation, vos messages personnels... Vous ne quittez plus la route des yeux ! Bien sûr, comme dans toutes nos voitures, des systèmes de repérage géographique intégrés vous permettent toujours de savoir où vous êtes... Et comment vous rendre le plus rapidement possible à votre destination. Au fait, quelle est votre pointure ? Nous avons intégré le même système dans la paire de baskets qui vous sera gracieusement offerte avec la voiture ! Et nous avons en option ce mois-ci, pour un prix dérisoire, le réveil sécurité : si vous vous endormez, une puce reliée à une caméra vidéo déclenche une alarme. Les accidents sont totalement impossibles avec ce modèle, mais – au cas où – l'airbag intelligent appellera immédiatement les équipes de secours ! Je vous la livre chez vous ou préférez-vous partir avec pour faire une surprise à votre femme ? »

Téléphone... maison !

Laissez-vous emporter dans ce futur que d'autres ont déjà pensé pour vous. Même rentrer bêtement chez soi, nous dit-on, ne sera plus jamais comme avant.

Dès l'arrivée dans votre « maison technologique », vous serez reconnu et traité en fonction des données qu'elle possède sur vous. Grand amateur de Mozart, vous voilà suivi tout au long de votre parcours par le deuxième mouvement du 23e concerto pour piano ! Au fur et à mesure que vous avancez, les lumières s'allument puis s'éteignent derrière vous ; de gigantesques panneaux, reliés à des bases de données d'images, tapissent la maison de tableaux de Matisse (vous l'avez sélectionné cette semaine) ou de vues de Hongkong (vendues en série avec la maison).

Vous vous faites couler un bain. Soyez tranquille, le téléphone ne sonnera dans la salle de bain que si l'appel est pour vous... Ou il ne sonnera pas si vous avez exprimé le souhait de ne pas être dérangé ! Vous êtes localisé en permanence par les agents intelligents de la maison qui n'aspirent qu'à mieux vous servir. *« Pièce par pièce, la machine devient une part de l'humain... »* écrivait Antoine de Saint-Exupéry.

Hier agriculteur... aujourd'hui informaticien du sol

Vous voulez fuir le confort lénifiant de la technologie ? Changez-vous les idées en allumant la radio (cet héritage un peu vieillot de l'époque, où, rendez-vous compte, il était impossible de voir ce que l'on entendait !).

« Troisième édition de Technagri, la foire des technologies agricoles à Amboise. » Notre envoyé spécial a recueilli les impressions de Monsieur Michel, producteur de colza.

« Les vrais agriculteurs, c'est fini ! Regardez mes fils. Ils délaissent les tracteurs pour les ordinateurs. Avec les capteurs qu'ils ont placés dans le sol, ils savent en un clin d'œil ce qui normalement nécessitait des générations pour être maîtrisé : le type exact de sol, le besoin d'humidité, l'engrais à utiliser... Ils font même des prévisions scientifiques en fonction de bases de données météorologiques et d'analyses économiques du marché du blé, du soja, du tournesol. De vrais golden boys de l'agriculture ! Et le pire, c'est que leur exploitation est plus rentable que la mienne ! Surtout, ils sont au courant de tout ce qui se passe. Maintenant que le fisc contrôle par satellite les espaces des champs utilisés au mètre carré près ! L'un de mes amis a même subi un redressement fiscal. Pourtant je l'avais prévenu... mais il n'avait pas voulu me croire ! »

La télé est morte, vive la télé

Les technologies sont décidément partout ! Même dans le poste de télévision... Si l'on peut encore appeler télévision cet écran géant qui occupe le mur du fond du salon ! La cause est déjà entendue, personne n'arrivera à se mettre d'accord sur le programme : avec 500 chaînes, rien d'étonnant ; c'était déjà compliqué avec 6 ! Pas d'inquiétude pourtant, car vous branchez alors la sélection automatique. Le poste a visionné et sélectionné en fonction des goûts de chacun toutes les émissions susceptibles de plaire, puis les a chargées dans un PC-scope numérique ! Et il n'oublie pas qu'hier, votre femme et vos deux filles ont eu gain de cause avec *Autant en emporte le vent* !

Aujourd'hui, ce sera donc la finale de la coupe Davis, opposant l'Allemagne aux États-Unis. « Quelle plaie, cette pub ! » pense votre fils, Antoine, en voyant apparaître au fond du terrain, en alternance, des panneaux publicitaires virtuels. Il révise son jugement en remarquant la montre de l'arbitre : une vraie montre ordinateur, avec téléphone intégré ! Vite, il saisit sa télécommande et sélectionne, à l'aide du curseur, l'objet de sa convoitise. Le prix s'affiche automatiquement ainsi que l'icône Achat. Il clique sur l'icône et entre le code de sa carte de crédit qu'il a reçue pour ses 13 ans... Plus que 24 heures à attendre ! En haut à gauche de l'écran, message pour votre petite Camille : désire-t-elle la maison Barbie complète avec le ranch et les chevaux ? C'est vrai qu'elle vient de recevoir la poupée pour son anniversaire...

Vertige de la consommation

Il sera toujours possible d'acheter sur mesure ailleurs ! Dans la galerie commerciale, une borne multimédia chante une petite mélodie d'accueil alors que vous vous trouvez encore à une bonne dizaine de mètres. Et si vous vous décidiez enfin pour ce costume Prince de Galles ? Inutile de l'essayer. La machine se souvient parfaitement de votre dernière commande, passée à la gare en attendant le TGV. C'est bien un modèle croisé, explique-t-elle en faisant tourner le mannequin... qui a votre visage et votre morphologie. Quelle cravate irait bien avec ? Devant cette question imprévue, l'ordinateur vous passe un vendeur situé à des centaines de kilomètres de là. Va pour la bleue !

Reste à commander le costume et le payer via un lecteur de carte bancaire intégré. Une technologie en voie d'obsolescence. Désormais le Wallet PC, portefeuille électronique, permet de régler presque tous les achats, du demi au comptoir à la cuisine en kit, en passant par la location de voiture. Il suffit de tapoter sur un petit écran pour transférer le montant nécessaire de « sa poche » à celle du commerçant. Pas l'ombre d'un flux physique... Et le cauchemar pour les pickpockets professionnels. Car le Wallet PC ne reconnaît que les empreintes digitales !

Le Wallet PC remplace les cartes de crédit, le chéquier, le carnet d'adresses ou l'agenda. Il sert même d'appareil photo, de magnétophone de poche, de téléphone cellulaire, de boussole et de calculette... Il affiche vos messages et vos rendez-vous. Grâce à lui vous pourrez lire ou envoyer du courrier électronique. Il vous informe sur la météo et les cours de la Bourse. Il ouvre même votre porte d'entrée.

Gesticulations créatives au cyber-opéra

Savez-vous encore où vous êtes ? Rêve ou réalité ? N'est-ce pas pourtant dans un très sérieux quotidien du soir de l'année... 1996 [1] qu'est racontée la première expérience de cyber-opéra ? Sur une idée de Marvin Minsky, fondateur et gourou du MIT, Tod Machover a créé *The Brain Opera*, le premier opéra interactif. En vous rendant au Lincoln Center de New York ou en vous connectant sur Internet, vous pouvez vous transformer en co créateur et participer à l'élaboration d'un opéra contemporain, puis assister à sa représentation !

Le participant créateur se voit tout d'abord invité à pénétrer dans un laboratoire musical équipé d'instruments électroniques aux noms et aux formes plus étranges les uns que les autres... L'« arbre à rythme », dont les protubérances s'allument, émet des sons en fonction des pressions exercées par les mains des visiteurs intrigués ; l'écran du « chevalet à mélodie » chante quand on le touche – la mélodie créée varie selon le parcours suivi par la main ; le « mur de gestuelle » est une grande plaque de métal réagissant aux mouvements du corps. Les apprentis musiciens ne seront interrompus lors de leur création – filmée et enregistrée – que par les questions de Marvin Minsky, apparaissant sur des écrans disséminés dans le laboratoire.

Après 45 minutes d'attente, le participant pourra assister à la représentation de son œuvre. Sons et images enregistrés lors de la « visite » sont mixés avec l'*Offrande musicale* de Jean-Sébastien Bach, elle-même agrémentée de variations diverses (Bob Dylan, les Beatles, Duke Ellington, Stravinsky) et de la voix de deux jeunes chanteuses. Dans le dernier mouvement de l'œuvre, de jeunes surfeurs musiciens, connectés sur Internet, peuvent également intervenir, en accès direct et temps réel.

Pour conclure cette manifestation de création collective, les auteurs pourront une fois encore exprimer leur génie artistique en dansant sur le « tapis sensoriel », grand tapis interactif !

Virtuel, virtuel... vous avez bien dit virtuel ?

Écouter un concert ou faire ses courses : ce sont des pans entiers de notre existence qui, selon les médias, s'ouvriront bientôt au « virtuel » ! « La réalité virtuelle touchera vraisemblablement tous les aspects de la vie humaine : divertissements, culture, éducation, travail... mais aussi, peut-être, rapports sociaux et sexuels », lit-on sous la plume d'un journaliste économique. [2] Diable !

De cette agence immobilière à Londres où, sans déranger le propriétaire et sans vous déplacer, vous vous « promenez » dans un appartement à louer au moyen d'un casque de visualisation, limitant ainsi le nombre de visites, à la promenade dans des sites ou des musées virtuels (les grottes de Lascaux reconstituées par l'université de Cincinnati, l'abbaye de Cluny par le Media Lab français...), en passant par les jeux virtuels où vous serez « réellement » le héros de l'aventure... Sans compter toutes les personnes que vous pouvez, au choix, rencontrer ou non au cours de vos pérégrinations dans ces nouveaux univers...

Votre petite amie ne vous quittera plus... sauf si vous le souhaitez

Au Japon... virtuel, vous pouvez ainsi rencontrer Kyoto Date. Cette jeune et jolie chanteuse de 16 ans est déjà submergée de demandes de la part des télévisions et des annonceurs. Mais la star montante n'est pas faite de chair et d'os. C'est un personnage animé, en images de synthèse 3-D, créé par Hori-Pro, une agence de Tokyo... qui est ainsi certaine d'avoir une star éternellement jeune, se pliant aux exigences de ses créateurs, sans états d'âme et insensible aux sirènes de la drogue ! Pas besoin d'assurer sa voix, dont le timbre est synthétique, ni son corps qui ne craint pas le poids des années.

L'audience visée ? Non pas des adolescentes en mal d'identification, mais plutôt la nouvelle génération des *otaku*, jeunes garçons japonais virtuoses des ordinateurs et jeux vidéos... qui pourraient bien tomber amoureux de la star, infiniment plus accessible qu'une vedette du monde réel puisqu'elle peut « dialoguer » à toute heure du jour et de la nuit. [3]

Les nouvelles technologies vous aident même à surmonter vos peurs

Ces perspectives vous donnent le vertige ? Les nouvelles technologies sont encore là pour vous aider. La réalité virtuelle peut en effet vous permettre de lutter contre la plupart de vos phobies. Vous vous habituerez à prendre un avion virtuel, à être entouré d'une foule virtuelle, à demeurer dans une pièce fermée virtuelle. Vos réactions et vos comportements seront analysés minutieusement afin de rendre les sessions de thérapie les plus efficaces possibles.

Après tout, si la réalité virtuelle permet aux chirurgiens de réaliser des opérations jusqu'alors impossibles ou de s'exercer sur des corps immatériels, si elle permet aux pilotes d'avion d'utiliser des simulateurs de vol (et qui imaginerait un pilote sans expérience aux commandes d'un Airbus ?), pourquoi pas nous ?

C'était hier ou c'est pour demain ?

Maison technologique, voiture qui roule toute seule, télévision intelligente, rencontres virtuelles... Dans cette pléthore d'innovations plus ou moins surréalistes, êtes-vous capables d'identifier celles dont raffolent déjà les Japonais, celles que testent les laboratoires du Wyoming et le fantasme du lecteur en mal de science-fiction ? N'avez-vous pas le sentiment d'être submergés par ces révolutions dont personne ne connaît les échéances ?

Reprenons nos saynètes et faisons le tri. La maison du futur ? C'est à peu de choses près celle que Bill Gates, le patron de Microsoft, va bientôt lui-même habiter. Les microprocesseurs dans vos baskets ? Patience, c'est pour très bientôt ! La belle et numérique Kyoto Date ? Vous pourrez lui parler mais ne vous bousculez pas, d'ici quelques mois elle sera à vous tous en même temps, où que vous soyez, grâce à Internet. Le Wallet PC ? Collectionneurs de monnaies anciennes, dépêchez-vous, pièces et billets vaudront bientôt de l'or : une équipe du CNRS travaille sur un composant électronique qui pourra parfaitement s'adapter à un futur modèle d'ordinateur léger, pliable et transparent. [4] L'informaticien des sols ? Prenez la route de nos campagnes, ouvrez les yeux et tendez l'oreille. Vous verrez que tout a déjà bien changé : on y parle davantage de bases de données météorologiques que de cylindrées de moissonneuses-batteuses. La voiture qui parle et vous guide ? Ne répétez à personne que cela vous a étonné, on risquerait de ne pas vous prendre au sérieux ! Une Pontiac, semblable à la Renault Espace, vient récemment aux Etats-Unis de rouler 500 kilomètres sur des autoroutes conventionnelles... sans conducteur !

L'imagination a un nouvel allié : les technologies de l'information

La surinformation nous aide en fait assez peu lorsque nous sommes tentés de faire le point sur la disponibilité des nouvelles technologies. Sont-elles déjà là ? Est-ce une expérimentation ou est-ce que tous les Japonais s'en servent ? Ou s'agit-il encore d'une vision, voire d'un « délire médiatique », pour reprendre l'expression de cet élève de seconde ? Peut-on faire ses courses sur Internet ? Il paraît que le paiement n'est pas au point... A moins que pour les Américains, qui ont tant d'avance, ce ne soit déjà possible...

L'imagination a trouvé un allié : les nouvelles technologies de l'information et de la communication. Quelles visions auraient-elles inspirées à Jules Verne ? Lui devait imaginer de nouveaux moyens de transport pour échapper aux contraintes de la réalité de son époque. Les Jules Verne d'aujourd'hui n'ont qu'à regarder autour d'eux pour imaginer des possibles que personne n'a le temps d'explorer.

Un nouveau système technique

Les révolutions que nous prédisent les médias partent d'une réalité très concrète. Les modes de fonctionnement des économies développées, transports, communication, stockage, sont en pleine restructuration. Les flux se dématérialisent : les produits se transforment en informations, la route devient réseau, le camion téléphone, l'entrepôt base de données, la réalité... virtualité. Et pour accélérer ce phénomène, la planète est en cours de « câblage » intensif. Plus un endroit au monde, ou presque, ne sera inaccessible, et en multimédia !

L'éternelle jeunesse des nouvelles technologies

Le formidable potentiel de reconfiguration que portent les nouvelles technologies s'appuie sur une brève mais intense histoire de l'innovation technologique. Il n'a fallu que cinquante ans pour que naisse une nouvelle industrie dont la puissance ne cesse de croître, et dont les mutations sont incessantes.

Le raccourci est saisissant : quoi de commun entre l'ENIAC Mark 1, premier ordinateur à 18 800 lampes, né en 1945, qui pesait 30 tonnes, dont les 47 armoires de tôles de 3 mètres de haut occupaient 72 mètres carrés et qui consommait 140 kilowatts... et nos portables actuels ? [5]

Quarante dollars l'heure... pour une grosse calculette !
A l'époque où Bill Gates faisait ses études à l'université, la connexion à un ordinateur partagé revenait à environ 40 dollars l'heure ! Et à ce prix, on n'obtenait qu'une partie du temps de la machine. A l'époque, il était possible d'avoir son propre ordinateur... en investissant 18 000 dollars, et en se préparant à installer discrètement une masse de 550 kilos dans un volume de 2 mètres cubes ! Tout cela pour une machine qui, somme toute, avait une puissance de calcul brute inférieure à celle de certains de nos bracelets-montres. [6]

Pas si « nouvelles », les technologies de l'information semblent surtout ne pas respecter les règles qui régissent classiquement le cycle de vie des innovations. La fameuse courbe en S, qui décrit les quatre phases de déploiement d'une technologie (l'incubation, l'adaptation, le décollage puis la maturité), ne rend pas suffisamment compte de leur exceptionnel foisonnement. Sa pente se redresse, traduisant une entrée de plus en plus rapide des nouvelles technologies sur le marché. On assiste à un phénomène d'accélération sans précédent, une vague d'innovation suivant de près la précédente et appelant encore plus vite une autre.

Nous assistons depuis 20 ans à une montée en puissance expo-

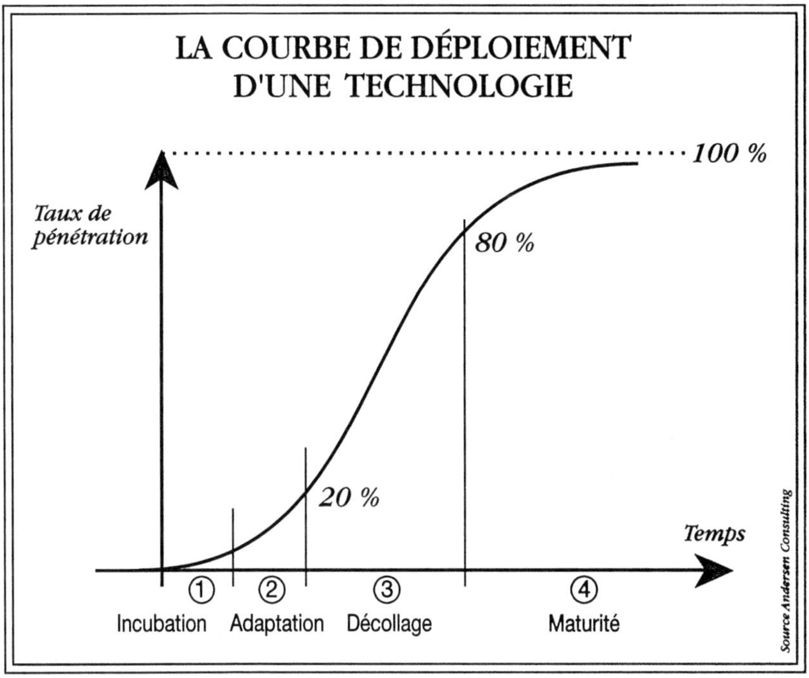

nentielle des performances techniques des ordinateurs et des télécommunications. Par quel miracle ce phénomène qui ne semble pas avoir de fin peut-il s'opérer ? Comment l'industrie des semi-conducteurs est-elle devenue l'une des plus stratégiques sans que l'on ait pour autant annoncé une découverte miraculeuse ?

Il s'est passé quelque chose d'inouï qui permet de rendre compte de l'irrésistible ascension de cette industrie. Le facteur clé ? la miniaturisation des circuits intégrés. Pour la première fois dans l'histoire des techniques, l'amélioration d'un paramètre de fabrication entraîne celle de tous les critères de performance : vitesse des traitements, consommation, chaleur dissipée, nombre de fonctions, rendement de fabrication et... prix.

C'est cette focalisation d'une industrie sur un enjeu, « faire toujours plus petit » qui a été le sésame de tous les développements.
Gordon Moore, fondateur et coprésident d'Intel, a même théorisé dans les années soixante-dix qu'à chaque génération de processeurs, une réduction de moitié de leur taille induit une division

par 4 de leur prix. Il avait d'autre part constaté qu'un doublement de la vitesse de traitement a lieu tous les 18 mois.

Et ces fameux circuits intégrés sont partout : dans les mémoires vives, dans les microprocesseurs, dans tous les périphériques, mais aussi au cœur de tous les systèmes de télécommunications depuis les centraux jusqu'aux systèmes de transmission. La loi d'Amdahl énonce que le rapport du débit des transmissions possibles sur le prix moyen des télécommunications double aussi tous les 18 mois. L'industrie du logiciel suit à la même vitesse : si vous avez tous les 18 mois deux fois plus de mémoire pour le même prix, vous pouvez doter vos logiciels de deux fois plus de fonctions, ou d'ergonomie.

L'ACCÉLÉRATION DES VAGUES DE LA TECHNOLOGIE

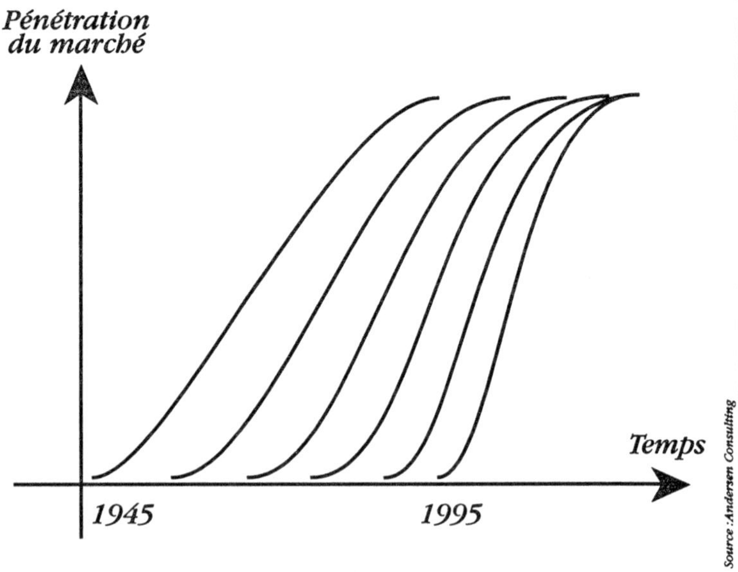

Le rythme d'accroissement des services disponibles tend à rejoindre le rythme de l'évolution technologique, conduisant lui aussi à ce phénomène de « raz de marée », aux vagues de plus en plus fortes et de plus en plus rapprochées. Cette montée en puissance exponentielle est le constituant majeur de la célèbre « troisième vague » d'Alvin Toffler.

50 ans de déferlantes technologiques

Au cours des 50 dernières années, on a vu successivement une douzaine de « vagues » déferler sur le marché :

1945 : ENIAC Mark 1, premier ordinateur à 18 800 lampes, pèse 30 tonnes, occupe 72 mètres carrés et consomme 140 kilowatts
1965 : premier IBM 360, et démarrage en masse des applications de traitements de gestion par lots avec cartes perforées
1970 : apparition des premières applications de gestion en « temps réel » sur écrans
1973 : premiers « mini-ordinateurs », dont en particulier le Hewlett Packard HP-3000
1981 : premiers PC d'IBM
1982 : démarrage de la télématique, avec le minitel français
1983 : premiers mini-ordinateurs assemblés en grappes au travers d'un réseau (Digital VaxCluster)
1984 : premiers micro-ordinateurs, en monde de gestion (IBM-PC), premiers ordinateurs « intuitifs » avec souris (Macintosh)
1988 : apparition des systèmes experts
1989 : premières applications avec des PC communiquants, en architectures client-serveur
1992 : début du déploiement du téléphone radio cellulaire
1993 : premières applications de gestion en environnements multimédias
1995 : déferlement de la vague Internet
1996 : ère de la télévision numérique mondiale en direct, par satellite

Une industrie qui se développe à un rythme effréné

Contrairement aux apparences, on est loin d'un phénomène de génération spontanée. Les nouvelles technologies de l'information et de la communication représentent en effet des intérêts économiques considérables.

Les chiffres du *business* de l'information et de la communication parlent d'eux-mêmes : en 1995, le chiffre d'affaires des opérateurs de télécommunications à travers le monde a dépassé 500 milliards de dollars, soit deux fois le budget de la France. Le Japonais NTT, leader mondial, ou l'Américain ATT, ont un chiffre d'affaires et un taux de croissance à faire pâlir d'envie les patrons d'industrie « classique » : près de 80 milliards de dollars pour NTT, 50 pour ATT et 29 pour France Télécom). Ce secteur connaît une telle explosion qu'on y a dénombré plus de 500 opérations de fusions-acquisitions d'un montant global de près de 20 milliards de dollars, pour le seul premier semestre 1995 ! Ces chiffres ne renvoient pas à un îlot de performance : il faut y ajouter les effets induits par les technologies de la communication sur l'ensemble de l'économie.

Le marché des télécommunications mobiles a atteint 70 milliards de dollars en 1995, pour près de 200 millions d'abonnés dans le monde. Le très médiatique Internet aurait un marché global de 116 milliards de dollars pour les États-Unis et de 35 milliards pour l'Europe. Les services accessibles via les autoroutes de l'information sont chaque jour plus nombreux, entraînant derrière eux la naissance de véritables secteurs économiques : services d'information, multimédia en ligne, vidéo à la demande, pay per view (télévision payante à la demande), jeux interactifs, transactions en ligne, télé-achat, visiophonie... Le nombre des abonnés aux services en ligne ne cesse de grimper : début 1996 on en comptait 6 millions pour America On Line, 5 millions pour Compuserve, 1,7 million pour Prodigy. Le nombre de services sur Internet double... tous les 53 jours !

10 Août 1996 : le point sur les services en ligne

Europe On Line, créée à l'origine par le groupe Matra Hachette et repris par l'éditeur allemand Burda, vient d'être mis en faillite. Infonie connaît des difficultés. L'enthousiasme initial a été tempéré par des résultats décevants : introduit à 450 francs lors de l'entrée en Bourse, son titre a perdu près de 40 % de sa valeur. 100 000 abonnés sont indispensables pour atteindre l'équilibre : Infonie n'en enregistrerait que 5 000 à ce jour...

La bonne santé des services d'information interactifs américains n'en est que plus insolente. America On Line a annoncé le triplement de son bénéfice net avec environ 15 millions de dollars et un chiffre d''affaires qui dépasse la barre... du milliard de dollars !

Le NASDAQ devient un peu étroit pour cet opérateur qui ambitionne légitimement d'entrer au très élitiste New York Stock Exchange. Seule ombre au tableau, l'arrivée d'autres puissants concurrents attirés par le potentiel de ces réseaux multimédias, comme le géant Microsoft.

Quand vous lirez ces informations, elles seront déjà périmées ! En espérant que l'écart aura commencé à se résorber...

Sous le capot de l'ordinateur

Sans compter que ces chiffres n'évoquent que la partie émergée de l'iceberg. Des nouvelles technologies nous ne retenons souvent que des ordinateurs ou des périphériques. Il s'agit en réalité de bien autre chose. De réseaux gigantesques, de connexions innombrables : derrière les machines qui révolutionnent notre vie quotidienne et notre travail se cachent en effet des architectures physiques extrêmement riches et complexes. Heureusement, il nous suffit de maîtriser les fonctions simples d'un automate ou de notre ordinateur... qui sont déjà bien assez compliquées pour certains d'entre nous !

Depuis la fin des années quatre-vingts, l'univers informatique vit une mutation en profondeur. Les grands systèmes propriétaires, les méga-ordinateurs capables d'engranger et de traiter des centaines de millions de données instantanément, conservent leur raison d'être dans des structures comme les centres de recherche, les banques, les administrations, où des quantités importantes d'informations doivent être centralisées.

En entreprise, 60 à 80 % des applications nouvelles se font désormais en architecture client-serveur, dans laquelle données et traitements se répartissent sur le réseau interne de l'entreprise. Constituées de machines de moyenne puissance, connectées à des serveurs de données et à des micro-ordinateurs, ces architectures sont plus souples, moins coûteuses, et permettent un meilleur partage de l'intelligence au sein de l'entreprise. En parallèle, l'émergence du phénomène Internet rend accessibles des serveurs de toute nature, dans le monde entier, à condition qu'ils respectent un minimum de normes et de protocoles maintenant très généralisés.

Et une nouvelle étape se profile. Ses contours sont prometteurs mais son avenir encore flou : il s'agit du network computer. Des langages et des modes d'accès permettraient d'utiliser l'intelligence répartie dans le réseau. Sans contrainte de puissance, les terminaux seraient beaucoup moins chers. L'information serait accessible avec un minimum d'entraves.

Réseau, dis-moi qui tu es ?

Un réseau transmet d'un point à un autre un signal. Mais peu à peu toute l'infrastructure prévue initialement pour la voix (le téléphone) devient un réseau de transmissions de données informatiques (numériques). Il peut alors transporter aussi bien de la voix, du son stéréo, de l'image ou de l'informatique. Les réseaux modernes transmettent ainsi indistinctivement des données entre ordinateurs, des télécopies, des messages électroniques (E-Mail), des fichiers représentant des sons ou des images et de la télévision numérique. A terme, toutes les télécommunications seront numériques.

Les technologies des réseaux évoluent mais cohabitent en parallèle, de la "paire torsadée" du téléphone traditionnel de votre domicile au réseau de satellites de télécommunications, en passant par le câble et la fibre optique. A la toile d'araignée que représente la tuyauterie des éléments du réseau s'ajoutent des commutateurs qui découpent en morceaux (paquets) et orientent les flux et, pour l'utilisateur final, un modem ou un décodeur qui permette la connexion de son ordinateur ou son téléviseur.

La qualité principale des réseaux est leur capacité (ou débit) mesurée en "bits par seconde"; un vieux téléphone exige 15 000 bits/sec. A cette vitesse, suffisante pour transmettre une conversation, il faut environ une seconde pour transmettre une page de texte et plusieurs minutes pour une photographie couleur. La vidéo... ne fonctionne pas. Un micro-ordinateur requiert entre 9 600 et 28 800 bits/sec, un téléviseur 1,5 millions de bits/sec et un gros ordinateur quelques dizaines de millions de bits/sec. Les constructeurs mènent donc une "course aux débits" afin d'atteindre, avec des technologies comme la fibre optique ou le satellite numérique, des milliards de bits/sec.

Dans cette tendance globale vers toujours plus de communication, les équipements de réseaux vivent un véritable saut technologique. Les multiplexeurs numériques véhiculent simultanément la voix et les données qu'ils compriment sur une même ligne. Les modems rectifient les erreurs de transmission, adaptent automatiquement leur vitesse de traitement en fonction de la qualité de la ligne téléphonique et reconnaissent même leur « confrère » à l'arrivée. Les réseaux locaux s'architecturent autour de concentrateurs de câblage appelés hubs qui, « intelligents » eux aussi, sont capables de gérer des débits de transmission par segments de réseaux ou par stations de travail.

Internet, le réseau qui maille...

Internet est probablement l'expérience la plus médiatisée de cette ère du réseau. Ce n'est pas même une invention et pourtant peu d'innovations ont à ce point dépassé, voire remis complètement en cause, leur champ initial de diffusion. Réseau *« spontané, émergent, en coévolution accélérée avec son environnement humain, (...) chaotique, anarchique, totalement décentralisé... »*[7], Internet est né en 1969, sous le nom d'Arpanet. Il était à l'origine destiné à relier entre eux les systèmes informatiques du dispositif de défense américain, ce qui garantissait la pérennité des communications en cas d'attaque nucléaire, un réseau étant quasiment indestructible. Ce réseau a été utilisé par des universités pour communiquer par courrier électronique et échanger ensuite données et programmes. La standardisation des échanges a permis son formidable développement. Devenu de plus en plus complexe avec le temps, il s'est enrichi de fonctions de transmission de la voix, de données et d'images fixes ou animées, ainsi que de programmes de navigation facilitant la recherche et l'organisation de l'information comme le World Wide Web. Dépourvu de « tête », Internet tient sa robustesse d'une étrange similitude avec un réseau de cellules organisé en circuits d'information redondants. Lorsqu'un neurone se déconnecte, d'autres chemins sont déjà disponibles pour pallier la défaillance.

Imprévu, le succès d'Internet n'en est pas moins spectaculaire avec un nouvel abonné toutes les deux minutes. En 1994, le nombre de serveurs d'information accessibles depuis Internet était estimé à 4,85 millions au total dans le monde, dont 3,37 millions aux États-Unis et 1,09 million en Europe. Internet est utilisé aux États-Unis par plus de 80 000 sociétés pour la diffusion d'informations concernant leurs produits et activités, ainsi que pour la commande et le paiement de biens et de services. Fin 1995, environ 50 millions d'individus étaient connectés à Internet dans le monde. A l'horizon 2000, une centaine de millions pourraient être branchés. [8]

Internet modifie fondamentalement les relations entre les différents acteurs économiques. C'est avec lui qu'émerge un véritable marché électronique. Selon Philippe Quéau, créateur du salon Imagina, *« Internet incarne l'idée d'une interconnexion généralisée, à l'échelle de la planète, de toutes les machines à communiquer. Cela ne va plus cesser de se développer... Des pans entiers de l'économie vont être affectés par le développement de la civilisation de l'immatériel et du virtuel. »* [9]

Une valeur ajoutée qui se dématérialise

La dématérialisation des flux participe de ce phénomène, si elle n'en est pas un ressort principal : la distance et le temps sont abolis. Sur les marchés financiers, il est possible d'organiser des transactions, de prendre des positions et de les modifier en quelques secondes. Il est facile d'imaginer ce que cet accès en temps réel à l'information, totalement affranchi de limites « physiques », suscite d'opportunités. Depuis 1994, l'*Encyclopédia Britannica* a lancé un service sur un réseau informatique transformant le livre physique en une souscription d'accès à un serveur. Ce dispositif permet de disposer d'une information mise à jour régulièrement, sans avoir besoin de ranger ou de déplacer les 25 tomes correspondants !

L'importance de ce phénomène de dématérialisation est telle qu'il devient nécessaire de distinguer le marché physique des biens et services (*marketplace*) du monde virtuel de l'information (*marketspace*).

Lorsque les consommateurs se servent de répondeurs pour enregistrer leurs messages téléphoniques, ils se servent d'objets fabriqués et vendus dans le monde physique. A l'inverse, lorsqu'ils achètent un service de messagerie électronique à une compagnie téléphonique, ils utilisent des informations numériques pouvant être livrées grâce à une infrastructure de télécommunication et à des logiciels spécialisés. Les banques fournissent aux clients des services dans leurs succursales sur le *marketplace*, et des services électroniques sur réseau dans le *marketspace*. Les compagnies aériennes effectuent la vente des billets aux passagers aussi bien via le *marketplace* que le *marketspace*. Les boutiques de restauration rapide prennent les commandes au comptoir et, de plus en plus, par le biais d'écrans tactiles reliés à des ordinateurs, ou Internet. [10] Le réseau informatique devient un canal de distribution pour tout ce qui n'est pas physique mais transformable en données compréhensibles par l'ordinateur ou, comme disent les experts, « émulable par digitalisation ».

La révolution de la communication

Malgré son omniprésence, ce n'est pas l'informatique, avec sa puissance de calcul et ses capacités de stockage des données, qui induit les bouleversements que nous vivons aujourd'hui. C'est la communication. Dans les transports aériens, les grands systèmes de réservation informatique ont permis d'accélérer les transactions mais n'ont pas remis en question le rôle des agences de voyages. Depuis que les non professionnels peuvent accéder directement à ces systèmes, que la réservation d'une place d'avion est intégrée à d'autres services allant de la location de voiture au choix d'un itinéraire touristique, les jeux d'acteurs dans le secteur du voyage et du tourisme se trouvent complètement bouleversés.

Les mutations actuelles sont provoquées non par l'informatique mais par des capacités de mise en réseau et de communication dont nous n'apercevons que le début. Elles décloisonnent l'intérieur des entreprises et les secteurs d'activités. Elles rendent transverse ce qui était vertical et rendent immédiatement présent ce qui était éloigné.

Vers un nouveau « système technique »

Les systèmes de communication et d'échange ont toujours façonné les civilisations. L'invention de la roue, les caravelles de la

Renaissance, puis plus récemment l'automobile, l'avion, le téléphone, le fax, la radio, la télévision, et maintenant les nouvelles technologies de l'information et de la communication, ont joué un rôle important dans la construction des économies et le remodelage du système social et culturel.

Ce qui se passe actuellement est souvent comparé à la révolution de l'imprimerie. Les nouvelles technologies représentent en effet un bond en avant dans la transmission des informations et du savoir, et le stade ultime du temps réel et de l'ubiquité semble en passe d'être atteint.

Mais ce « big bang » en cache un autre. C'est le basculement dans l'immatériel. Les réseaux de communication ne sont pas seulement des modes de transfert de tout ce qui est numérisable, ils ont eux-mêmes un effet de dématérialisation des biens physiques ! Des pans entiers de l'économie se mettent à disparaître du monde réel, aspirés par le « trou noir » du virtuel. Les agences bancaires ? Remplacées par des centres de réception d'appels téléphoniques. Les supermarchés ? Nestlé vient de tester la vente directe de ses produits sur Internet. Les agences de voyages ? Plusieurs compagnies aériennes se sont déjà alliées pour créer la leur : elles sont entièrement électroniques et s'appellent Amadeus ou Galileo.

Rassurons-nous, nous ne passons pas encore derrière l'écran de l'ordinateur ! Les guichets de banques, les têtes de gondoles et le sourire de l'hôtesse qui vend un billet de train existeront toujours ! Mais la part de valeur ajoutée que représente l'immatériel va prendre d'incroyables proportions. La voie électronique est en train de digitaliser une bonne partie des produits et des flux sur son passage. *« Nous passons de l'ère de l'atome à l'ère du bit »*, prophétise Nicholas Negroponte, patron du MediaLab à Boston. [11]

Un nouveau système technique naît avec l'ère digitale. Nos économies tout entières vont reposer sur lui. Les modes d'échange et de fonctionnement s'en trouveront révolutionnés.

Des impacts multiples

Dans le grand chambardement qui s'annonce, quelle position prendre ? Si les technologies changent notre vie quotidienne, faut-il se laisser faire ? Il ne s'agit pas en fait d'être pour ou contre la technologie, mais plutôt de prendre position sur l'utilisation que l'on souhaite en faire.

Technologie et entreprise, technologie et emploi, technologie et morale, technologie et démocratie : autant d'équations difficiles. Les nouvelles technologies sont loin d'être un outil neutre. Il nous faudra tenter d'en mesurer les impacts dans les domaines de la vie des entreprises, du travail et de la personne humaine.

Si le domaine d'expertise d'Andersen Consulting demeure l'entreprise, il n'est plus pensable, pour un cabinet de conseil comme le nôtre, de faire l'économie d'un élargissement du champ du débat. Et cette interrogation est valable pour chacun. Les nouvelles technologies soulèvent des questions qui excèdent « l'économique ».

Une nouvelle entreprise

Intégrées au cœur de l'entreprise, les nouvelles technologies vont modifier radicalement les façons de faire. Certes, toutes les innovations technologiques ne sont pas de nature stratégique. A l'inverse, voilà longtemps que l'informatique concerne bien d'autres domaines que la simple rationalisation des processus et la réduction des coûts !

Comme tentera de l'expliquer ce livre, les entreprises vont se décloisonner. Des équipes éloignées de plusieurs milliers de kilomètres travailleront sur le même projet. Les individus fonctionneront en réseau avec beaucoup moins de niveaux hiérarchiques. Les équipes de première ligne jouiront de davantage de responsabilités et rassembleront des compétences multiples. Certains travailleront la plupart du temps à l'extérieur de l'entreprise, absents physiquement mais connectés en permanence.

Les relations avec l'environnement seront également bouleversées. Les fournisseurs seront tellement connectés à l'entreprise qu'ils en deviendront partie intégrante. Des pans entiers de l'organisation seront externalisés ou virtualisés. Plusieurs entreprises pourront lancer ensemble un nouveau produit ou un nouveau projet sans créer une « vraie » structure dédiée, physique : la nouvelle entité conçue *ad hoc* sera littéralement nulle part !

Full Service Network, entreprise virtuelle

Full Service Network, le premier et le plus avancé des services interactifs destiné au grand public, propose l'accès à des banques de films vidéo, des services de télé-shopping, des services bancaires et des jeux interactifs. Cette entreprise virtuelle a associé 8 partenaires : ATT, Hitachi, Toshiba, US West, Silicon Valley, OSI, Scientific Atlanta et Andersen Consulting. Le projet a duré 20 mois et a impliqué jusqu'à 500 personnes issues de fonctions différentes et couvrant un spectre de plus de 15 disciplines. L'écologie du projet ? Chacun chez soi et tous connectés.

Ces nouvelles règles du jeu représentent d'immenses défis pour les dirigeants d'entreprise. Et les contraint à se poser des questions très concrètes. Comment définir les bonnes priorités ? Faut-il revoir tous les processus ? Quel rôle donner au management intermédiaire ? Comment intégrer les fournisseurs aux systèmes d'information de l'entreprise ? Comment travailler avec la concurrence ? Quid de l'avenir du commerce électronique ?

Le travail à réinventer

Ces questions concernent aussi l'individu au travail. L'entreprise digitale aidera-t-elle ses collaborateurs à utiliser le potentiel des nouvelles technologies ? Ceux-ci développeront-ils leurs compétences et leurs marges de manœuvre ou en seront-ils les nouveaux esclaves ? L'utilisateur d'un système expert ne risque-t-il pas de perdre progressivement la connaissance qu'il maîtrisait auparavant, une fois celle-ci gérée par la machine ?

D'une façon générale, les nouvelles technologies vont-elles favoriser la progression de la formation et de la culture, ou au contraire créer une génération « shootée » à l'image, ayant perdu ses capacités de réflexion et de conceptualisation ?

Les limites entre le temps personnel et le temps professionnel deviendront également plus floues. Les nouveaux moyens de communication, le développement du travail à distance ne vont-ils pas rendre le personnel de l'entreprise plus dépendant ? Un cadre d'aujourd'hui peut déjà être « contacté » en permanence : téléphone de bureau, téléphone mobile, messagerie vocale, alphapage, courrier électronique e-mail, transfert d'appel sur le lieu de vacances... Il peut certes gérer son temps de manière plus souple. Mais il lui est également plus difficile d'établir une frontière stricte entre son domicile et son lieu de travail. La définition de son « temps personnel » devient imprécise, sa disponibilité intellectuelle sur les sujets professionnels plus permanente.

La Silicon Valley ne s'oppose plus à l'Ardèche

Le phénomène concernera tout le monde, mais il sera appréhendé à des degrés divers. Si les réfractaires à la technologie sont encore majoritaires, d'autres ont d'ores et déjà un pied, voire deux, dans le futur. Cette hétérogénéité de comportements ne recouvre pas des territoires connus et clairement délimités : la Silicon Valley ne s'oppose plus à l'Ardèche. Il n'y a plus un « endroit où ça se passe », un épicentre de la modernité. Car aujourd'hui des individus isolés peuvent être en réseau avec la terre entière.

Les nouvelles technologies n'échappent pas à ce phénomène d'inclusion et d'exclusion qui est la marque de nos sociétés. Une certaine « misère technologique » côtoie l'hypertechnologie. Il y a des exclus et des pionniers. Il y a des « mondes » à plusieurs vitesses et le village planétaire, s'il est une réalité pour un tout petit nombre, demeure pour la majorité pure abstraction. Le fameux fossé entre générations devient, en l'occurrence, une évidence. Mais pas toujours celui qui sépare les générations traditionnelles : les entretiens que nous avons conduits avec des jeunes ont déjà montré des écarts de perception entre des lycéens dont la différence d'âge est d'à peine cinq ans !

La brûlante question de l'emploi

« Je pense que les conditions de travail seront beaucoup plus agréables qu'aujourd'hui ; le seul problème c'est qu'elles risquent d'être agréables pour un petit nombre, et le reste se retrouvera au

chômage », s'inquiétait une lycéenne que nous avons interrogée.

Encore une question brûlante : les technologies tuent-elles vraiment l'emploi ? Ou bien suscitent-elles de nouveaux métiers dans des proportions qui compensent les disparitions de postes qu'elles entraînent ? Notre incapacité à répondre de façon définitive à ces questions essentielles est à la mesure de notre « besoin de savoir ».

Les plus éminents économistes s'y sont pourtant penchés. Néoclassiques, keynésiens, schumpeteriens se trouvent renvoyés dos à dos par l'histoire. Nous semblons condamnés à des querelles d'experts que le temps réconcilie dans l'erreur partagée.

Néanmoins, quelques certitudes sur la question des rapports entre la technique et l'emploi demeurent. La première, c'est que la machine a toujours fait peur. Colbert répondait à un inventeur : *« Je cherche le moyen d'occuper le peuple suivant ses facultés. (...) Portez votre invention ailleurs ! »* Sait-on qu'en France, jusqu'à la fin du XVIIe siècle, les machines étaient interdites ? Même réhabilitées, elles suscitaient tellement de violence que l'Angleterre du début du XIXe siècle décréta la peine de mort pour ceux qui les brisaient ! [12] Les canuts lyonnais en 1831 ont symbolisé cette révolte contre les machines et l'inventeur Jacquard a, durant toute sa vie, incarné l'ennemi public numéro un...

En fait les conséquences des nouvelles technologies sont très difficiles à quantifier. Les observateurs et les économistes, selon leur sensibilité, nous laissent entendre tout et son contraire : tantôt les nouvelles technologies tuent l'emploi en portant la productivité à des niveaux inaccessibles, tantôt les opportunités de marchés qu'elles offrent créent de nouveaux métiers et de nouveaux postes. Entre ces deux extrêmes, un discours majoritaire préfère parler d'impacts négatifs à court terme et positifs à long terme. Difficile en tout cas de dire à quel point les nouveaux pôles de croissance autour du multimédia, des autoroutes de l'information et de la communication pourront compenser la « rationalisation » des processus industriels et des activités de service.

Une nouvelle perception du temps

Quel que soit leur impact sur l'emploi, les nouvelles technologies voient leur influence dépasser la sphère économique. Elles modifient nos modes de consommation. Elles questionnent notre éthique personnelle et notre rapport au monde. Elles changent nos relations avec les autres.

Le temps et l'espace se trouvent comprimés de façon radicale. Le télégraphe, puis le téléphone, la radio, la télévision y ont apporté une contribution de plus en plus significative. Le « temps réel » en est le point ultime, et il devient réalité pour beaucoup d'activités.

Un geste aussi simple que celui de téléphoner n'est déjà plus le même. La connexion est tellement rapide que nous obtenons aujourd'hui notre interlocuteur du bout du monde deux ou trois secondes après avoir composé le dernier chiffre. Et nous ne supportons plus d'attendre ! L'instantanéité est probablement le plus visible des phénomènes touchant notre environnement professionnel et personnel. Les services de réservation sont accessibles en permanence. Nos comportements en sont modifiés et de plus en plus de voyages se décident à la dernière minute. Désormais, le consommateur consomme ce qu'il veut, quand il veut, où il veut et comme il veut !

Harcelés par la technologie

Si cette maîtrise du temps et de l'espace ouvre de nouvelles possibilités, elle peut être aussi vécue comme traumatisante. *« Les technologies nouvelles envahissent maintenant l'espace public et le temps commun et ce à l'échelle planétaire. C'est donc l'espace-temps, disons, le plus « intime » (...), qui se trouve assailli, harcelé et sans doute modifié par l'état présent de la technologie »*, écrit Jean-François Lyotard. [13] Harcelé par des courriers et des appels téléphoniques lui vantant des produits qui, au terme d'une segmentation poussée, semblent faits pour lui, l'homme moderne connaîtra un phénomène analogue au « harcèlement faxuel » dont sont déjà victimes les entreprises.

Jusqu'où iront les atteintes à la vie privée ? Susceptible d'être pisté dans ses moindres faits et gestes, chacune de ses transactions devenant parfaitement repérable, l'individu sera-t-il sous le regard permanent de Big Brother ? *« Est-il concevable que les droits de la personne informationnelle soient moindres que ceux de la personne physique ? »*, demandait Jean Martin, avocat à la Cour, lorsque le Gouvernement avait, en 1990, tenté de donner une base légale au fichier des renseignements généraux.

La fin de la propriété ?

Aucun symbole de la propriété individuelle n'est plus fort que celui de la voiture. Pourtant les technologies pourraient contribuer à créer un principe d'utilisation de voitures urbaines en libre-service ne demandant que l'acquittement d'un droit pour chaque usage. Ce n'est qu'un exemple du phénomène de déclin généralisé des « objets » au profit des services, auquel se conjugue la dématérialisation qui en accentue le déplacement d'intérêt et de sens. La notion de propriété des biens physiques pourrait profondément changer.

La licence qui donne le droit d'utiliser un logiciel est typiquement une redevance payée pour renouveler son droit d'usage. Ce type de rapport s'étend à bien d'autres domaines. Internet pourra permettre d'avoir accès à des images animées, à des données, à des extraits musicaux dont il ne sera pas nécessaire de devenir propriétaire pour en profiter. Faudra-t-il continuer à acheter des cassettes vidéo, des livres ou des disques ? Des solutions de stockage sécurisées de données sont envisagées aujourd'hui sur Internet et d'autres réseaux, qui achèveraient même de supprimer la contrainte « physique » d'utilisation d'un outil acheté. Toute la problématique des droits d'auteur se trouve remise en question.

De nouvelles communautés

L'éclatement des structures et l'ouverture de l'information vont mettre l'individu devant un nombre de choix sans précédent. Les modèles qui nous enfermaient dans le salariat à vie ou dans un style de consommation sont en train d'éclater. Autant de repères difficiles à retrouver. R. Salmon résume notre malaise : *« Notre planète s'est unifiée dans l'immédiateté des communications, mais au prix des cohésions mentales. (...) Chacun, parmi la « foule solitaire » tente de rebâtir une conception du monde à partir ou en dépit d'une avalanche d'images et d'informations, sorte de bruit ininterrompu en provenance du monde entier.* » [14]

L'individualisation des modes de vie pourrait conduire à un phénomène de multi-appartenance, fondée sur des relations plus lâches et moins fidèles, au détriment de l'adhésion massive à une idéologie globale.

Le sentiment d'appartenance à une nation par exemple semble céder le pas devant des adhésions multiples, de natures très différentes voire divergentes : elles peuvent être spirituelles, régionales ou fondées sur des communautés d'intérêts qui réunissent aux quatre coins du monde des individus mus par une même passion, chacun d'entre nous pouvant choisir d'appartenir à une ou plusieurs de ces collectivités. Toutes ces tendances sont difficiles à décrypter : tension centrifuge ou d'éclatement d'une part qui met à profit l'ouverture et le décloisonnement du monde, tension de repli d'autre part qui peut inaugurer un regain des solidarités. Verra-t-on un renforcement des attitudes de crispation, d'isolement et d'auto-exclusion face à l'ouverture du monde ? « *L'erreur du jour consiste à croire qu'on peut faire une communauté avec des communications,* » [15] s'alarme non sans raisons Régis Debray.

Reste posée la question de la portée politique et morale de cet éclatement, de ce « tribalisme » qu'évoque Maffesoli. Tout fonctionne effectivement comme si de nouvelles communautés se constituaient sur la base d'affinités très électives. Que restera-t-il du « social » ? Aux États-Unis, des collectivités s'organisent dans des petites villes retranchées qui ont leur propre police, leurs propres règlements et qui souhaitent se soustraire à l'impôt fédéral. La remise en question de l'État serait-elle imminente, comme nous l'annonce Galbraith ?

Progrès ou barbarie ?

Que faire surtout de cette nouvelle liberté ? « *Chacun imagine à sa manière, selon les jours et l'humeur, le paradis ou l'enfer d'une société qui ne formerait les individus que pour les livrer à eux-mêmes* », prophétisait Raymond Aron. [16]

Les risques seront aussi nombreux que les opportunités. Beaucoup d'intellectuels entretiennent un scepticisme vigilant sur la contribution des nouvelles technologies, lorsqu'ils ne développent pas de véritables « utopies négatives », visions d'un monde trahi par les progrès de la technique. Cette dénonciation du danger que représente la folle course de l'homme vers toujours plus de maîtrise de son environnement n'est certes pas nouvelle. Mais avec les nouvelles technologies de l'information et de la communication, l'accélération du changement réveille plus que jamais les peurs.

« Submergés d'information et de prévisions, serons-nous encore capables d'un juste milieu entre peur et prévoyance, entre sens de l'histoire et conjoncture ? », se demandent Albert Bressand et Catherine Distler. [17] Les exemples aujourd'hui sont nombreux où l'être humain semble dépassé par ses propres innovations. Nul ne sait à quels modèles de civilisation nous conduisent les recherches dans les biotechnologies. Dans un autre registre, nul ne maîtrise le contenu d'Internet qui permet d'accéder au meilleur comme au pire. Aux États-Unis, le Decency Act annonce une première réponse réglementaire à de possibles dérives. Sera-t-elle suffisante ? Ou sera-t-elle aisément contournée par des flux d'informations difficilement contrôlables ?

C'est ainsi qu'émerge la nécessité d'une nouvelle forme de régulation sociale : retour d'une nouvelle vocation de l'État, apparition d'autorités indépendantes représentatives des acteurs concernés (CNIL, Commission sur la bio-éthique...). Sans doute la mondialisation nous poussera à inventer et développer des structures de régulation supra-nationales et à retrouver le sens original de la démocratie politique comme arbitre.

Inventer la vie qui va avec

L'accélération de l'arrivée de la technologie dans notre vie professionnelle et personnelle pose une foule de questions dont nous n'avons pas toujours les réponses. Comme dans la formule utilisée par Renault pour promouvoir la Twingo, ce sera à chacun de nous d'inventer « la vie qui va avec ».

Paul Virilio nous invite à sonder ce futur que contribuent à construire les technologies de l'information et de la communication. Cet avenir ne livrera pas de lui-même son mystère : *« Il faut interroger l'énigme de la technique. Car l'objet technique émerge comme une énigme : on sait le faire mais on ne sait pas ce qu'on fait. Ce qui est intéressant, ce n'est pas le savoir-faire, la structure technologique, les performances d'un objet, c'est sa puissance à être, ce qu'il va modifier dans le réel, son onde de choc, son accident spécifique. »* [18]

Si nous étions sûrs au moins de ce que l'innovation technologique nous réserve... mais ce n'est justement pas le cas. Il est de fait impossible et illusoire de prédire quelles seront les technologies les plus fécondes, celles qui ne susciteront aucune application majeure et celles qui disparaîtront sans s'être jamais déployées.

L'impossible prédiction des technologies

Lorsque les militaires utilisaient des systèmes de positionnement de cible par satellites (servant au repérage des sous-marins), ils étaient loin de se douter que la même technologie servirait à mettre en place les balises argos... Et encore plus loin d'imaginer son utilisation dans le système GPS (Global positioning system), permettant aux destinataires de colis FedEx et UPS, en regardant sur minitel, de savoir où se trouve à l'instant même l'objet qui leur est destiné !

Lorsque Matra imagine de vendre aux enchères des panneaux publicitaires TV « virtuels », sur les terrains, pour la Coupe du monde, panneaux invisibles aux spectateurs dans le stade, mais vus différemment par chaque pays récepteur des images du match, deux technologies sont couplées : celle de la télévision et celle de la reconnaissance d'image, développée à l'origine à des fins militaires. Le logiciel utilisé sert également à guider les bombes au laser !

Peut-on suivre Paul Virilio dans son étonnant exercice de prospective et d'anticipation ?
« Après les transports et les télécommunications, la prochaine révolution technologique sera celle des transplantations. On la voit s'annoncer avec le walkman ; le téléphone modulaire... Au lieu

d'équiper le territoire de routes, de voies ferrées, de câbles, c'est le corps de l'homme qui sera équipé. Le téléphone de demain ce n'est pas le bip-bop, mais ce sera un numéro de téléphone attribué à la naissance et implanté derrière l'oreille. » [19]

Tout simplement parce que le futur dépendra de nous, même si ce « nous » demande à être repensé. Comment croire en effet sur parole ceux qui vantent les opportunités des nouvelles technologies ? Peut-on espérer avec eux un véritable changement, plus de richesses et plus d'emplois ? La technologie est-elle vraiment un élément de cette équation ?

Maîtriser la vague technologique

Toutes nos interrogations sur l'influence des nouvelles technologies et sur l'avenir qu'elles nous réservent sont naturelles pour un changement d'une telle ampleur.

Chacun d'entre nous, consommateur, citoyen, salarié, cadre ou dirigeant d'entreprise, ressent la formidable accélération du phénomène. Pouvons-nous le maîtriser ? Comment en tirer parti et profiter de son dynamisme ? Avant de plonger dans le futur, prenons un court instant pour mesurer le chemin parcouru et décrypter l'expérience du passé.

Un processus d'intégration bien engagé

La technologie a déjà profondément transformé le monde, même si nous n'en sommes pas toujours conscients. Nous oublions vite l'ampleur et la rapidité des changements que nous avons déjà maîtrisés et intégrés, et surtout les immenses bénéfices que nous en retirons.

Imagine-t-on un monde sans technologies informatiques ? Plus de téléphone, plus de tri du courrier, plus de remboursements de la Sécurité sociale, plus d'opérations bancaires, plus de Bourse, le bouleversement complet des transports routiers, ferroviaires et aériens... Toute personne possédant un compte en banque, une couverture sociale, effectuant des achats dans des magasins, utilisant son minitel, son téléphone, possédant une voiture, voyageant en train ou en avion devrait transformer radicalement ses habitudes.

Certaines des avancées qu'ont permises les technologies de l'information nous sont devenues totalement naturelles : la société occidentale telle qu'elle s'est développée et organisée aujourd'hui est structurellement dépendante des microprocesseurs. Et peu nombreux sont ceux qui sont prêts à revenir en arrière.

Une sélection naturelle

Les nouvelles technologies n'ont commencé à faire partie de notre quotidien professionnel ou personnel que dans la mesure où nous avons pu en apprécier l'utilité. Elles ne se sont développées qu'en rencontrant un marché, à moins qu'elles ne l'aient créé autour d'un besoin latent ou en émergence.

Nous avons déjà choisi les technologies du passé

De tout temps, d'aucuns se sont enthousiasmés pour les nouvelles technologies tandis que d'autres en ont douté. Au palmarès du ridicule, l'histoire n'a pas départagé les technophobes des technophiles. Bill Gates, dans La Route du futur, nous livre quelques morceaux choisis parlant d'eux-mêmes : l'hélicoptère familial, l'« énergie nucléaire si bon marché qu'on n'aura plus besoin de compteurs électriques », cet administrateur du Bureau américain des brevets qui, en 1899, en réclama la suppression puisque « tout ce qui pouvait être inventé l'avait déjà été » ; sans compter « la bicyclette, engin absurde » ; « l'automobile, intrus bruyant », « la calculatrice de poche, une menace pour l'enseignement des mathématiques » et « la radio, la mort du livre »... [20]
Edison se demandait d'ailleurs à quoi pourrait bien servir, en dehors de l'écoute de pièces de théâtre, le téléphone. Son premier brevet n'imagine qu'une liaison « simplex », à sens unique. Quant à Thomas Watson, le président d'IBM, il affirmait en 1947 connaître l'avenir de l'informatique : « Je ne pense pas qu'il y ait un marché pour plus de cinq ordinateurs dans le monde. »... On estime aujourd'hui à plus de soixante-dix millions le nombre d'ordinateurs qui seront vendus en 1996. [21]

Voilà qui semble rassurant ! D'autant plus qu'il est très difficile de prendre de vitesse une organisation qui a ses règles de fonctionnement, ses valeurs et sa culture. L'innovation technologique, parce qu'elle est systémique, a un impact global sur le métier ou l'organisation à qui elle s'adresse. L'exemple donné par le dossier médical informatisé, largement débattu dans la presse, est à cet égard très significatif : voici un projet dont la technologie est maîtrisée, mais qui pose des problèmes dans son adaptation aux façons de travailler, aux cadres juridiques ainsi qu'à la déontologie. Il faudra du temps pour que les acteurs définissent le champ pertinent de cet outil et ses limites.

Des cycles de régulation par l'insertion sociale

La sanction du marché ou du jugement personnel font partie d'un système plus vaste d'auto-régulation. D'après Victor Scardigli, « l'insertion sociale » d'une nouvelle technologie s'effectue en trois étapes : la conception, les débuts de la diffusion et l'impact social de la technique, c'est-à-dire le changement généré par cette nouvelle technologie dans la société.

Le premier temps est celui des concepteurs, de la recherche-développement. C'est aussi le temps des fantasmes et des grandes manœuvres : industriels et États s'entourent d'experts qui prédisent aux futures applications d'immenses conséquences sociales.

Le deuxième temps est celui des débuts de la diffusion : lancement d'expérimentations sociales et de tests de produits, observation des premiers usages. C'est aussi la phase des retours d'informations vers les concepteurs, qui tentent d'intégrer les leçons de ces expérimentations.

Le troisième temps est celui de l'impact social de la technique. L'innovation largement diffusée finit par changer effectivement la société. C'est le cas des grands systèmes d'inventions reconnus comme tels dans le passé : l'écriture, l'électricité, le chemin de fer... Ce sera très certainement le cas de l'informatique et des télécommunications. [22]

La régulation débordée ?

Mais ces mécanismes régulateurs que décrit Scardigli continueront-ils à fonctionner pour les technologies de la communication ? L'électricité ou le chemin de fer ont vu leur rythme de diffusion limité par des besoins d'investissements considérables. Or, dans le cas des technologies de l'information, les architectures et les réseaux existent déjà. La mise en route de services à forte valeur ajoutée susceptibles de changer le monde demande des tickets d'entrée assez faibles. Le grand réseau planétaire va-t-il échapper aux mécanismes économiques actuels, faisant apparaître une nouvelle économie de l'ère de la communication ?

Les leaders actuels sont eux-mêmes à la merci d'initiatives qu'il est impossible d'anticiper : aujourd'hui Microsoft tremble devant l'imagination et la créativité de Netscape dont l'équipe d'à peine 50 personnes taquine le géant de 15 000 salariés.

Un modèle sous tension

Notre époque vit de formidables tensions. Les phénomènes que nous venons de décrire dessinent les contours d'un nouveau système technique qui appelle une nouvelle donne économique, un nouveau modèle de rapports sociaux et sans doute une nouvelle civilisation. L'ère de l'information s'ouvre, avec tout à réinventer : le jeu des affaires, les modes d'organisation, le travail mais aussi les valeurs fondatrices de la communauté, une nouvelle citoyenneté, de nouvelles visions collectives de notre avenir, de nouveaux horizons pour notre imaginaire.

Cette mutation est pénible : pénible comme seul peut l'être l'avènement d'une autre ère.

Les nouvelles technologies mettent sous tension l'économie en faisant imploser les anciennes règles du jeu, en rendant caducs les outils du pilotage stratégique, du management, la forme même des organisations. Si quelques entreprises, portées par ces nouvelles technologies, semblent totalement en phase avec le nouvel environnement technique, la grande majorité est atteinte dans ses modes de fonctionnement, dans ses buts et ses valeurs.

DES SYSTÈMES À ÉQUILIBRER

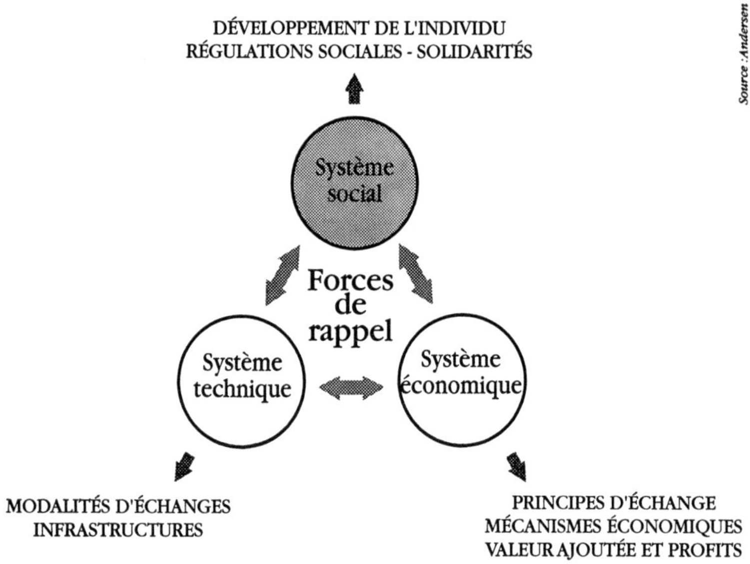

Source : Andersen Consulting

L'économie est sous tension mais que dire des hommes et du système social ? Ils sont encore à l'heure d'un modèle technique qui décline.

« *Notre époque a d'autant plus le sentiment d'une intense mutation que les progrès technologiques et scientifiques ont fait ces dernières années un immense saut en avant. Nous avons, certes, conscience que toutes les époques ont connu leurs mutations techniques, mais jamais elles ne furent aussi importantes ni aussi rapides que de nos jours. Nous avons le progrès mais n'avons pas le temps d'adaptation aux mutations dont disposaient nos prédécesseurs* », déclare Michel Giraud, président du Conseil régional d'Ile-de-France.

Pour les entreprises, l'accélération du rythme de l'innovation crée un sentiment de perpétuelle fuite en avant. Elles ont à peine le temps d'investir dans une technologie que celle-ci menace d'être obsolète. Malgré tout un fort tropisme existe entre le technique et l'économique. Ce dernier trouve dans l'innovation des moyens de se développer, des opportunités de globalisation et d'accélération. Si la tension reste forte, le système technique a tendance à entraîner l'économie dans son sillage.

Il en va tout autrement pour le système social, dont les tensions avec le système économique et surtout le système technique atteignent des niveaux élevés, voire inacceptables. *« Les tensions et les ruptures se jouent essentiellement dans les domaines technologique et scientifique,* continue Michel Giraud. *D'où des risques pour la société. Ces progrès ne doivent pas demeurer la chance de quelques-uns. Ils coûtent de plus en plus cher, en hommes comme en capitaux, excluant de leur bénéfice une partie de l'humanité. C'est cette fracture qu'il faut éviter. Pauvreté et richesse ne se chiffrent plus actuellement en « or » mais en « accès au progrès ». Le monde politique, intellectuel, religieux aussi, sans doute, doit s'impliquer dans ces mutations beaucoup plus que par le passé. C'est à lui de trouver et de proposer les nouvelles normes afin que les progrès profitent à tous ».* Le manque de maîtrise des technologies, l'inadaptation des organisations et des qualifications, la peur

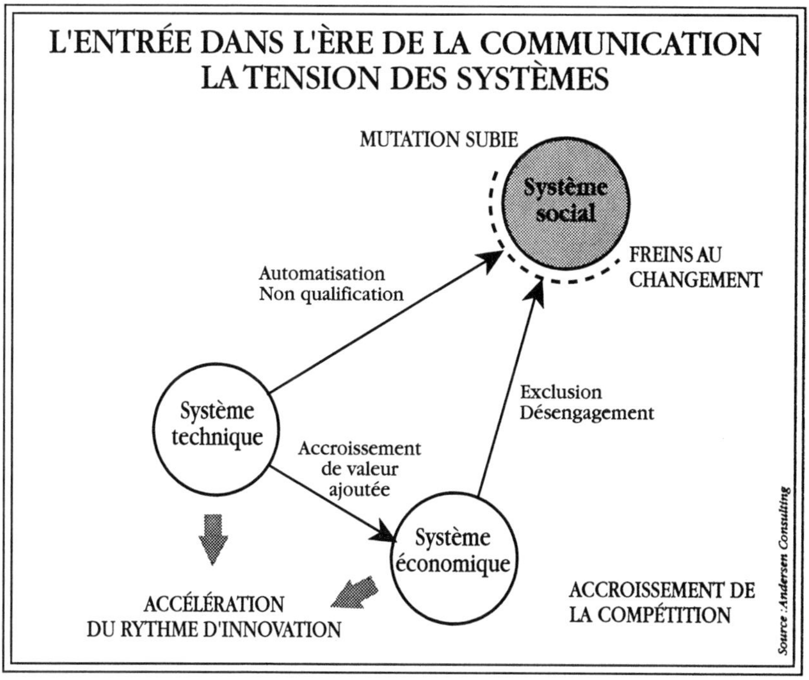

de l'avenir, l'exclusion et le chômage sont les principaux symptômes de ces tensions.

Recréer un nouveau modèle

Une meilleure appropriation du phénomène technologique nous semble impérative. Mais elle ne suffira pas, à elle seule, à créer une dynamique vertueuse. L'arrivée des nouvelles technologies oblige en effet à construire une nouvelle donne économique et sociale, qui demandera beaucoup plus que des ajustements à la marge.

Cette question s'est déjà posée lors du passage d'une France rurale à une France industrielle. Faut-il en attendre autant de souffrance avant qu'un équilibre ne soit satisfaisant pour tous ? Combien de temps a été nécessaire pour que naissent le salariat, les organisations syndicales, et un premier niveau de régulation ?

Le prix payé à la révolution industrielle, qui a arraché les hommes à leur terre, à leur système de valeurs et à leurs savoir-faire ancestraux pour les abandonner au vacarme des ateliers aura-t-il un équivalent ? Comparée à la violence de l'industrialisation de notre pays, il est difficile de prévoir si la mutation que nous font vivre les nouvelles technologies portera plus d'humanité ou davantage de fractures, si l'intégration sociale sera plus douloureuse.

A quoi ressembleront l'organisation et le travail dans une économie investie par les technologies de l'information et de la communication ? Quels liens entretiendront les individus et les entreprises ? Quelles solutions collectives trouvera-t-on pour en gérer les dysfonctionnements ? La complexité est telle qu'aucune solution n'émerge spontanément.

La question n'est plus de faire évoluer nos modèles économiques et sociaux pour qu'ils s'accommodent du nouveau paradigme technique. Il s'agit d'en inventer d'autres qui intégreront et maîtriseront le système technique. Et il ne sera pas possible de les imaginer a priori, car ce n'est pas le dosage des paramètres de l'équation qui est en cause, mais l'équation elle-même. Il est indispensable de reformuler le problème.

Fulgurer !

Konrad Lorenz et Karl Popper, un des plus grands savants du XXe siècle et un éminent philosophe des sciences, font autorité sur les lois de l'évolution. Leurs analyses portent notamment sur les mécanismes qui ont permis aux êtres vivants et à la pensée scientifique de réussir des sauts, de fortes ruptures. Une compétence primordiale dans la période que nous vivons !

« L'apparition de quelque chose de radicalement nouveau, qui n'a jamais existé, est une condition sine qua non du rythme de l'évolution », expliquent-ils. [23] L'histoire de l'humanité et de ses avancées, tant dans l'ordre de la connaissance que des formes de la vie sociale, n'est en effet pas linéaire. Elle est faite de bonds qui lui ont permis de dépasser ce qui, un temps, a pu apparaître comme un seuil ultime. On a longtemps pensé que la terre était plate et que le soleil tournait autour d'elle, qu'une chose était vraie ou fausse, que deux points ne pouvaient être reliés que par une seule droite, que certains devaient être esclaves et d'autres leurs maîtres…

Sommes-nous donc face à un besoin de saut évolutionnel ? Nous répondons incontestablement oui. Au travers de nos interventions en entreprises dans plus de 80 pays, nous sommes tous les jours témoins de cette tension de plus en plus forte entre la nécessité économique, le potentiel des nouvelles technologies et les équipes et dirigeants pris dans ce tourbillon.

Pour être résolue, cette tension nécessitera un processus se situant à l'opposé du progrès contrôlé et continu. Il faudra *« fulgurer »*, comme dit Popper. C'est-à-dire innover en sortant de nos références habituelles. Dépasser les limites inconscientes que nous nous sommes fixées. Changer de modèle. *« La fulguration c'est l'illumination subite de l'horizon évolutionnel. »*

La fulguration, éclair sans tonnerre

C'est en effet la définition du dictionnaire. Nous voilà bien avancés ! Lisons plutôt ce dialogue entre Karl Popper et Konrad Lorenz :
Karl Popper : « Ne t'est-il jamais arrivé ce qui m'arrive constam-

ment ? Tu formules deux idées que tu n'avais pas du tout reliées entre elles et tu t'aperçois brusquement qu'elles sont liées de la façon la plus essentielle. On vit aussi cela parfois comme une révélation, la perception d'une forme : une forme reste cachée pendant des années. »

Konrad Lorenz : « C'est tout à fait juste. C'est à mes yeux l'exemple type de la fulguration : que deux systèmes qui se sont développés jusqu'alors indépendamment l'un de l'autre s'imbriquent tout à coup l'un dans l'autre pour former un nouveau système doté de propriétés qui n'avaient jamais existé. Cela se produit tout naturellement dans la conception d'hypothèses intellectuelles. (...) C'est un type de fulguration, on pourrait dire qu'il s'agit de deux formes dont la corrélation me devient tout à coup évidente. » [24]

Voilà qui est plus « éclairant » : la fulguration c'est un coup de foudre dans l'ordre des idées, un éclair là où tout était calme, à la fois irrésistible et inattendu. « Après », il s'impose comme une évidence ; « avant », il était inconcevable.

Quand un paradigme atteint ses limites, il y a crise : car des forces jouent qui appellent de nouvelles façons de penser alors que l'environnement, les règles, les modèles de connaissance résistent et ne donnent pas la clé de ce qui les dépassera.

Avons-nous déjà collectivement « fulguré » ? Pas encore ! Car nous n'avons pas encore fait correspondre au nouveau système technique de nouveaux systèmes économique, organisationnel et social.

Expérimenter

Cherchons collectivement l'issue. Expérimentons comme le disent encore Konrad Lorenz et Karl Popper : *« Tout le processus d'adaptation du vivant commence par l'expérience. L'apprentissage par répétition est au contraire un processus d'enregistrement d'information. Le savoir acquis est repoussé dans l'inconscient pour décharger l'esprit expérimentateur... On peut montrer que l'apprentissage nous conduit toujours vers quelque chose de plus invraisemblable et non pas toujours vers quelque chose de plus vraisemblable... »*

Pour atteindre le seuil de fulguration, il faut accepter de prendre des risques au-delà de ce qui semble raisonnable, lâcher prise avec ce que nous connaissons d'un système relationnel et social qui a pu faire notre fierté, mais qui est aujourd'hui périmé.

Peut-être avons-nous été trop longtemps les spectateurs passifs et désabusés des maux de notre société, trouvant des boucs émissaires dans la politique, l'argent ou la technologie. La préface de ce livre montre bien la prudence qui caractérise les jeunes de notre pays, mais aussi ses principaux acteurs. Et pourtant l'énergie est là.

Changer de société obligera chacun à laisser derrière lui les tentations de l'attentisme, à « entrer pour voir », et se faire sa propre idée. Et à apprendre. Apprendre collectivement, en réseau, pour que s'éclaire la vision d'un nouvel avenir qui puisse enfin nous libérer. Seule une masse critique d'acteurs qui expérimenteront eux-mêmes les solutions qu'ils vivront par la suite, avec des méthodes comme celles que nous exposons dans ce livre, permettront l'émergence de ce nouveau modèle. C'est nécessaire... donc c'est possible !

Notes

1 D'après un article paru dans *Le Monde*, 01/08/1996.

2 Nora D., *Les Conquérants du cybermonde*, Calmann-Lévy, 1995.

3 D'après un article paru dans *Time*, 05/08/1996.

4 Ichbiah D., *L'Empire invisible – La Civilisation des objets intelligents*, Village Mondial, 1996.

5 Source Ligonnière Robert, *Préhistoire et Histoire des ordinateurs*, Laffont, 1987.

6 Gates B., *La Route du futur*, Robert Laffont, 1995.

7 Rosnay de J., *L'Homme symbiotique*, Regards sur le troisième millénaire, Seuil, 1995.

8 *Les Echos* Etudes/Télécommunications/Marchés et réglementations/Stratégies des opérateurs et perspectives, 1996.

9 Entretien accordé à *L'Express*, 08/02/1996.

10 D'après Rayport J., Sviolka J., « Sachez exploiter la chaîne de valeur virtuelle ! », *L'Expansion Management Review*, n° 80, mars 1996.

11 Negroponte N., *L'Homme numérique*, Robert Laffont, 1995.

12 Lire sur le sujet Alfred Sauvy, *La Machine et le chômage*, Dunod, 1980.

13 Lyotard J.-F., *L'Inhumain, Causeries sur le temps*, Galilée, 1988.

14 Salmon R., *Tous les chemins mènent à l'homme*, Inter Editions, 1994.

15 Debray R., *Vie et Mort de l'image : une histoire du regard en Occident*, Gallimard, 1992.

16 Aron R., *Les Désillusions du progrès, essai sur la dialectique de la modernité*, Calmann-Lévy, 1969.

17 Bressand A., Distler C., *La Planète relationnelle*, Flammarion, 1995.

18 Entretien accordé à Politis, 1994.

19 *Ibid.*

20 Gates B., *op. cit.*

21 *L'Express*, 08/02/1996.

22 Scardigli V., directeur de recherche au CNRS, dans *Le Monde diplomatique*, juin 1993.

23 Lorenz K., Popper K., *L'Avenir est ouvert*, Flammarion.

24 *Ibid.*

TROIS SECTEURS DANS LE TOURBILLON TECHNOLOGIQUE

Les nouvelles technologies de l'information et de la communication vont modifier en profondeur l'environnement des entreprises et leur manière de travailler. Tous les secteurs ne vivront pas les mêmes transformations, car tous n'ont pas la même maturité vis-à-vis de ces technologies. Cette diversité est frappante lorsqu'on analyse leur impact dans trois secteurs totalement différents : la grande distribution, la banque et la santé.

L'utilisation de la technologie y est en effet très variable. Chaque secteur s'inscrit dans des contraintes réglementaires très hétérogènes et la notion de client s'y vit différemment. Nous nous conduisons en vrais clients des supermarchés ou de la vente par correspondance. Nous adoptons progressivement le même comportement vis-à-vis des institutions financières. Mais nous sommes encore loin d'être traités par le système de santé de cette manière, bien que nous soyons de très gros consommateurs de médicaments ou de consultations !

Les technologies de l'information et de la communication ne joueront pas le même rôle dans ces trois secteurs. Elles seront néanmoins systématiquement présentes dans l'équation stratégique des entreprises et des organisations qui y opèrent. Elles permettront de dépasser les blocages, de modifier les jeux d'acteurs et même, comme dans le domaine de la santé, de faire naître de nouveaux modèles.

La grande distribution : haute technologie et sens du commerce

La grande distribution est une activité à fort volume et à faible marge. Le nombre important de fournisseurs, l'éclatement géographique des différents acteurs, la pression directe du consommateur ne laissent aucune place à l'improvisation. Les technologies sont depuis longtemps au cœur des métiers de la distribution. Leur première vague d'application a conduit à mieux maîtriser les coûts notamment logistiques. La deuxième vague est en cours : elle renouvellera les relations entre la distribution et ses fournisseurs, en en faisant de réels partenaires industriels. La troisième vague technologique a commencé mais son potentiel est encore sous-exploité : elle devrait rapprocher le client du distributeur et du producteur en leur permettant de mieux se connaître et de se contacter à bon escient. Le champ des possibles s'élargit ; le client-roi n'a pas fini de bénéficier de l'incroyable créativité du secteur.

L'enjeu crucial de la maîtrise des coûts

Quelle est, en moyenne, le rapport chiffre d'affaires sur résultat d'un distributeur en France ? Pour 100 francs de chiffre d'affaires... 2 francs de résultat !

Dans un métier aux marges aussi faibles, la maîtrise des coûts est stratégique. Les nouvelles technologies continueront de jouer un rôle fondamental dans ce domaine. La forte pression que subissent les prix de vente depuis le début des années quatre-vingt-dix a entraîné les distributeurs dans une course aux gains de productivité. Pour baisser les charges d'exploitation, tous se tournent vers les coûts administratifs, commerciaux et logistiques. Cette course à la productivité durera probablement une dizaine d'années. En France, le départ en a véritablement été donné en 1991.

Parmi les applications technologiques adoptées pour faire diminuer les coûts d'exploitation, l'Échange de Données Informatisées (EDI) joue un rôle essentiel. Introduit dans le milieu de la distribution dès les années soixante-dix, l'EDI était à l'origine destiné à limiter la consommation de papier : certaines centrales d'achats photocopiaient jusqu'à 4 millions de documents ! [1] En permettant aux distributeurs de communiquer sous forme électronique avec leurs fournisseurs, l'EDI a remplacé le téléphone ou le télécopieur.

Les petits ruisseaux font les grandes rivières

Ce n'est que beaucoup plus tard que l'EDI a commencé à jouer un rôle en logistique, avec l'introduction du flux tendu (ou juste-à-temps). La diminution des stocks compliquait singulièrement la tâche des approvisionneurs et des préparateurs, contraints de réagir dans des délais très courts. En permettant de transmettre rapidement des flux d'informations critiques, l'EDI est devenu incontournable pour optimiser l'acheminement des flux de marchandises.

Il est aujourd'hui couramment utilisé et permet d'augmenter sensiblement les performances. Il accélère les échanges d'informations, diminue les coûts de traitement des commandes, réduit le risque d'erreurs et donc les litiges, accroît la souplesse de réapprovisionnement et la vitesse de rotation des stocks.

Les systèmes d'EDI comme la messagerie du Gencod, Allegro, sont les solutions les plus répandues. Faisant dialoguer les ordinateurs des centrales d'achats d'Auchan, de Promodès ou de Casino avec ceux de leurs fournisseurs, Allegro a diminué de moitié le coût de traitement des commandes. Avec l'agrément de la Direction générale des impôts, le système a permis de dématérialiser les factures, de supprimer leur stockage (à l'origine obligatoire) et surtout, de mettre en œuvre des procédures automatiques de contrôle, poste administratif toujours très lourd dans les entreprises. [2]

« Nous nous sommes lancés dans l'EDI pour gagner 7 jours sur les délais de livraison, économiser 2 francs par commande, éviter des erreurs de ressaisie d'informations, permettre aux fournisseurs de planifier leur production » explique-t-on à La Redoute Catalogue. [3] Ils ne sont pas les seuls. A la même époque, le directeur des ventes de Lever reconnaissait que les ruptures de stocks dans les détergents, de l'ordre de 6 %, avaient diminué d'un point. Une baisse également estimée à 1 % chez Leroy Merlin ou chez Auchan...

Des produits livrés sans bouger d'un centimètre !

Le pouvoir des centrales d'achat de la grande distribution est actuellement incontestable. La menace d'un déréférencement pèse sur les fournisseurs comme une épée de Damoclès. Ces rapports de force perdureront et, avec eux, la pression sur les prix. Mais progressivement, l'intégration des nouvelles technologies fera évoluer les comportements.

Avec l'EDI, les distributeurs se sont déjà mis à travailler plus étroitement avec des fournisseurs privilégiés. Cette première étape permet désormais l'émergence d'une forme de partenariat beaucoup plus innovante : l'Efficient Consumer Response (réaction optimale à la demande).

L'ECR conduit à repenser l'ensemble des modes de collaboration entre producteurs et distributeurs pour supprimer les coûts inutiles sur la totalité du cycle. L'idée est la suivante : l'industrie et la distribution doivent être synchrones. Et atteindre ensemble l'objectif idéal : promouvoir un produit, au meilleur prix, dans le magasin adéquat et au bon moment.

Dans la pratique, l'ECR consiste à définir un système d'approvisionnement orienté vers le consommateur. L'enjeu est de taille : sur le marché américain, il pourrait permettre de diminuer le prix de vente final de 10 % en moyenne, dans le rayon épicerie ou des liquides.

Pour atteindre cet objectif, producteurs et distributeurs se sont engagés dans des programmes de collaboration très ambitieux : lancement de nouveaux produits, optimisation des assortiments, amélioration de l'efficacité des promotions commerciales (en les rationalisant, en optimisant les conditions d'achat, mais aussi en limitant les achats spéculatifs), optimisation des flux de marchandises grâce au réapprovisionnement automatique et à l'EDI... L'ensemble du process est revu à la loupe, allant même jusqu'à modifier le packaging de certains produits pour leur permettre d'être livrés directement sur les linéaires ! En Europe, les économies permises par l'ECR représentent, selon les experts, entre 2 et 4 % du prix de vente au consommateur.

Le changement est fondamental : l'ECR conduit à partager certaines décisions opérationnelles mais aussi à mettre en commun politiques commerciales et investissements. L'intégration et l'interdépendance entre fournisseurs et distributeurs se renforce ; une centrale engagée dans un processus d'ECR ne peut plus déréférencer son partenaire comme elle l'aurait fait avec un banal fournisseur. Unisabi, Lever, Colgate, Kronenbourg, LU... calculent déjà eux-mêmes les approvisionnements nécessaires aux entrepôts de la centrale d'achat de Promodès. [4] Tous les distributeurs généralisent actuellement le passage des produits par des dépôts ou des plates-formes d'éclatement. Certains parlent même de construire des entrepôts communs ou virtuels. Distributeurs et industriels seraient regroupés sur un même lieu et les livraisons s'y feraient d'ordinateur à ordinateur, sans que les produits bougent d'un centimètre !

Dentiste et supermarché, même combat

La révolution technologique que vit la grande distribution modifie également ses relations avec les clients.

Des études montrent que le « degré de satisfaction » d'un individu se rendant dans une grande surface pour y faire ses courses est le même que lors d'une visite... chez le dentiste. L'un des éléments les plus rebutants dans les courses ? Faire la queue aux caisses.

Les nouvelles technologies apportent déjà des solutions à ce problème. La lecture des codes barres des produits, ou scanning, en usage désormais à la majorité des caisses, réduit le temps de saisie des prix et donc le temps d'attente. Une innovation qui accorde au distributeur des gains directs d'environ 1 % du chiffre d'affaires suivant la taille du magasin. Des techniques de comptage de clientèle à l'entrée de certains magasins permettent également d'ajouter des caisses en cas d'affluence, donc de diminuer l'attente.

Dans certains magasins des Pays-Bas et de Grande-Bretagne, la question de la queue aux caisses a été résolue d'une façon radicale avec le *self-scanning*. Réservés aux clients réguliers auxquels le magasin accorde sa confiance, les achats sont directement scannés par eux, sans surveillance des caissières. Cette méthode vient d'être mise en place chez Safeway cette année. Bien évidemment, le succès d'une telle méthode est intimement liée à la culture du pays qui l'applique.

Si ces pratiques ne sont pas toutes au même stade de développement, elles font néanmoins l'objet d'expérimentations de la part des grands distributeurs, tous conscients des gains possibles à moyen terme. Dès 1994, Intermarché a testé dans son hypermarché de Buc (Yvelines) des étiquettes de gondole électroniques. Le PC du magasin communique en direct avec les étiquettes à cristaux liquides placées en tête de gondole : les prix peuvent être changés à distance et... à volonté. Permettant à la fois souplesse promotionnelle et renforcement de l'attrait des heures creuses, le premier objectif des étiquettes électroniques est d'éviter les différences de prix entre les rayons et les caisses. « *C'est encore cher,* note un distributeur, *mais on s'y mettra comme on l'a fait avec les caisses enregistreuses à scanner.* » [5]

Retrouver le plaisir d'acheter

Flexibilité des temps d'attente et des prix de vente : les nouvelles technologies de l'information permettent d'adapter la gestion du magasin aux flux de la demande. La révolution actuelle est inévitable car les nouveaux systèmes procurent la plus précieuse des matières premières : une meilleure satisfaction des besoins des consommateurs. [6]

Peu à peu, c'est tout le lieu de vente qui se trouve intégralement repensé pour améliorer ce niveau de satisfaction. En France, où le sens du commerce a su être préservé, la distribution fait des efforts très importants pour rendre le lieu de vente et l'acte d'achat plus attractifs.

Les distributeurs réfléchissent par exemple à la faisabilité d'un *picking*, c'est-à-dire d'une préparation de la commande en réserve et livrée en fin de caisse. Le client scannerait lui-même les codes barres de certains produits simples en entrant dans le magasin. Il n'aurait plus qu'à aller chercher ces achats, souvent lourds à porter ou encombrants, et profiterait ainsi du temps passé dans le magasin pour des achats de plaisir ou la découverte de nouveaux produits. Les produits scannés seraient, eux, préparés et livrés à la sortie.

Pour aider ses clients distributeurs à mieux visualiser l'avenir de leur métier, Andersen Consulting a conçu un « magasin technologique intelligent » : Smart Store. L'une de ses propositions consiste à regrouper les produits en « vitrines d'idées », c'est-à-dire par thèmes, au lieu de les organiser par catégories comme aujourd'hui. Le consommateur se verra proposer par exemple un repas mexicain, avec tous les ingrédients présentés sur l'étalage, au lieu d'avoir à recomposer l'ensemble à partir de différents rayons.

La gestion et l'organisation du magasin de demain sont loin d'être au point. Les expérimentations vont se multiplier et différentes configurations subsisteront probablement avec, pour chacune, une cible privilégiée de clientèle. Parmi les solutions technologiques seront retenues celles qui présentent la meilleure équation en termes de retour sur investissement. Pour le scanning sous tunnel, par exemple (les produits défilent sous un tunnel qui comptabilise automatiquement le prix de l'ensemble), la puce fixée à chaque produit coûte aujourd'hui entre un et cinq dollars l'unité ! De même, la livraison à domicile de produits scannérisés par le client ne concerne encore qu'une clientèle urbaine de cadres supérieurs hyperactifs, prêts à payer un prix plus élevé pour ce type de service.

Votre magasin vous connaîtra-t-il mieux que votre conjoint ?

Le consommateur doit s'attendre non seulement à un magasin différent, mais aussi à un magasin le connaissant de mieux en mieux.

La connaissance des goûts et des habitudes des consommateurs est en effet stratégique pour les fidéliser. Des dispositifs très efficaces existent déjà aujourd'hui. Les cartes de paiement comme la carte Pass de Carrefour permettent ainsi de récompenser les bons clients avec des réductions, des cadeaux, et de les tenir au courant des événements du magasin : soldes, nouvelles collections... devenant ainsi de véritables cartes de fidélité.

Ces cartes recenseraient à tout moment le nombre de visites déjà effectuées, la date et le montant des derniers achats, le type d'alimentation consommée, voire même l'âge du client, le nombre et la date de naissance de ses enfants, informations précieuses pour les fabricants comme pour les distributeurs. Ces derniers pourraient mettre en place des approches marketing adaptées à chacun, comme le couponning électronique. A l'aide de bornes interactives où ils introduiraient leur carte, les clients recevraient des tickets imprimés offrant des promotions personnalisées, établies d'après les informations contenues dans la puce de la carte. Grâce aux technologies de l'information et de la communication, l'utilisation de ces cartes rend possible la création d'une véritable fiche individuelle par consommateur.

Une fois retraitées, les données sorties de ces terminaux points de vente seraient exploitées pour aider à la décision. La grande distribution est encore peu volontariste dans ce domaine, le sens commercial des chefs de rayon étant souvent considéré comme suffisant pour stimuler la vente des produits qui ne tournent pas assez ou supprimer des références dormantes. Mais à la valeur des hommes s'ajoutera désormais une information nouvelle, précise, qui les aidera à optimiser leur décisions quotidiennes et à être plus innovants. Ce qui suppose l'investissement adéquat en réseaux, en machines et en logiciels de traitement...

Mieux identifiés et mieux connus, les clients de la distribution seront mieux servis. la même logique s'applique à la VPC (vente par correspondance) : *« L'intérêt du numérique pour la VPC est que l'on peut transférer des images en toute fiabilité et avec très peu de coûts, sur tous les médias possibles,* constate Jacqueline Courmont, directrice de la Communication des 3 Suisses France. *On pourra de plus en plus personnaliser les messages : quand vous m'aurez acheté trois produits, je les supprimerai de votre catalogue pour les remplacer par trois autres ! »*

C'est souvent en interne que les distributeurs font de préférence leurs expérimentations. Par exemple, les gérants de magasins Chaussures André peuvent commander des pointures ou signaler un défaut sur une chaussure par le service vocal Info livraison. Mais Darty et La Redoute proposent déjà à leurs clients une messagerie vocale qui enregistre automatiquement les commandes ou qui joue le rôle d'un standard.

La sélection des technologies d'avenir sera impitoyable : les distributeurs, avec leur souci permanent d'économie, n'aiment guère les dépenses si elles n'ont pas d'efficacité immédiate...

La reconfiguration de la distribution est en marche

Toutes ces innovations technologiques vont en tout cas faire évoluer le métier de distributeur de façon souvent spectaculaire. De nouveaux concepts de distribution vont apparaître, reconfigurant le secteur en un certain nombre de « formats ».

A l'heure actuelle, la distribution compte déjà une bonne dizaine de concepts différents. Autant de façons de vendre souvent la même chose... Le format de référence est représenté par les supermarchés et les hypermarchés tels que Carrefour, Casino, Auchan, Leclerc ou Promodès. Leur priorité ? Mieux connaître et mieux servir leurs clients. Certains ont déjà commencé à évoluer vers la multi-spécialité, comme Carrefour qui propose à ses clients des produits financiers. Les logiques de prix bas ont leurs spécialistes : dans l'alimentaire, les hard discounters comme Leader Price ou Ed, dont les références sont en nombre limité, le service en magasin réduit au minimum et les prix les plus bas du marché. Songeons aussi, dans d'autres domaines, aux factory outlets, regroupements de magasins d'usine permettant d'offrir des prix très attractifs, aucun effort n'étant fait en termes de présentation... Les usines de textile de Troyes sont un exemple bien connu de ce format de distribution.

Comment Wal Mart est devenu numéro un mondial grâce aux nouvelles technologies [8]

Le cas Wal Mart est l'un des exemples les plus significatifs des évolutions de la grande distribution liées au développement des technologies de l'information et de la communication. En moins de trente ans, le discounter américain Wal Mart est devenu numéro un mondial en 1991 grâce à un usage créatif des technologies de l'information et à une analyse solide de son secteur. Le pari de Sam Walton, son créateur, de dépasser les 100 milliards de dollars de chiffre d'affaires en l'an 2000 sera, selon toute vraisemblance, tenu par David Glass, son successeur.

Dès 1970, Wal Mart investit dans l'installation d'un réseau connectant les magasins, les entrepôts et le siège : le Computer Center. Ce réseau permet de passer directement des commandes de réapprovisionnement et de communiquer les messages des acheteurs aux chefs de rayon.

En 1983, Wal Mart adopte un système unique de marquage des produits, devenu par la suite la norme UPC, afin d'améliorer l'encaissement, facteur clé de la satisfaction du client. Cette initiative permet une croissance de 30 % de l'encaissement. Suivent les premiers programmes de merchandising, fondés sur l'analyse des sorties des caisses qui autorisent le suivi des marchandises. Parallèlement, Wal Mart investit massivement dans l'EDI avec ses fournisseurs. Dès 1989, l'EDI représente 80 % des approvisionnements réalisés auprès de 1 700 fournisseurs.

Tous les magasins sont équipés de terminaux pour suivre les ventes référence par référence. Ils sont reliés les uns aux autres par un réseau privé de communication par satellite. Ce réseau permet de piloter le réapprovisionnement des magasins et de repérer les camions transportant les marchandises : il réduit ainsi au minimum les temps de déchargement et de transit dans les zones de stockage.

Ces technologies sont en parfaite cohérence avec la politique menée par le distributeur, résumé par le slogan Everyday low prices : le gain total évalué de la mise en place de ces technologies est supérieur à 10 % du prix de vente au comptoir. Wal Mart est moins cher par exemple que son concurrent Kmart sur tous ses produits, alors que sa marge est d'un tiers supérieure...

Certains secteurs ont leur spécialistes incontestés, appelés aussi category killers, comme Toys'R US, Darty, Ikea, Castorama... Il s'agit de magasins spécialisés sur un assortiment avec une grande largeur de gamme. Par exemple, Ikea présente tous les types de meubles (lit, armoire, bureau, fauteuil, étagères, armoires...) mais avec un choix limité (un ou deux types d'étagères proposés...). Le principe est le même pour Toys'R US sur le créneau du jouet. Aux États-Unis, cette forme de distribution est en moyenne 40 % plus productive que la distribution généraliste.

Les niches de marché sont exploitées par des formes de distribution de taille moins importante ou moins intégrées : GrandOptical, Nature et Découvertes, Renoma, The Body Shop dans le premier cas, ou bien, dans le second, des franchises textiles comme Benetton, Camaïeu, Célio ou Etam. Ce type de magasin est, lui, spécialisé sur un assortiment avec une très grande profondeur de gamme.

Face à ces formats structurés, les regroupements de commerçants de quartier (dans les centres villes par exemple) cherchent à mettre en place des concepts marketing quelquefois très élaborés autour d'une équation économique spécifique à leur environnement.

Formats virtuels contre formats physiques

Mais la nouvelle concurrence de ces formats « physiques » vient surtout de formats plus virtuels. La vente par correspondance en est la pionnière. Bien implantée en France, la VPC est particulièrement active aux États-Unis, avec environ trois fois plus d'achats par habitant. La borne électronique, située dans le magasin même (dont il présente les produits) ou sur un grand lieu de passage (hall de gare ou d'aéroport) en est un nouveau relais. Certaines bornes se limitent à l'information, d'autres dispensent une transaction commerciale complète. Les bornes placées en France dans les gares permettent à la fois de s'informer et d'acheter un billet. Ce système est quasiment unique au monde. A noter cependant que seuls 50 % des usagers parviennent à obtenir un billet au premier essai ! En Grande-Bretagne, ce sont même des voitures qui sont vendues par leur intermédiaire. Autre expérience intéressante, actuellement testée dans différents aéroports, celle de Galeria 21 : le passager commande des produits au départ de l'avion et les récupère à l'arrivée...

Le télé-achat (commande *via* téléphone ou minitel de produits présentés à la télévision) avec livraison à domicile des produits, est un nouveau format de ce commerce virtualisé. Selon Gérard

Eymery, président de France Télécom Multimédia, « *le télé-achat en France représentera, dans les années à venir, une niche de quelques milliards de francs. A noter qu'en 1994, ce marché était de 500 millions de francs en France et de 15 milliards de francs aux États-Unis, tous types de produits confondus* ». Pas si mal... Mais l'arrivée sur Internet des galeries marchandes est, en revanche, de l'avis de tous les observateurs, l'une des applications technologiques les plus innovantes de ces dernières années, susceptible de modifier fortement les stratégies des grands distributeurs.

Le commerce électronique : où en est-il aujourd'hui ?

D'après le cabinet d'études Jupiter Communication, le marché du « home shopping » devrait passer de 75 millions de dollars en 1995 à 2 200 millions de dollars en 1999 pour le seul marché américain. Le nombre de sites commerciaux sur Internet a connu une augmentation de 320 % entre janvier et août 1995, pour atteindre près de 100 000 sites à cette date. Fin 1995, on comptait plus de 200 galeries commerciales électroniques sur Internet.

L'achat virtuel n'est pourtant qu'à ses débuts. Seulement 1 % des consommateurs américains achètent par ordinateur... alors qu'environ 30 % peuvent accéder à Internet de leur domicile, leur lieu de travail ou leur « école » ! [7]

Le Bargain Finder Agent, développé par Andersen Consulting, donne une idée de ce que voudra bientôt dire « faire ses courses », pour certains produits du moins. L'amateur de CD peut y saisir l'album qu'il recherche : l'agent intelligent part sur le réseau explorer les offres des disquaires électroniques et revient avec une liste des offreurs et des prix ! Le consommateur n'a plus qu'à cliquer sur l'offre qui lui convient pour passer sa commande.

« Même avec un service performant, il faut que la logistique puisse suivre », pondère Jean-Claude Pelissolo, directeur général de Lafayettes Services-Laser. « Ceci est à la fois un facteur de limitation en quantité et en délai de l'implantation du commerce électronique. Il ne sert à rien de passer sa commande en 20 minutes

et d'économiser ainsi une heure à pousser un caddie si, quand la commande arrive, les produits essentiels manquent parce qu'il y a eu rupture de stock... et que vous devez retourner au magasin ! » Et d'ajouter : « Le commerce électronique est un vrai métier en tant que tel : il crée des opportunités pour de nouveaux acteurs, notamment ceux qui s'y connaissent en logistique. »

S'adapter en permanence

Tous ces formats de distribution cohabiteront à condition d'affiner en permanence leurs concepts et d'éviter de rester cloisonnés.

Les petits formats ne sont pas condamnés s'ils savent s'adapter, anticiper, se faufiler dans des créneaux inexploités et adopter des concepts novateurs. Ils s'allieront pour pouvoir affronter la concurrence. Seul il est difficile d'enrichir un savoir-faire, investir dans les nouvelles technologies ou construire une marque-enseigne. Les commerçants de demain, s'ils veulent affronter la concurrence, seront donc contraints de se regrouper sous forme de franchises, de coopératives, de chaînes volontaires ou d'associations. En France, ces regroupements représentaient déjà 30 % du commerce en 1994 et constituent un « contre-pouvoir » qui offre au client une alternative de consommation.

La grande distribution sera, dans les années à venir, de plus en plus tentée de devenir multi-spécialiste. L'entrée de Leclerc sur le marché des voyages, celle de Carrefour dans les produits optiques et les produits financiers (moyens de paiement, crédits à la consommation et placements) témoignent de leur volonté de valoriser leur potentiel relationnel et de fidéliser leurs clients, malgré la concurrence directe des category killers ou des formats spécialisés.

Et de nouveaux acteurs arrivent : des producteurs réinventent des circuits de distribution directe avec des postes nationales ou des transporteurs privés. Alliés virtuellement grâce à la technologie, ils regroupent leurs compétences pour répondre aux nouvelles demandes du consommateur, comme la livraison à domicile, tout particulièrement dans les pays où les horaires d'ouverture des magasins sont très stricts.

Offre pléthorique pour consommateur tout-puissant ?
Le client, lui, ne réalise pas encore la profondeur des changements dont il est la cible privilégiée. A la concurrence somme toute traditionnelle sur les prix va s'ajouter un incroyable enrichissement de l'offre. Les produits voyageront plus vite, plus loin, moins cher. Les services complémentaires vont se renforcer pour fidéliser un client de plus en plus volage.

La mise en parallèle de nouveaux circuits de distribution, adaptés à son profil et à son style de vie, le mettront au centre d'un éventail de choix sans précédent. Commander sa pizza par téléphone au restaurant du coin, dénicher aux États-Unis, grâce à Internet, un CD introuvable, choisir de passer une fin de semaine à Londres via le CD-ROM mis à disposition par son agence de voyages (virtuelle bien sûr), déambuler dans un centre commercial, essayer sur une borne interactive un nouveau manteau italien et le faire livrer à domicile, rectifier par serveur vocal le nombre de bouteilles d'eau de sa commande hebdomadaire livrée au parking de son bureau... Au consommateur de choisir !

La banque entre le réel et le virtuel

Pour la banque ou l'institution financière, le traitement de l'information est une activité... industrielle. Tenue des comptes et compensations : les volumes à traiter sont énormes. Traditionnellement grosse consommatrice de ressources informatiques, la banque applique aussi les technologies de communication dans les relations avec ses clients grâce à des médias innovants comme le minitel, les terminaux bancaires et plus récemment l'audiotel. Une deuxième révolution se prépare aujourd'hui avec les call centers, les kiosques multimédias et la banque sur PC ou Internet. Mais celle-là va conduire à un renouvellement des formes mêmes du métier bancaire : banque à distance, banque directe, banque virtuelle... Les nouvelles technologies permettront ainsi l'émergence de stratégies complètement nouvelles de distribution, avec à terme une reconfiguration du marché bancaire autour de la coexistence de modèles de distribution alternatifs.

A la reconquête du client

Le client est aujourd'hui au cœur des préoccupations des banques. La France fait partie des pays dont le taux de bancarisation est le plus élevé. Conquérir de nouveaux clients est de plus en plus difficile : fidéliser le portefeuille existant, optimiser son rendement, donner le meilleur service possible n'ont jamais été aussi impératifs.

Les nouvelles technologies de l'information permettent de remplir ces objectifs. Grâce à elles, les clients des établissements bancaires pourront disposer d'un accès complet et rapide à l'information et les banques leur offriront une relation plus personnalisée. L'un des principaux chantiers stratégiques engagés par les banques dans les années quatre-vingt-dix consiste à repenser et réorienter vers le client les systèmes d'information, conçus à l'origine pour optimiser des fonctions spécifiques internes.

La banque sort de l'agence

Les innovations technologiques pour faciliter le dialogue entre banque et clients se multiplient.

Certaines ne permettent que d'obtenir des informations ou d'effectuer des transactions élémentaires. L'audiotel, par exemple, est un serveur vocal qui répond directement à un certain nombre de questions simples via le clavier du téléphone : solde du compte, dernières opérations... Le tout sans connecter le client avec un opérateur ou un chargé de clientèle. Très développé en France, le minitel facilite toutes les opérations courantes (débit, crédit, solde, commande de chéquiers, transferts de compte à compte, achat de produits financiers, simulation de crédits...).

Aux États-Unis, le PC sert au même type d'opérations que le minitel, avec toutefois une ergonomie plus évoluée et une puissance de traitement supérieure. Les applications sont aussi plus sophistiquées : 15 millions d'Américains utilisent un logiciel de comptabilité personnelle, la plupart directement connectés avec leurs comptes bancaires. Le centre de relations personnalisées (ou call center) donne l'impression au client qui appelle qu'il est en contact avec son agence. Le principe est simple : il s'agit d'un plateau d'opérateurs téléphoniques relié à un système d'information et à des bases de données... qui gèrent notamment tout l'historique de relation du client avec son « agence ». Les nouvelles technologies changeront également le visage de l'agence bancaire. La borne multimédia, station de travail installée sur site, offrira par exemple la possibilité d'effectuer des transactions simples ou d'avoir une visioconférence avec un chargé de clientèle spécialisé sur un produit bancaire donné.

Votre banquier lira dans les lignes de votre main

Parallèlement, les techniques de sécurisation des transactions devraient considérablement progresser. La reconnaissance « électronique » de l'écriture, plus fiable que celle faite à l'oeil nu, est déjà utilisée couramment pour les formulaires de prêts, les contrats d'assurance et les chèques. La reconnaissance vocale a fait récemment de gros progrès en passant d'une reconnaissance limitée à certains mots à celle d'un dialogue simple. Plus sophistiquée, l'identification biométrique (technique d'identification de la géométrie de la main ou de la surface des veines) permettrait, d'ici trois à cinq ans, d'éliminer les risques de fraude. Une autre technologie devrait aussi voir le jour pour contrôler l'accès aux automates bancaires : l'identification du visage. Elle consiste à vérifier, en cas de retrait à un distributeur automatique de billets, l'identité de l'utilisateur de la carte. Une caméra vidéo intégrée à la façade de l'automate établit un portrait comparatif et un ordinateur travaillant sur une base neuronale constate les éventuelles anomalies ! Prévenez votre banquier avant toute opération... esthétique !

Les balbutiements du marketing relationnel

Le client d'un établissement bancaire est identifié par la machine, mais souffre encore d'un manque de reconnaissance de son banquier ! En France, selon une enquête menée par Andersen Consulting, 50 % des clients contactés par une agence estiment que la proposition qui leur est faite n'est pas adaptée à leur cas particulier. [9] Sur l'ensemble des contacts client-banque, le client est à l'origine du contact pour 65 % des cas et c'est lui qui mène l'entretien. Un phénomène d'autant plus surprenant que 43 % des clients et 55 % des cadres supérieurs reconnaissent avoir un chargé de clientèle.

La gestion personnalisée de la clientèle a donc d'immenses progrès à faire. Les nouvelles technologies représentent une formidable opportunité pour y parvenir. Tous les acteurs de la banque en contact avec le client (réseau, call center, centre de télé-marketing) seront dotés des moyens nécessaires à une meilleure connaissance de ses besoins.

La valeur ajoutée apportée par un système de marketing relationnel est significative : au-delà de la connaissance des données « stables » du client, le système capte les opportunités de contact commercial à partir des informations fournies par le client lui-même lors des entretiens (projets, acquisitions, dates anniversaires...) ou par analyse des mouvements sur son compte (gros débits ou crédits, produits à terme...). Il gère l'historique des relations. Il aide ainsi à optimiser toute l'action commerciale : ciblage, répartition des portefeuilles entre chargés de clientèle, pilotage de l'activité...

Des réflexions très importantes ont déjà été conduites dans ce domaine par de grandes banques françaises, comme le Crédit Agricole avec son programme Emaco ou le CCF avec le système Brahms. Le Crédit Lyonnais ou les Caisses d'Épargne travaillent sur des projets similaires. Toutes ces banques sont conscientes qu'une gestion efficace des portefeuilles de clientèle à l'aide des techniques de marketing relationnel sera une condition indispensable de réussite commerciale.

Le plateau de télé-marketing de la banque Sofinco [10]

La banque Sofinco a décidé de mettre en place un plateau de télémarketing dans le cadre d'un projet sur trois ans. Complètement sous-traité, ce plateau permet de faire du scoring (ciblage de clients), des simulations de prêts immédiates et de la prise de rendez-vous. Cette démarche soutient des actions du réseau, qui dispose déjà de cellules téléphoniques de relance sur le portefeuille clients. Il s'agit là d'un call center de type « vertical » : il ne traite qu'une fonction de l'entreprise, mais de manière intégrée avec le réseau d'agences (partage d'un agenda électronique, mise en cohérence avec l'action marketing des agences, etc.).

Fidéliser, une priorité croissante

Si les clients français sont, dans leur grande majorité, fidèles à leur première banque, la multibancarisation n'en est pas moins très développée. 54 % des foyers sont clients de plusieurs banques. [11] Peu d'établissements bancaires peuvent donc être certains, surtout avec le développement de la banque à domicile, de conserver leurs clients. Aussi nombre d'entre eux s'orientent-ils vers des programmes de fidélisation sophistiqués.

Les moyens mis en place s'inspirent largement de solutions adoptées dans le secteur du voyage. American Express permet à ses clients de cumuler des points en fonction du montant de leurs achats ; les compagnies aériennes offrent des miles en fonction du nombre et de la longueur des parcours effectués.

La Poste récompense de la même façon ses clients fidèles en leur faisant cumuler des points pour tout achat ou retrait réalisé dans ses guichets. Ils obtiennent ainsi des prix sur d'autres services. L'objectif du réseau postal est clair : reconquérir et fidéliser sa clientèle par la dynamisation de son activité bancaire.

Dans le cadre d'une politique commerciale recentrée sur les besoins des clients et ne consistant plus seulement en la vente de produits standards, la fidélisation devient une priorité essentielle. La concurrence et l'évolution rapide des comportements ont ainsi placé le marketing relationnel au cœur de la stratégie bancaire.

En route pour la banque virtuelle

Les nouveaux modes de relations que cherchent à inventer les banques avec leurs clients soulèvent des questions auxquelles elles n'ont pas encore toutes les réponses. A quelle vitesse s'adapter à cette nouvelle donne ? Faut-il jouer les pionniers au risque de se tromper ou attendre et suivre la concurrence ? Le rythme s'accélère et certaines étapes sont parfois passées très rapidement. Depuis l'entrée de Paribas dans la banque directe, il n'y a plus un établissement en France qui ne réfléchisse à son propre projet de *call center*...

Du point de vue du consommateur, la résistance au changement reste encore importante. Une étude d'Andersen Consulting révèle que 30 % des foyers ne possèdent aucun type de carte, 30 % hésitent encore entre le guichet et la banque automatique, 16 % sont franchement rétifs à toute externalisation des opérations courantes. Pour ces derniers, la banque s'incarne et ne peut s'incarner qu'au travers du guichetier. La majorité, cependant, a intégré l'utilisation d'automates bancaires et n'y est pas opposée, pourvu qu'on ne la lui impose pas.

Que veulent donc les clients ? Davantage de reconnaissance. 11 % seulement considèrent que la compétence du personnel, l'accueil et la disponibilité sont les mêmes dans toutes les banques ! Les trois reproches principaux sont le coût des opérations, les horaires d'ouverture jugés mal adaptés... et le manque de connaissance de leurs besoins.

Les banques l'ont bien compris, qui ont toutes érigé en priorité absolue la personnalisation de leurs relations avec leurs clients. Interrogées dans le cadre d'une étude EFMA/Andersen Consulting, [12] les banques européennes la placent devant la réduction des coûts et l'amélioration de la productivité.

Le Crédit du Nord a, de ce point de vue, développé une approche novatrice, comme nous l'explique Marie-Pia Ignace, responsable clientèle à la direction du Développement du Crédit du Nord : *« Une segmentation de la clientèle est déjà en place au Crédit du Nord. Elle permet notamment d'orienter certaines des communications. Elle est à la fois fonction des comportements bancaires identifiés au Crédit du Nord et fonction de comportements plus « généraux », adaptés aux « parcours des individus ». Le marketing des jeunes, par exemple, est étudié séparément. »*

A l'instar de ce qui se produit dans la grande distribution, ce renouvellement d'approche est en train de faire voler en éclats les formats traditionnels de distribution bancaire, et n'illustre que le début des mutations à venir.

Les nouvelles agences de Nationwide [13]

Opérant quasi exclusivement en Grande-Bretagne, Nationwide figure parmi les plus grandes institutions hypothécaires d'Europe.

« À Nationwide, nous considérons qu'à l'avenir le service à la clientèle devra être disponible à l'endroit et au moment qui lui conviennent. » Deux programmes ont ainsi été mis en œuvre en juillet 1995 : un nouveau concept de guichet bancaire en libre service destiné à servir la clientèle en dépôts et retraits, et un terminal multimédia de pointe, développé pour être utilisé aussi bien par les clients que par le personnel.

Dans l'agence mère de Swindon, Nationwide a placé une borne multimédia, Interact, tout simplement stupéfiante, parce que... si simple à utiliser. L'écran fait apparaître l'agence. Le client, à l'aide d'un écran tactile, « pousse » la porte pour entrer dans cette agence virtuelle. Les différents services lui apparaissent comme autant de guichets, présentoirs ou portes de bureau, confidentialité oblige. Les produits sont présentés, des simulations financières rendues possibles, ainsi que des demandes d'information ou de souscription...

Une assistante est en permanence disponible. Vous souhaitez lui parler ? La connexion avec un call center s'établit, et, ô miracle de la technologie, la personne avec qui vous dialoguez en vidéoconférence dispose de toutes les informations utiles sur votre situation bancaire. Elle visualise même le cheminement que vous avez « parcouru » dans l'agence virtuelle avant de l'appeler. L'analyse des résultats de l'utilisation de cette borne montre que de nombreux clients ont été séduits par cette innovation, quel que soit leur âge ou leur degré de familiarité avec les technologies !

La banque par téléphone, standard de demain

La banque vit sa première mutation avec les call centers. Elle devient en effet un prestataire de services de meilleure qualité, aux horaires d'accès étendus et aux délais d'attente fortement réduits. Le temps passé à la vente par ses commerciaux est lui aussi optimisé.

Les entreprises américaines ont été les pionnières des *call centers*. L'efficacité d'une telle réorganisation des relations avec la clientèle n'est plus à démontrer. Des banques anglo-saxonnes ou allemandes s'y sont mises également.

Le call center de Chemical Bank [14]

À la Chemical Bank, l'ensemble des appels téléphoniques entrant vers les agences est désormais traité par un call center employant plus de 600 opérateurs. L'organisation de cette banque de réseau s'en est trouvée profondément modifiée. Le call center de Chemical Bank est divisé en douze services correspondant à des fonctions, des niveaux de services ou des segments de clientèle différents : à côté de la fonction serveur vocal, on trouve le service grand public, le service horaires étendus, le service PME/entrepreneurs individuels, le service clients privés, les ventes en appels entrants, les ventes en appels sortants... Sur 3 300 000 appels téléphoniques mensuels, les deux tiers sont traités par serveur vocal et un tiers (soit 1 100 000 !) par les opérateurs du *call center.*

En France, jusqu'à présent, les expériences en la matière sont restées modestes. La plupart n'ont été que de simples externalisations de fonctions d'aide : télémarketing, télérecouvrement, téléassistance... Si ces outils apportent des gains de productivité immédiats, ils ne remettent en cause ni l'organisation ni le processus de gestion. De nombreuses banques réfléchissent cependant à de véritables projets de call center en complément de leur réseau, avec des missions variées, allant de l'information à la vente.

En direct avec votre argent

Les technologies de l'information et de la communication sont directement à l'origine d'un nouveau format de distribution bancaire : la banque directe. Son principe est très simple : pas de réseau d'agences ; toutes les opérations s'effectuent par téléphone, audiotel, vidéotel ou PC.

First Direct, en Grande-Bretagne, est le pionnier de la banque directe. Lancée en 1989 par la banque britannique Midland, elle connaît un succès phénoménal. L'activité s'opère dans deux bâtiments situés en banlieue de Leeds, où 600 opérateurs téléphoniques, regroupés dans des centres de réception, reçoivent chaque jour entre 23 000 et 26 000 appels. Ils gèrent aujourd'hui plus de 560 000 clients et ouvrent près de 10 000 nouveaux comptes par mois. Grâce à la légèreté de sa structure (pas d'agences, seulement des « représentants bancaires » dédiés aux appels téléphoniques...) First Direct propose en effet des tarifs particulièrement avantageux par rapport aux banques classiques : son taux de découvert, par exemple, est inférieur de 6 points à celui de ses concurrents traditionnels ! [15]

L'investissement nécessaire pour lancer une banque sans guichet est estimé à plusieurs centaines de millions de francs sur au moins cinq ans. Un ticket d'entrée élevé mais les économies réalisées peuvent atteindre 66 % du coût de fonctionnement d'un réseau classique.

Lancée en septembre 1994, Banque Directe, filiale de la Compagnie Bancaire (groupe Paribas) a créé un choc dans la communauté financière française. Banque Directe a pour stratégie commerciale dominante la conquête des parts de marché : elle propose une gamme complète et volontairement simplifiée (dépôts, moyens de paiement, épargne, crédits) à des tarifs très compétitifs. Cette initiative démontre, s'il en était besoin, que réinventer la relation avec son client peut être à l'origine de très belles réussites...

Des projets similaires ont été lancés dans d'autres pays européens, telles que Banco Directo (banque Argenteria) en Espagne, Banco 7 (Banco Comercial Portuguese) au Portugal ou QuelleBank (Quelle) en Allemagne.

American Express Bank et Cortal sont des exemples déjà plus anciens, avec un métier de placement, non de banque de dépôt. Ces établissements ont réussi néanmoins à fidéliser une clientèle haut de gamme sur le marché des produits financiers, où le contact direct avec un chargé de clientèle semblait un facteur clé de succès. De fait la réussite d'American Express ou de Cortal s'explique par la qualité de leurs produits et l'efficacité de leur service à la clientèle.

Attention, cet employé du téléphone est un banquier !

La banque par téléphone et la banque directe ne constituent pourtant, selon certaines études, que la première vague de la révolution technologique qui va bouleverser le paysage bancaire. La seconde se fera avec le développement de la banque électronique, où les intervenants ne seront plus uniquement les établissements classiques mais peut-être des câblo-opérateurs, des groupes de télécommunications ou des fournisseurs de logiciels.

« A l'avenir, les deux grands canaux de la banque à distance seront le téléphone, qui sera utilisé par 20 % des clients en l'an 2000, et le micro-ordinateur, dont on pense qu'il sera utilisé par 10 % des clients en moyenne sur le marché... », affirme la responsable de la banque à distance au CCF, Dung Ramon. [16] D'où l'intérêt du service BancoPC pour la gestion de compte à partir d'un micro-ordinateur. Ce programme permet de consulter son compte et ses mouvements, de télécharger ses relevés sans ressaisie afin de les exploiter dans un tableur. A la suite d'un accord avec Intuit, l'éditeur du logiciel de comptabilité personnelle Quicken, les clients de BancoPC peuvent effectuer une ventilation directe de leurs dépenses ! Le service a également une partie boutique qui accueille des partenaires comme Télémarket et Dégrif'Tour. Afin d'aider ses clients à adopter BancoPC, le CCF a même négocié auprès de fournisseurs des conditions d'achat préférentielles pour des micro-ordinateurs et des modems...

Équiper ses clients avec des micro-ordinateurs... L'objectif des intermédiaires financiers est en effet de contrôler les flux financiers qui transiteront par les nouveaux réseaux, comme Internet ou le câble. First Direct, qui représente pour sa maison-mère le lieu de toutes les expérimentations, se positionne déjà sur ce créneau. Elle vient en effet de lancer, en partenariat avec British Telecom, un projet de monnaie électronique baptisé Mondex. Les cabines de téléphone publiques feraient office de distributeur automatique de billets.

La First Network Bank, banque virtuelle [17]

La First Network Bank (FNB), filiale d'un consortium de banques américaines, est aujourd'hui la première banque virtuelle de prêt. Elle ne possède pas d'agence, juste un accès et des pages sur Internet ainsi que des numéros de téléphone grâce auxquels ses clients prennent contact avec elle. Elle peut donc leur offrir des taux plus attractifs que ceux de la concurrence du fait de ses coûts d'exploitation très bas. La FNB se félicite d'avoir ouvert plus de 1 000 comptes en deux mois alors que les nouvelles agences dans le monde « réel » aux États-Unis enregistrent une moyenne de 600 ouvertures par an.

La multiplication de nouveaux acteurs

Indéniablement, les jeux d'acteurs s'ouvrent. Le développement des réseaux de communication permettra bientôt aux non banques d'entrer sur les marchés traditionnellement bancaires, comme celui de la gestion des moyens de paiement. Pour Bill Gates, président de Microsoft, l'intérêt du commerce électronique réside dans la capacité à prélever de faibles commissions sur chaque paiement, non dans la vente elle-même. De nombreuses sociétés ont ainsi la possibilité de s'introduire dans la relation entre les banques et leurs clients. Selon une récente étude de Killen & Associates [18], sur les 800 milliards de dollars générés par le commerce électronique d'ici à cinq ans, 25 % reviendront à des non banques !

De fait, les entreprises qui développent des solutions de paiement sécurisé sur Internet n'appartiennent pas au monde bancaire. Des sociétés comme Intuit, Netscape, GC Tech ou Digicash détiennent actuellement le savoir-faire technique et sont prêtes à céder aux banques l'application de leurs technologies. Reste que leur objectif – avoué ou non – est généralement de s'introduire dans la relation banque-client. Intuit a, par exemple, développé en France une plate-forme technique qui fait l'intermédiaire entre les banques et leurs clients lorsque ces derniers veulent accéder, grâce à leur ordinateur, à leurs données financières.

Avec le développement des cartes accréditives et du commerce électronique, les acteurs de la grande distribution ont eux aussi accès au monde bancaire. C'est déjà le cas de Carrefour qui offre des moyens de paiement, du crédit à la consommation et des produits de placement simples, créant ainsi une véritable banque à guichet au sein de ses hypermarchés.

La gestion de l'argent ne sera plus, et de loin, l'apanage des seuls banquiers. Les principaux acteurs du secteur, conscients de l'importance des bouleversements à venir, s'y préparent tous activement. Pour François Henrot, président du conseil de surveillance du Crédit du Nord, *« la profession bancaire va devoir entrer dans une logique industrielle avec des sous-traitants. Certaines banques deviendront des « sociétés de service » tandis que d'autres seront des « distributeurs ». La plupart feront des mélanges, à doses variables, de ces deux types de banques (...) Le Cetelem préfigure une des formes de la banque de demain. Véritable industriel du crédit aux particuliers, il propose ses services, dont il a isolé les moyens et les coûts, à des « distributeurs » très divers – commerçants, assureurs, caisses d'épargne ou banquiers. »* [19]

Voyage au cœur de la santé du futur

Cartes à puce, stations de travail multimédia, reconnaissance vocale, réseaux à hauts débits et sans fils, informatique répartie, exploration de bases de données ou architecture orientée objet : les nouvelles technologies susceptibles d'accompagner la transformation du système de santé existent déjà. Certaines sont expérimentées avec des résultats très positifs.

Elles devraient faire émerger deux phénomènes : la télémédecine et les autoroutes de l'information médicale. Ce qui permettra d'améliorer la qualité des soins, de préserver l'égalité de leur accès et de maîtriser les coûts, en facilitant notamment le travail en groupe au sein de réseaux de soins. Les technologies entraîneront aussi de nouveaux jeux d'acteurs et donneront au secteur une autre dynamique.

En matière de santé, les technologies précèdent la stratégie : elles proposent des solutions, notamment en France, à un système qui ne répond plus aux exigences de notre société et qui sera conduit à se transformer en profondeur.

De saisissantes perspectives

Imagerie médicale, scanners, traitement des analyses : les technologies sont très présentes dans le secteur de la santé. Certains hôpitaux investissent plusieurs dizaines de millions de francs dans leurs plateaux techniques. Mais les technologies de communication (échange, intégration, stockage) et leurs applications de gestion sont encore fréquemment sous-exploitées. Les hôpitaux y investissent moins de 2 % de leurs ressources. [20] Il est plus simple de faire un virement bancaire entre Amsterdam et Nouméa que de transmettre des informations médicales entre un médecin généraliste et un établissement hospitalier distants de moins de 500 mètres !

Or, s'il y a un secteur où les technologies de l'information et de la communication peuvent apporter une forte valeur ajoutée, c'est bien celui de la santé ! La nécessité de rapprocher des acteurs différents pour intégrer davantage la filière de soins, d'accéder à tout instant à des compétences de pointe pour faire face à des situations d'urgence, de lutter contre l'éloignement géographique en dématérialisant les flux physiques, rend ces technologies particulièrement utiles et adaptées.

Elles facilitent la transmission (entre laboratoires et médecins, entre généralistes et spécialistes, et entre spécialistes) de données cliniques comme les analyses, les images fixes ou animées, les comptes rendus. Elles sont particulièrement bien adaptées à la multiplicité des formes d'informations dont a besoin un praticien pour établir son diagnostic : résultats de laboratoires, radiographies, échographies, endoscopies, comptes rendus de scanner et opératoires.

Travailler en équipe pour mieux soigner

Cette capacité des nouvelles technologies à gérer et à véhiculer rapidement des informations très diverses donne surtout l'occasion aux praticiens de fonctionner en réseaux coordonnés et de travailler en équipe, générant ainsi une meilleure qualité des soins et un contrôle des coûts plus rigoureux. Comme dans d'autres secteurs d'activité, les systèmes d'information décloisonnent les différents acteurs du système de santé, au-delà des limites de l'espace et du temps.

Un généraliste pourra par exemple envoyer des enregistrements, des rapports ou des images à un spécialiste auquel il adresse un patient. Il pourra informer directement l'organisme payeur, qu'il s'agisse d'une caisse d'assurance maladie ou d'une compagnie d'assurance complémentaire. Il en découle une gestion des dossiers médicaux enfin informatisée, mais aussi un meilleur partage des connaissances entre médecins et chercheurs : accès à des bases de références médicales et à des revues de presse spécialisées, capitalisation des meilleures pratiques du réseau, mise à disposition des informations les plus récentes... Grâce aux nouvelles technologies, les praticiens pourront participer à des forums électroniques sur les sujets qui les intéressent, et connaître les expériences déjà menées, obtenir des conseils ou coordonner des travaux de recherche.

La croissance exponentielle de la connaissance médicale

Il y a dix ans, un médecin pouvait se prévaloir d'avoir une connaissance médicale quasi exhaustive. Aujourd'hui, comme le constate Donald Lindberg, directeur de la *National Library of Medicine* aux États-Unis, un médecin motivé qui lirait tous les soirs deux articles de journaux accumulerait un retard de 800 ans sur ses lectures avant la fin de la première année !

L'émergence du travail en équipe permettra aussi de compléter les structures de soins actuelles pour mieux satisfaire les besoins des patients. Aux États-Unis, aux systèmes de soins se sont adjoints des services de call centers ; ainsi les patients ont non seulement un point d'accès unique et fiable à leurs réseaux de soins, mais ils obtiennent également toutes les informations relatives à leur santé, de l'explication des prescriptions aux conseils diététiques et aux remboursements... Ces call centers participent à la création d'un nouveau métier, à mi-chemin entre celui du praticien et de l'opérateur téléphonique.

En France, l'un des freins principaux à la mise en place de systèmes favorisant le travail en équipe est le mode de rémunération des médecins à l'acte. Cette pratique n'encourage pas leur collaboration avec les autres acteurs du monde de la santé. Les technologies sont certes là... pas encore la volonté de changement.

Guérir à distance

Les technologies rendent déjà possibles les soins à distance. Pratiquée sur des individus éloignés des lieux de soins, la médecine à distance a fait l'objet d'expérimentations dès les années soixante, notamment sur les spationautes, mais avec peu d'influence sur la pratique médicale courante ou sur l'organisation des systèmes de santé.

La télémédecine est ainsi restée longtemps cantonnée dans des « niches », sans retenir l'attention de la majorité des praticiens ni, a fortiori, des payeurs et des tutelles. L'intérêt pour la télémédecine a même presque disparu dans les années quatre-vingts : la plupart des programmes « historiques » ont été interrompus au cours de cette décennie.

Sa réapparition au début des années quatre-vingt-dix résulte d'un certain nombre de facteurs très hétérogènes. L'évolution technique des équipements médicaux, l'intérêt grandissant pour les solutions alternatives à l'hospitalisation, la nécessité d'améliorer la prise en charge et la gestion des urgences médico-sociales ont aidé à faire comprendre que la télémédecine pouvait complètement changer la pratique médicale et ses conséquences économiques.

Mais c'est surtout l'évolution de la spécialisation médicale qui a engendré une distanciation et une fragmentation à l'intérieur même de ce qu'on pourrait appeler le processus de production de soins. L'inflation des examens complémentaires, la place prise par l'imagerie médicale et la biologie produisent des informations auxquelles il est indispensable d'avoir accès, et à plusieurs reprises, dans le suivi d'un patient. La pratique médicale devient ainsi largement dépendante d'une information de plus en plus souvent produite dans différents lieux et à différents moments.

Il est difficile d'avancer des chiffres précis en matière de marché pour la télémédecine. En 1994, il était néanmoins évalué à 2 milliards de francs en Europe, 6 milliards de francs aux États-Unis et 15 milliards de francs au niveau mondial. Son taux de croissance annuel serait de l'ordre de 50 %. Le marché français ne représenterait à l'heure actuelle que 350 millions de francs, soit 0,5 % du marché potentiel... [21]

La Jordanie et la Mayo Clinic

En Jordanie, le roi comme ses sujets peuvent recevoir les soins de la Mayo Clinic du Minnesota. Le roi Hussein fait établir ses bilans de santé en envoyant par satellite des images de ses vaisseaux sanguins, des radios de ses poumons (...), au médecin américain avec lequel il « télé-discute ». Les praticiens jordaniens seront prochainement formés via satellite par leurs collègues de la Mayo Clinic, notamment sur le cancer du sein et l'arythmie cardiaque. La Mayo Clinic pense développer d'autres relations avec la Grèce et peut-être l'Argentine, le Chili et la Colombie. [22]

Un Internet de la santé

Au-delà de la pratique de la télémédecine, c'est l'ensemble du processus d'échange et de transmission des informations qui risque de révolutionner le secteur de la santé.

L'amélioration des échanges d'informations entre les établissements hospitaliers et les différents lieux de soins, l'accès aux données du dossier médical, en cours d'informatisation un peu partout dans le monde, sont en effet des priorités pour la plupart des autorités de tutelle. Des réseaux d'information et de communication à grande échelle pourraient couvrir un périmètre géographique et fonctionnel important. Ils s'adresseraient à tous les acteurs de la chaîne de santé, y compris la tutelle, les organismes payeurs et les fournisseurs, dans une logique de filière de soins intégrée.

Un Internet médical : Healthcare Infocosm Initiative (HII)

Le projet HII sur lequel travaille actuellement le gouvernement américain, avec le cofinancement d'Andersen Consulting est un cas concret d'utilisation des autoroutes de l'information.

L'objectif ? Créer un Internet professionnalisé et sécurisé dans le domaine de la santé, en partant du principe que chaque acteur de la santé veut conserver les données qu'il possède sur ses patients : il n'est donc pas question qu'une carte santé, par exemple, puisse tout regrouper. Imaginons un médecin voulant cependant accéder à une information que ne contiennent pas ses fichiers (une radiographie, par exemple). Que fait-il ? Il utilise son ordinateur pour se connecter et en faire la demande. Cette dernière est transmise par l'autoroute de l'information à un « localisateur de dossiers » qui la retransmet au centre de radios concernés. Ce centre renvoie l'information demandée sur l'autoroute, et non pas toutes les données médicales qu'il possède sur le patient... Un « serveur d'authentification » vérifie alors que le médecin est habilité à recevoir cette information. Si l'autorisation est donnée, la radio lui parviendra directement sur son ordinateur. Cet « Internet médical » permettrait donc le partage d'images et de dossiers, la télémédecine, mais aussi des analyses statistiques et corrélations épidémiologiques, qui seraient réalisées avec des informations dépersonnalisées.

Les médecins accros de la techno ?

Selon le Conseil national de l'ordre des médecins, le taux d'équipement informatique des médecins français est estimé à 12 %. C'est l'un des plus faibles d'Europe. La Grande-Bretagne affiche un taux record de 90 %, les Pays-Bas un taux de 70 %, l'Allemagne de 65 %... L'Espagne et l'Italie atteignent respectivement 30 et 25 % ! [23] Comme dans la grande distribution ou dans la banque, l'arrivée en force des nouvelles technologies dans le secteur de la santé est susceptible de changer radicalement, d'ici à quelques années, l'univers que nous connaissons aujourd'hui.

Facteur encourageant, l'importance croissante des fonctions technologiques est de mieux en mieux reconnue par le corps médical. Les experts considèrent en effet l'insuffisance de communication et de coordination comme l'origine d'une grande partie des dysfonctionnements actuels. Si l'informatique est encore ressentie par certains médecins comme un possible instrument de contrôle, la télémédecine, en revanche, aide grandement les nouvelles technologies à se faire accepter. Tous prennent peu à peu conscience que le secteur de la santé est confronté à des besoins comparables en infrastructures de réseau et en logistique à ceux de l'industrie.

La télémédecine et l'émergence d'une organisation en réseau, avec un large partage des informations entre les acteurs du système, permettront de construire la santé de demain. Aux États-Unis, où le secteur n'est pas aussi réglementé qu'en Europe, cette prise de conscience est générale. Plusieurs des expériences menées par des grandes entreprises de santé américaines montrent qu'une gestion informatisée et plus intégrée des données améliore de façon immédiate et sensible les traitements proposés aux patients. Et elle réduit le montant des cotisations... Lors d'une conférence organisée par Andersen Consulting en 1995 sur les problèmes du Health Management, 77 % des 120 dirigeants présents affirmaient que l'investissement dans les nouvelles technologies de l'information était devenu leur priorité.

Maîtriser les dépenses autrement que par la contrainte

L'introduction des nouvelles technologies dans le secteur de la santé ira au-delà de la transformation de la pratique médicale. Elle pourrait avoir une influence décisive sur la maîtrise des coûts. Un enjeu essentiel : en matière de dépenses de santé, la France se situe au deuxième rang mondial derrière les États-Unis. Sur les 25 dernières années, ces dépenses ont été multipliées par 3,4 alors que le PIB n'a été multiplié que par 2,5. Dans un secteur à la fois tiré par l'offre (technicité croissante des actes médicaux) et par la demande (population vieillissante, poids croissant des pathologies chroniques), tout porte à croire que cette spirale inflationniste sera difficile à enrayer.

Les nouvelles technologies de l'information et de la communication offrent des leviers efficaces pour gérer l'économie de la santé.
Prenons l'exemple de l'hospitalisation qui représentent 47,8 % des coûts globaux du système de soins français. La télémédecine permet d'en diminuer les coûts par le développement des soins ou de l'hospitalisation à domicile (convalescences, gérontologie...). Dans certaines situations, nécessitant une surveillance approfondie du patient, l'installation de capteurs réduisant la fréquence des déplacements pourrait être envisagée.

De façon plus générale, les technologies autorisent un redéploiement plus efficace des réseaux de soins. Par exemple, il serait possible d'envisager la mise en place de salles d'urgence de proximité auxquelles seraient affectées des infirmières qui communiqueraient avec un centre de médecins pour procéder aux diagnostics. La télémédecine permettrait aussi de consulter plus facilement les médecins les plus expérimentés ou de mieux traiter les cas où le regroupement de plusieurs compétences s'avère nécessaire.

Les milieux hospitaliers verraient diminuer le nombre de déplacements physiques des patients comme des médecins, car le coût de la santé comprend des coûts annexes comme les ambulances ou les transports en hélicoptères.

Économiser 16 millions avec la téléconsultation

En Norvège, l'hôpital de Tromso a procédé l'an dernier à 2 000 téléconsultations. Cette expérience a permis de réaliser une économie évaluée à 16 millions de francs sur les seuls transports. A Paris, l'APHP a estimé que pour la seule spécialité de neurochirurgie, environ 50 % des transports médicalisés pourraient être évités en ayant recours à la téléradiologie. [24]

Plus généralement, la technologie permettra une remise en cause systématique du lieu où sont délivrés les soins, pour un meilleur confort des patients, une meilleure qualité de pratique et une diminution sensible des coûts. Les équipes de soins compteront de nouveaux intervenants. Aux États-Unis, un robot piloté à distance est en cours d'expérimentation pour intervenir à domicile ! Baptisé Hanc, il fonctionne 24 heures sur 24, transmet données, voix et images et permet aux médecins de surveiller l'état du patient, la prise des médicaments et même l'apprentissage autonome des soins.

Autre apport des nouvelles technologies, l'organisation d'un réseau d'information performant permettrait de réduire le nombre d'examens redondants effectués sur un même patient : en centralisant les données à la fois administratives et médicales, et en autorisant les praticiens à y accéder selon des règles de confidentialité strictes.

Des soins de meilleure qualité, et pour tous

Le défi est immense : la carte sanitaire de la France est loin d'être un modèle d'équilibre. Pour préserver le principe fondamental de notre système de santé, l'accès pour tous à la meilleure qualité de soins possible, de nouvelles formes d'organisation et de fonctionnement vont devoir être décidées. En prenant toutefois en compte trois composantes majeures : une redéfinition claire de la mission de chaque acteur en fonction non pas de l'offre, mais de la demande de soins ; l'identification des procédures de fonctionnement et des règles du jeu entre l'ensemble des acteurs de la filière de soins ; la mise en place d'outils susceptibles d'assurer une meilleure fluidité de l'information.

Le jeu en vaut la chandelle : les technologies de communication permettraient de réaliser d'immenses progrès en matière de qualité de soins, certainement à un coût moindre.

L'éducation des patients serait largement améliorée. Le multimédia, un peu à l'image de la télévision, est un moyen privilégié d'accéder aux foyers. Il diffuserait des informations de type préventif, incitant chacun à mieux veiller sur sa santé. Déjà les services consacrés à la santé sur minitel informent très bien le grand public, sans prétendre favoriser l'auto-diagnostic.

Parrainage à distance

Le télémentoring, inventé récemment aux États-Unis, réintroduit une pratique perdue et importante, une sorte de « télécompagnonnage médical ». On commence à penser que cette nouvelle pratique « en ligne » pourrait représenter une forme moderne et efficace de formation continue « opérationnelle ». [25]

Les nouvelles technologies permettront aussi une prise en charge rapide et adaptée des malades dans le cadre de la médecine d'urgence et de la réanimation. Il est déjà possible de faire parvenir à l'hôpital les informations recueillies sur le lieu de l'accident afin d'optimiser l'efficacité de l'équipe médicale à son arrivée dans l'établissement.

Les médecins généralistes auront, eux, un meilleur accès à l'expertise, à la fois pour mieux traiter le patient et pour leur formation permanente. Compte tenu de la complexité et de la spécialisation croissantes de la pratique médicale, le généraliste compétent sera avant tout celui qui sait où et comment accéder à l'information.

Surtout, la somme des expertises médicales de différents spécialistes, à l'intérieur d'une base de données commune sur le patient, permettrait de prendre des décisions fiables et d'aider à organiser les soins et le suivi médical. Kléber Beauvillain, président de Hewlett Packard France, nous décrit une expérience menée dans le Gers : *« Associés à un syndicat de généralistes et à une grande banque, nous avons commencé à équiper des médecins d'un micro-ordinateur dans lequel chaque traitement préconisé est enregistré et disponible pour un confrère qui a le même équipement. L'idée est de prendre le dossier du patient et d'être sûr qu'un nouveau médecin pourra retrouver tous les médicaments déjà prescrits. Cela peut servir à l'éducation des médecins pour diminuer le nombre des visites ou des prescriptions de médicaments et augmenter la prévention. Le quart des généralistes du Gers est déjà équipé et fait un test, depuis plus d'un an. Nous abordons la deuxième phase : toucher tous les généralistes du département. Beaucoup de choses peuvent être inventées pour suivre les patients avec une meilleure efficacité. A travers ce système, les médecins s'associent ; les associations de médecins fonctionnent bien en France. »*

De l'utilité des statistiques

Kaiser Permanente, la plus grande entreprise de santé américaine, qui couvre près de 3 millions d'assurés en Californie du Nord, a récemment décidé de consolider toutes ses données sur le diabète. Cette maladie coûte en effet plus de 100 milliards de dollars par an au système de santé américain. Les renseignements sur les patients ont été rassemblés au sein d'une grande base de données. Des statistiques ont alors rapidement montré que les diabétiques de Kaiser n'étaient pas régulièrement suivis, notamment pour leurs troubles de la vue, une des séquelles les plus graves de la maladie. Kaiser estime que cette mise en évidence a amélioré la prévention des troubles de la vue. Le groupe constitue maintenant des bases de données pour d'autres maladies graves (cancer, sida...). Cet exemple montre comment des objectifs de rentabilité et de réduction des coûts peuvent être conciliés avec la qualité des soins prodigués aux malades. [26]

Les réseaux de soins disposent en effet d'une quantité importante et inexploitée de données, à la fois dans leurs propres bases, mais aussi dans des bases commercialisées sur le marché. La puissance des ordinateurs actuels permet d'y lancer des agents intelligents de recherche. L'objectif : une connaissance nouvelle des patients, de certaines maladies ou de certains traitements, de leurs effets et des coûts associés. Grâce aux informations obtenues par ces techniques d'exploration des bases de données, il est possible de définir et d'améliorer des protocoles de traitement, ou d'anticiper les besoins des patients.

L'ère des téléexperts

On peut imaginer, comme en Norvège ou en Géorgie, un médecin et son patient côte à côte consulter à distance un centre expert, par exemple en dermatologie. Le médecin dirige la caméra de son ordinateur vers la lésion qui lui pose problème afin de bénéficier de la téléexpertise d'un spécialiste. La télémédecine peut ainsi favoriser le retour du médecin de ville à une place de pivot du système de santé, ce qu'il revendique aujourd'hui. [27]

La technologie au service de la Sécurité sociale

Les gouvernements successifs se heurtent aux mêmes équations impossibles. En 1993, la consommation médicale française s'élevait à 9 % du PIB ; en 1995, ce chiffre était de 10 %. La médecine préventive ne représente que 0,2 % des dépenses totales. La proportion des « plus de 60 ans » augmente régulièrement : de 17 % en 1980, elle passera à 22 % en l'an 2000, et à 28 % en 2020 ; or les personnes de 60 ans et plus sont à l'origine d'environ 75 % des dépenses. [28] La demande de prestations de santé sera toujours croissante, la question de la maîtrise des frais médicaux toujours plus aiguë.

Compte tenu de l'immensité des enjeux et du coût élevé de notre système de soins, il est peu probable que des réformes par petites touches ou « au fil de l'eau » soient d'une quelconque efficacité sur le moyen terme. Une mutation en profondeur s'impose et celle-ci passe avant tout par la définition claire d'une stratégie et d'une vision en matière de santé publique. Elle devra intégrer l'ensemble des volets sanitaires, sociaux et économiques.

Pour Elias Coca, fonctionnaire au ministère de la Santé, [29] *« le niveau des dépenses est, compte tenu des résultats obtenus, trop élevé par rapport à la richesse nationale. Il évolue trop vite par rapport au taux de croissance, ne garantit pas une qualité de soins honorable et inquiète l'opinion publique et les prestataires de soins. »*

C'est dans ce contexte difficile que l'ensemble de la filière va devoir accomplir sa « révolution culturelle ». Les nouvelles technologies de l'information et de la communication sont déjà là pour les y aider.

Distribution, banque et santé : trois contextes spécifiques, trois niveaux d'utilisation des technologies. Mais quelque soit la maturité dans l'intégration de ces innovations, les perspectives sont encore vastes et continuent de s'élargir. L'OCDE estime dans son rapport « Technologie, productivité et emploi » que les secteurs industriels qui créent le plus d'emplois sont ceux qui ont investi le plus dans les nouvelles technologies. Il est temps d'accélérer le changement.

NOTES

1 *LSA*, n° 1427, 12/01/1995.

2 *LSA*, n° 1369, 28/10/1993.

3 *LSA*, n° 1369, 28/10/1993.

4 *LSA*, n° 1427, 12/01/1995.

5 *LSA*, n° 1369, 28/10/1993.

6 *LSA*, n° 1373/1374, 25/11/1993, « La Révolution technologique commence ».

7 Étude Mercatel, « Internet et le commerce électronique », 06/1996.

8 *LSA*, n° 1313, 20/08/1992.

9 Enquête menée avec la participation de l'Institut BVA auprès d'un échantillon de 1 436 personnes, représentatif de l'ensemble de la clientèle des banques françaises.

10 *Action commerciale*, n° 152.

11 Étude Andersen Consulting/BVA, *op. cit.*

12 Étude menée en 1993.

13 *Banque et Technologie*, La Lettre de l'EFMA, n° 136, 07/1995.

14 *Banque*, n° 158, mars 1996.

15 *Le Figaro*, 27/09/1995.

16 Spécial Interfinances Expobanques (II), 28/03/1996, dans *Cahier II de l'AGEFI.*

17 *Ibid.*

18 *Ibid.*

19 *AGEFI* - n° 77, 01/1996.

20 *Business Week*, 21/02/1994.

21 Thierry J.-P., « La Télémédecine, enjeux médicaux et industriels », octobre 1993 et IDATE, « Les Téléservices dans le domaine médical », juin 1994.

22 Dan Wascoe, novembre 1995, *Star Tribune* (Minneapolis).

23 *Les Échos*, 06/03/1996.

24 *Le Monde Informatique*, 20/05/1994.

25 Article du Dr Jean-Pierre Thierry, *La Vie scientifique*, *Le Figaro*, 05/04/1996.

26 *Les Échos Industrie*, dossier Médecine, 06/03/1996.

27 Article du Dr Jean-Pierre Thierry, *op. cit.*

28 *Livre blanc sur le système de santé et de l'assurance maladie* / Commission des comptes de la Santé, 1994.

29 *Les Échos*, 06/03/1996.

UNE NOUVELLE DONNE POUR LE MONDE DES AFFAIRES

L'influence des nouvelles technologies de l'information et de la communication se généralise à l'ensemble du monde économique. Toutes les entreprises vivent ou vivront très bientôt la dématérialisation des transactions, la formidable accélération des processus et des flux, la surabondance d'une communication immédiate.

Ces révolutions vont changer les règles du jeu. De nouveaux marchés émergeront. Le client prendra le pouvoir, pour que de nouveaux acteurs le lui reprennent peut-être par la suite. Les fournisseurs se retrouveront au cœur même du fonctionnement de l'entreprise. Les concurrents seront un jour des ennemis, l'autre des alliés. Des intermédiaires vont disparaître, laissant parfois la place à d'autres. La puissance des technologies offrira aux entreprises un potentiel sans précédent d'innovation et de compétitivité.

Remettant en question les règles du jeu des affaires, les nouvelles technologies vont modifier en profondeur les conditions du commerce et de l'activité économique. Entreprise éclatée, réseaux souples d'alliances, bouquets de services, personnalisation de la relation au client, communautés de consommateurs : certaines de ces tendances sont déjà à l'œuvre. Et représentent une nouvelle donne à maîtriser.

Accélération, dématérialisation, communication

Une information est aujourd'hui virtuellement accessible, et en permanence, de tout point de la planète. Chaque jour sur Internet le *San Jose Mercury*, « journal numérique », adapte son contenu à vos centres d'intérêt. Les nouvelles ne peuvent être plus fraîches ! Les flux physiques vivent déjà ce presque zéro délai avec une efficacité souvent incroyable. Un colis qui part à 10 h de la banlieue de Budapest sera livré en mains propres dans une petite ville californienne le lendemain à 16 h 30. Deux changements d'avion, un tri central dans le « hub » européen, une préparation de livraison dans l'avion du vol national américain : le résultat semble banal, et pourtant quelle performance au quotidien ! Mais la nouveauté concerne l'information rattachée à ces transferts. Vous expédiez un équipement en Indonésie ? Certains prestataires vous proposent grâce à Internet de suivre la progression géographique de votre envoi en direct.

Cette instantanéité de l'information bouleverse bon nombre de règles du jeu. Les secteurs économiques s'en trouvent transformés en profondeur. Dans une activité « traditionnelle » comme le textile, l'introduction des cycles courts a complètement modifié le métier en moins de 5 ans. Les entreprises qui délocalisaient reviennent, pour une partie importante de leur gamme, à des sources proches des lieux de vente. En France, Promod fonctionne sans stock et réapprovisionne certaines boutiques deux fois par jour. DMC en fait autant pour sa production textile. Les cycles complets, de la conception à la livraison, sont passés dans cette entreprise de 51 à 15 jours pour les réassorts. Dans certains cas, l'entreprise peut même tenir des délais de 3 à 4 jours entre l'ordre et la livraison.

Internet, courrier électronique, vidéoconférences, télécopies : toutes ces technologies dématérialisent les flux. Pour la première fois cette année, le volume de courrier géré par La Poste stagne. Car le principal concurrent de La Poste est désormais France Télécom. De moins en moins d'informations sont gérées sur support papier, ou alors à des fins réglementaires. La Poste commence à réagir en conséquence : le courrier hybride matérialise le document électronique... dans le bureau de poste de distribution ! Mais dans certains secteurs, comme la banque, l'assurance ou l'administration, la démarche est à peine entamée : « *Nous avons calculé qu'un agent d'assurances reçoit en moyenne 2 tonnes de documents par an ! Il n'en utilise pas 10 %. Ne peut-on pas disposer de cette information, la partager de façon numérique et l'éditer seulement en cas de besoin ?* », explique Jean-Pierre Gérault, directeur général de Rank Xerox France.

La dématérialisation permet des gains importants en termes de coût, de délai et de fiabilité. Mais elle transforme elle aussi le jeu d'acteurs, en remettant notamment en question les intermédiaires traditionnels. Les musiciens pourront par exemple se passer des maisons de disques ! En enregistrant eux-mêmes leurs morceaux, et en les diffusant à moindre frais sur des réseaux tels qu'Internet ou les réseaux commerciaux télématiques, ils pourront tester les réactions des amateurs, s'assurer un public, distribuer en direct leur production... et se faire rémunérer en monnaie électronique !

Après le jean délavé, le jean digital

Les vendeurs des boutiques Levi Strauss peuvent entrer les caractéristiques d'une cliente (taille, mensurations...) sur un ordinateur afin de lui fabriquer un jean sur mesure ! Transmises électroniquement à une usine Levi Strauss dans le Tennessee, ces données sont intégrées par un « tailleur robot » qui découpe la toile et la coud. Le produit fini (coûtant environ 10 dollars de plus qu'un jean « classique ») est envoyé à la boutique dans un délai de 3 semaines, ou directement à la cliente.

« *La logique de dématérialisation a une portée comparable à celle de la logique industrielle, qui a structuré l'économie mondiale à partir de la fin du XVIIIe siècle,* prédit Charles Goldfinger. [1] *Elle touche tous les secteurs économiques, y compris les plus traditionnels. Elle façonne un paysage spectaculaire et déroutant, débouchant sur de nouveaux modes d'échanges économiques et d'organisation de l'entreprise, très différents de ceux auxquels nous a habitués l'économie traditionnelle. Elle dégage l'économie des contraintes traditionnelles de la géographie et de la rareté des ressources. Le* *défi désormais n'est plus la gestion de la distance et de la rareté, mais celle du temps et de l'abondance.* »

Les derniers verrous sont en train de sauter. Le « tout communiquant » arrive. Car les limites à l'intégration des processus au sein d'une entreprise ou entre les entreprises ont longtemps été les technologies. Les communications étaient lentes, chères et peu fiables. Les systèmes d'information hétérogènes et leurs propriétaires avaient du mal à communiquer. Ces contraintes appartiennent désormais au passé. Un article débité dans un supermarché à 16 h peut entrer le même jour, voire au même instant, dans les statistiques de vente du fabricant. Une feuille de maladie pourrait être saisie une seule fois et adressée simultanément aux différents acteurs du système de santé. Le constructeur PSA échange par satellite des informations en temps réel (prix, nomenclature, disponibilité des véhicules en stock) avec ses 4 200 concessionnaires européens.

La voiture pour tout le monde a été développée par une équipe... virtuelle

Lorsque Ford a conçu sa « voiture universelle », le constructeur automobile a transféré dans le market space un élément clé de sa chaîne de valeur physique : le développement de produits. L'objectif : regrouper les meilleurs spécialistes en ingénierie, en design et en marketing dans le monde entier et créer une « voiture pouvant plaire à tous les marchés mondiaux en même temps ». Ford instaura donc une équipe de travail virtuelle couvrant cinq marchés principaux pour réaliser l'automobile. Cette équipe a pu construire et tester des prototypes dans un environnement informatique simulé, et partager ses dessins et ses données avec ses collègues connectés au réseau informatique, 24 heures par jour, dans le monde entier. La chaîne de valeur virtuelle rendait possible un processus beaucoup plus intégré et surtout beaucoup plus riche. [2]

Les entreprises et les organisations savent aujourd'hui exploiter le gisement des nouvelles technologies pour acquérir des avantages concurrentiels, voire quelquefois réinventer leur métier. Chaque secteur a bien sûr son histoire, ses pratiques, ses règles du jeu et sa culture, qui façonnent d'une certaine manière, mais avec de moins en moins de déterminisme, son univers des possibles. Mais tous vivent l'émergence d'un nouveau modèle des affaires, au carrefour des forces structurant les secteurs économiques et du potentiel des nouvelles technologies.

Un monde en réseau

Ce nouveau modèle est un monde décloisonné où les frontières traditionnelles entre acteurs s'estompent ou disparaissent. « *Dans l'économie dématérialisée, structurée par les flux d'information et de communication, le réseau devient la métaphore de l'organisation économique* », explique Charles Goldfinger. « *Tout est réseau : les marchés, les entreprises, les relations entre les entreprises et leur environnement.* »[3]

Premier niveau de décloisonnement, l'intégration verticale entre producteurs et distributeurs. L'échange de données informatisées a fortement contribué à la banaliser, en permettant de mettre en place des normes d'échanges d'informations et de liaisons informatisées. La majorité des systèmes d'EDI sont encore privés et leur accès limité à ceux qui en ont les moyens ; mais l'utilisation du World Wide Web et le développement du commerce électronique pourraient réduire eux aussi le coût de traitement d'une commande de façon spectaculaire.

L'« interpénétration » des systèmes d'information des différents partenaires représentera un phénomène majeur dans les années à venir. Les données échangées ne seront plus statiques (commandes, factures...) mais dynamiques. L'EDTI (Échange de données et de traitements informatisés) est déjà à l'œuvre dans la distribution ; il s'étendra ailleurs, nouvelle avancée de la communication et de l'entreprise étendue. Le fournisseur connaîtra « en continu » le niveau de stock de son client, réapprovisionnera en fonction des consommations réelles et facturera en conséquence. Le service après-vente d'un fabricant d'alternateurs électroniques disposera des données d'exploitation du matériel chez son client, détectera à l'avance ses faiblesses et changera les pièces concernées avant la panne d'usure. La communication entre ordinateurs ne sera plus une simple messagerie entre boîtes aux lettres électroniques : les ordinateurs dialogueront, se comprendront et déclencheront des décisions.

MCC, la filiale créée par Mercedes Benz et Swatch pour concevoir et commercialiser la Smart, un véhicule à vocation urbaine de nouvelle génération, est un exemple typique d'intégration amont-aval. L'organisation industrielle mise en place est de type « hyperpartenarial ». Son principe : associer au maximum les fournisseurs aux processus de conception, d'industrialisation et de production. Il était même question, au début du projet, de leur faire effectuer eux-mêmes le montage sur chaîne, avec ou sans l'assistance du personnel du constructeur ! Pour des raisons de coordination, cette idée a finalement été abandonnée. Mais les fournisseurs livreront en « juste-à-temps » les différents composants sur la chaîne de montage où seront fabriquées les Smart. Désignés sous le nom de « partenaires de système », les fournisseurs les plus importants seront représentés non pas à la périphérie, mais directement dans l'usine. Ils auront la responsabilité des ateliers de préparation et d'assemblage des sous-ensembles « majeurs » : le canadien Magna pour les châssis, le suédois Dynamit-Nobel pour les carrosseries en plastique, l'allemand Eisenman pour la peinture, le belge Ymos pour les habillages intérieurs et VDO pour les tableaux de bord... Et ils seront rémunérés en fonction du nombre de véhicules produits !

Désintermédiation, réintermédiation

Cette intégration spectaculaire n'est pourtant qu'une première étape. Car le décloisonnement vertical ne se fera pas uniquement entre prestataires « habituels » : il mettra également le produit en direct avec son marché, favorisant l'entrée de nouveaux acteurs. Nous assistons au développement de la désintermédiation. Lorsqu'Oracle vend son nouveau produit Personal-7 en proposant à ses clients de le télécharger directement chez eux *via* Internet, il contourne ses distributeurs de logiciels. Lorsqu'une maison est louée pour l'été sur le Web d'Internet, son propriétaire économise la commission de l'agence.

Symbole de la fin des intermédiaires, le commerce électronique permet, en théorie, d'accéder à toute la planète, avec un coût marginal presque nul pour chaque nouveau client. Bien sûr, l'absence de réseau de vente doit être compensée par des investissements publicitaires, un bon marketing relationnel et un lobbying efficace. Mais, au bout du compte, le bilan économique est largement favorable. Les experts prévoient donc un bel avenir au commerce électronique et, en corollaire, l'émergence d'une nouvelle culture multimédia des consommateurs et des entreprises. Cette révolution est en marche, et son cercle vertueux ne peut que s'amplifier.

Jean-Pierre Gérault évoque un exemple de ce phénomène de désintermédiation : « *Rank Xerox, Deutsch Telekom et Bertelsman réfléchissent ensemble à la notion de librairie virtuelle. Le tirage moyen du livre baisse et l'impression numérique permet de produire de petites séries à des coûts viables. Dans ce projet, Bertelsman gère les fonds des éditeurs ; demain je suis sur mon micro, j'accède à ce fonds d'édition et me décide pour un livre. J'envoie ma commande avec mon numéro de carte de crédit. Le livre est imprimé à 20 mètres de chez moi par un prestataire qui fait partie d'un réseau. Les freins à la réalisation de ce projet ne sont pas techniques, c'est plutôt le système de distribution.* »

Paradoxalement, ce phénomène de désintermédiation a son revers : celui de la réintermédiation ! Les intermédiaires traditionnels disparus, les producteurs se regroupent pour organiser ensemble la vente de leurs produits et services ou améliorer leurs fonctionnements. Ces nouveaux intermédiaires sont simplement plus virtuels que leurs prédécesseurs. Amadeus, le système de réservation créé par Air France, Lufthansa, Iberia et Continental Airlines s'est imposé comme le premier système de distribution mondiale de prestations et de réservations de voyages. Présent dans 45 pays, il maîtrise 65 % du marché européen, 60 % du marché de l'Amérique du Sud et 15 % du marché américain. Toujours dans le transport aérien, Passenger Revenue Accounting fournit un autre exemple d'intermédiaire multi-compétences.

Passenger Revenue Accounting : un intermédiaire à valeur ajoutée dans le transport aérien

L'ensemble du processus de traitement des billets représente 20 à 25 % des coûts des compagnies aériennes. Une réservation est en général modifiée deux fois, et le traitement des souches de billets est particulièrement complexe. Les agences doivent toucher leur commission, les compagnies utilisent l'information pour leur base marketing, les sociétés de clearing créditent la bonne compagnie et les autorités locales attendent leur commission.

Pour améliorer ce processus, Northwest Airlines, Andersen Consulting et NPCC, leader du traitement comptable pour le transport aérien américain, ont créé un nouvel acteur intermédiaire, PRA. PRA assure aujourd'hui le traitement des opérations comptables pour les billets des 5 à 10 premières compagnies aériennes nord-américaines. Sur la base de technologies de reconnaissance d'image et de systèmes experts, PRA traite 50 % des billets émis aux USA et au Canada, soit plus de 250 000 billets par jour.

Ce regroupement de compétences permet de réduire le coût de traitement des billets de 10 à 30 %. Les compagnies clientes de PRA, sans aucun investissement, voient leurs recettes progresser de 1 % sans vendre un billet supplémentaire et de 2 à 3 % par amélioration des données marketing.

Ces nouveaux intermédiaires joueront un rôle crucial dans une société où le nombre d'informations à intégrer augmente chaque jour dans des proportions inimaginables. Les nouvelles formes d'intermédiation permettent d'effectuer un tri et répondent ainsi à une attente majeure des consommateurs et des usagers.

Votre concurrent peut être votre allié

Le décloisonnement du monde des affaires est également horizontal. Si les relations des entreprises avec leurs fournisseurs et leurs clients sont bouleversées, la notion de concurrence devient elle aussi toute relative.

Il n'est pas rare aujourd'hui que des entreprises concurrentes sur leurs marchés s'unissent pour partager certains de leurs coûts, comme les investissements en recherche et développement, mais aussi les risques et les marchés visés par des développements communs. Exemples typiques de ces formes d'alliance : les grands programmes menés dans des secteurs comme l'aéronautique ou l'automobile. Le consortium Airbus fonctionne sur ce principe. Les éléments convergent de l'Europe sur Toulouse pour l'assemblage final. Les monospaces de Peugeot, Citroën et Fiat ont été conçus à partir de la même plate-forme technique, avec un minimum de personnalisation pour chaque marque. Ils ont été produits sur la répartition des éléments entre usines et mis simultanément sur le marché à travers le réseau de distribution de chacun des constructeurs.

Car il n'est plus possible d'exceller seul en tout. Pour demeurer compétitif, il est de plus en plus nécessaire d'instaurer des partenariats, des collaborations, des alliances stratégiques ou d'externaliser certaines compétences.

Les nouvelles stratégies d'alliances... entre concurrents

Bernard Garrette et Pierre Dussauge, professeurs de stratégie à HEC, ont réalisé une étude détaillée des tendances en partenariats et alliances.
Une constatation frappante : le développement des alliances entre concurrents. Et pourtant des concurrents n'ont pas vocation à s'allier : il existe même des sanctions légales à la constitution de trusts ! Néanmoins la tendance est marquée : d'après une étude parue dans le Columbia Journal of World Business, *Trend in international collaborative agreements*, les alliances entre concurrents représentent 70 % des accords de coopération inter-entreprises. Affinant leur analyse, Bernard Garrette et Pierre Dussauge proposent une typologie inédite qui fait valoir trois grands types de partenariats entre concurrents : les alliances de co-intégration pour atteindre la taille critique sur un composant ou une fonction qui s'intègre dans les produits propres des deux partenaires, les alliances de pseudo-concentration, le principe s'appliquant au niveau d'un secteur comme le spatial ou l'armement, et les alliances « complémentaires » pour fabriquer ou commercialiser un produit « concurrent », comme dans l'automobile ou les télécommunications.

Spontanément, deux entreprises maîtrisant des savoir-faire à la fois différents et complémentaires vont avoir tendance à s'associer pour faire face à la concurrence. De façon ponctuelle, comme Haägen-Dazs s'associant à Bailey's pour produire une glace alcoolisée et la commercialiser sous les deux marques, exemple typique de cobranding. Ou à moyen terme, comme la société de services informatiques Sligos s'alliant à Cybercash, spécialiste de systèmes de paiement sécurisés sur Internet, pour faciliter le commerce électronique sur le réseau planétaire. Un partenariat stratégique qui semble naturel au leader européen des systèmes de paiement bancaire : « *Cybercash possède une approche similaire à la nôtre,* explique Jacques Maujin, responsable du développement Internet chez Sligos. *Elle est d'apporter des services aux banques et non pas de chercher à les concurrencer.* » [4]

Un plus un égale trois : marier les compétences stratégiques
Ces nouvelles stratégies résultent directement de la pression concurrentielle : il est encore plus difficile d'être bon en tout lorsqu'il faut être... excellent ! Beaucoup d'entreprises en tirent les conséquences en se focalisant sur leurs compétences clés : innovation, gestion de marques, relation avec le client, logistique... Et elles sélectionnent un ou plusieurs partenaires à qui elles confient les activités non stratégiques ou trop spécialisées.

Cette démarche est baptisée BPM, pour Business Process Management, ou gestion externalisée des processus. Très populaire aux États-Unis, elle fait progressivement son apparition en Europe. Ainsi British Petroleum Exploration a conclu avec Andersen Consulting un accord pour traiter toutes ses informations administratives et financières, avec un contrat de progrès qui tient compte à la fois de la qualité obtenue et de la réduction des coûts sur cinq ans. Les agents de BP sont devenus des collaborateurs salariés d'Andersen Consulting. Ils ont un nouveau contrat de travail et des opportunités de carrière dans une entreprise où cette fonction est, à la différence de BP, au cœur de ses métiers. Pour BP, la fonction administrative et financière va bénéficier des meilleures pratiques dans le domaine. Bref, un accord gagnant-gagnant !

Autre exemple, celui du fabricant d'articles de sport Puma.

Devant les difficultés de son entreprise, son président Jochen Zeitz a pris la décision d'externaliser tout ce qu'elle ne fait pas mieux, plus rapidement ou moins cher qu'une autre. Aujourd'hui le « fabricant » allemand sous-traite la production de ses chaussures, la logistique et la distribution à 80 partenaires du monde entier reliés *via* Internet. [5]

L'entreprise recourant au BPM constitue avec ses partenaires une chaîne de valeur ajoutée à très haute performance. Elle cherchera néanmoins à rendre suffisamment distinctifs les maillons dont elle garde le contrôle. C'est ce principe qu'applique par exemple Virgin. Une équipe minimale dirige le marketing de Virgin Cola, dont la production est confiée au canadien Cott et la distribution à Tesco en Angleterre. Dans le Virgin Cola, rien n'est fait par Virgin... sauf la gestion de la marque !

Virgin : du disque au cola

La marque Virgin attire et fidélise un large segment de consommateurs. Aussi son fondateur, Richard Branson, a-t-il décidé de la décliner dans un nombre incroyable d'activités : la distribution (Virgin Megastores), le voyage (Virgin Atlantic Airways), les loisirs (Virgin Publishing, Virgin TV), l'hôtellerie (Necker Island, La Residencia), les services financiers individuels (Virgin Direct), le cinéma (British Cinema Chain), la radio (stations locales et nationales en Grande-Bretagne)... La marque Virgin n'est pas rattachée à un produit unique et tous les produits bénéficient de son image. Bien évidemment, l'enjeu est de s'assurer de la cohérence du marketing et de la gestion de l'image de tous les produits portant le logo Virgin, ce qui n'est pas simple. Cependant Richard Branson continue sa stratégie d'invasion de nouveaux marchés. Sa dernière aventure : le lancement d'une compagnie aérienne européenne, Virgin Express et son entrée au capital de LCR, opérateur d'Eurostar, le train rapide Paris-Londres et Bruxelles-Londres. Ce capital image de la marque minimise fortement les risques lors de la pénétration dans des secteurs déjà très concurrentiels. [6]

Les entreprises sont-elles tombées sur la tête ?

Le flou des frontières entre l'entreprise et ses concurrents, le décloisonnement horizontal que vivent tous les secteurs d'activité provoquent des glissements de métier parfois spectaculaires.

Les assureurs vendaient des contrats d'assurances, les banquiers collectaient l'épargne et proposaient des crédits, la grande distribution fournissait les produits du quotidien. Aujourd'hui les banques distribuent de l'assurance et se sont déjà imposées sur le marché de l'assurance-vie. Carrefour propose une carte de paiement, un crédit à la consommation et depuis peu des produits d'épargne, qui n'ont rien à envier à ceux des banques. Leclerc vend du voyage. Et pendant un moment les banquiers ont retenu leur souffle à l'idée que Microsoft pourrait devenir une banque électronique, ou du moins un fournisseur de moyens de paiement.

Les entreprises sont-elles tombées sur la tête ? Pourquoi une telle apparente dispersion ? Il s'agit en fait, le plus souvent, d'un effort pour exploiter au mieux leurs compétences, leurs capacités de management, leur capital image, et surtout leur capital client.

Ainsi un éditeur de logiciels spécialisé sur le créneau des logiciels de comptabilité personnelle cherchera à devenir un intermédiaire à valeur ajoutée pour le traitement des transactions bancaires. Au grand dam des banquiers, qui ne veulent surtout pas perdre le contact direct avec le client ! Et si Carrefour a pu pénétrer sur le marché des produits financiers, c'est en grande partie parce que ses clients font d'une pierre deux coups : passer à la banque en allant faire leurs courses.

Les vraies compétences ne sont plus ce qu'elles étaient

Ces différents exemples mettent en évidence une tendance forte dans tous les secteurs économiques : les compétences en management du client et en gestion d'activité deviennent de plus en plus stratégiques par rapport au savoir-faire technique, qu'il est souvent plus facile d'acheter à l'extérieur, voire de complètement sous-traiter dans certains cas.

Nestlé a conduit, il y a quelques années, une réflexion approfondie sur le caractère différenciateur de ses compétences. La prise de conscience a été salutaire. En première analyse, seules semblaient compter les compétences techniques qui avaient fait le succès de la société, comme le procédé de déshydratation du lait. Mais en y réfléchissant bien, équipementiers et sociétés d'ingénierie dominent désormais ces savoir-faire... et les diffusent largement. La force de Nestlé réside dans ses compétences marketing et surtout dans la gestion de ses marques : son vrai capital est là.

Parfaitement conscientes du caractère clé du marketing, certaines banques, au début de leur entrée sur le marché de l'assurance, ont entièrement sous-traité la fabrication et la gestion de leurs produits. Leurs priorités : essayer d'abord de créer une image crédible et différenciée dans le secteur et développer une approche globale du client.

Cette recomposition permanente des acteurs sur la base de leurs compétences, de leurs capacités à gérer leur activité, de leur image et de leur capital client ne va aller qu'en s'accentuant dans les années à venir.

Dans ce phénomène, les nouvelles technologies jouent un rôle à la fois de support et de catalyseur. Elles permettent d'abaisser la barrière d'entrée en rendant accessible le savoir-faire dans des progiciels de plus en plus efficaces, maillons indispensables d'une chaîne intégrée de métiers et de compétences. Elles permettent aux entreprises de communiquer mieux qu'elles ne l'ont jamais fait, favorisant une meilleure réactivité des équipes et des individus, et, au-delà, des échanges de plus en plus « intelligents » entre entreprises partenaires. Elles permettront enfin de partager les bases de données commerciales entre activités, clé d'un marketing relationnel efficace et de l'optimisation du capital client.

Une autre gestion du capital client

Connaître ses clients et s'en faire connaître a toujours été l'un des éléments majeurs de la réussite d'une entreprise. Mais, dans la nouvelle donne qui s'annonce, cette équation devient une condition de survie.

Les techniques de fidélisation sont les premières bénéficiaires de l'utilisation des technologies dans ce domaine. Le consommateur d'aujourd'hui semble imprévisible et volage. Il est surtout « pluriel », son comportement variant en fonction des produits et des conditions dans lesquelles il les achète. Les données classiques comme l'âge ou le revenu ne suffisent plus pour anticiper les modes de consommation. Conquérir ou fidéliser un client nécessite de le connaître par cœur ! Le marketing de masse va donc devenir un marketing personnalisé, baptisé one-to-one par les Anglo-saxons.

La carte à puce, arme absolue de la fidélisation

En fidélisant leurs clients, certaines entreprises peuvent augmenter de plus de 25 % leurs chiffres d'affaires. Imaginez qu'à chaque passage en caisse, vous accumuliez des points sur une carte multi-partenaire. Votre nombre de points s'accroît si vous faites vos courses lors de votre anniversaire, ou si vous achetez pour la première fois chez l'un des partenaires du programme. A tout moment vous pouvez calculer les points acquis (sur Internet par exemple) et définir une stratégie pour maximiser l'obtention de nouveaux points. Votre carte suffisamment remplie, vous décidez de profiter d'un cadeau... ou de verser ces points sur votre compte épargne.

Cofinoga propose déjà à ses clients une carte privative qui est avant tout un moyen de paiement. Mais tout client qui règle ses achats avec la carte Cofinoga, dans l'un des 800 points de vente partenaires de l'opération – BHV, Galeries Lafayette, Nouvelles Galeries, Monoprix et groupe Casino – acquiert ainsi des points valables pendant 5 ans... et convertibles en billets d'avion !

A la conquête du consommateur inconnu

Cette transition est possible avec les bases de données. Jusqu'à présent, les entreprises avaient en la matière deux solutions : établir leur propre base, avec un investissement initial de plusieurs dizaines de millions de francs ou louer des adresses, notamment à des « vépécistes » comme La Redoute et les 3 SUISSES, qui en détiennent plus de 15 millions chacun.

Aucun de ces fichiers traditionnels ne contient cependant autant d'informations que les mégabases, qui répertorient une grande partie les habitudes et intentions de consommation de millions de ménages, identifiés nominativement. En France, trois prestataires – CMT, Consodata et À vos marques – constituent progressivement ces bases de données stratégiques pour les entreprises de biens de consommation. Après avoir diffusé plusieurs millions de questionnaires (pour stimuler les retours, des promotions sont offertes à ceux qui y répondent), CMT, le précurseur en France, déclare disposer de données portant sur 1 million de foyers. Son homologue britannique, créé 10 ans plus tôt, en répertorie 9 millions. Le nombre de foyers prévus pour la fin de 1996 est de 3 à 3,5 millions pour CMT, 2,4 millions pour Consodata et 1 million pour À vos marques. [7]

Ces mégabases de données peuvent être utilisées à des fins d'études, pour mieux connaître le profil des clients de l'entreprise ou de ceux de ses concurrents. En décodant leurs comportements d'achat, elles permettent de cibler une campagne publicitaire avec une grande précision. Les bons de réduction envoyés à des ménages ne consommant pas un produit, par exemple, seront d'un montant plus élevé que ceux envoyés à des clients fidèles. Autre possibilité offerte par les mégabases de données : identifier, magasin par magasin, le taux de pénétration d'un produit ou d'une marque.

Le secteur de l'hôtellerie et du voyage utilise déjà couramment ces pratiques. Avec le système Spirit, le personnel de la chaîne d'hôtels Hyatt accède à une base de données commune constamment mise à jour. Spirit a permis de créer un historique client (avec les numéros de cartes de crédit, les demandes spéciales comme un lit king size ou une chambre non fumeur...). Si le client désire à nouveau réserver, il disposera de la chambre la plus adaptée à ses souhaits. D'ici peu de temps, les clients réguliers seront même systématiquement mis en contact avec le même interlocuteur...[8]

Un fabricant de petits pots pour bébés répond aux jeunes mamans

Beaucoup d'autres innovations technologiques deviendront une pratique courante pour personnaliser la relation des marques et des distributeurs avec leur clientèle. Elles seront un élément stratégique de différenciation par rapport à la concurrence.

Aujourd'hui, le consommateur se retrouve en effet face à une offre gigantesque de produits et services. Que choisir ? Comment ? Avec quelles garanties de qualité ?... Nombreuses sont les questions à se poser avant d'acheter. Nombreux aussi sont ceux qui se proposent de guider le consommateur dans ses choix. C'est la vocation des magazines Que Choisir ? ou 60 Millions de consommateurs, d'associations de protection du consommateur, ou, tout simplement, des publicités diffusées par les entreprises.

L'audace dont les entreprises font preuve en matière de relations avec leurs clients est assez surprenante. Le groupe Danone envoie un magazine à chacun des consommateurs de ses marques ! Ce renforcement de la relation avec la clientèle est bien l'un des phénomènes les plus marquants de ces dernières années.

Depuis 1991, des diététiciennes Nestlé répondent au téléphone 6 jours sur 7 pour donner aux jeunes mamans des conseils personnalisés et gratuits. Cette innovation a permis à l'entreprise d'augmenter ses parts du marché des petits pots pour bébés de 20 à 43 % en 3 ans... avec un investissement publicitaire beaucoup moins important que celui de ses concurrents.

Le client au centre des stratégies

Le client est de plus en plus au cœur des stratégies d'entreprises. Elles cherchent à toujours mieux comprendre les motivations profondes de ses actes d'achat. Mais les observateurs de la consommation constatent la montée de l'individualisation. La société française offre, à l'instar des autres sociétés occidentales, un visage pluriel et donne à voir ces mondes parallèles évoqués déjà plus haut. Les outils usuels du marketing et de la publicité sont remis en question par cette atomisation de la demande. Les « sociostyles » et autres modélisations des comportements de consommateurs sont revus et déclinés toujours plus finement : les revendications sont nombreuses, les combinatoires complexes et les analyses jamais définitives.

Les revendications des consommateurs

La consommation ? Ce sont près de 30 paramètres... et des milliers de combinaisons !
Gérard Mermet, spécialiste des modes de vie et du changement social, décline les grandes revendications des consommateurs d'aujourd'hui en près de trente dimensions : [10] efficacité, pérennité, temps, santé, plaisir, diversité, évasion, autonomie, personnalisation, considération, optimisation, continuité, confort, sécurité, innocuité, proximité, authenticité, vertu, transparence, discrétion, pédagogie, synthèse, positivité, convivialité, culture, sens, transcendance, développement personnel, harmonie... et un casse-tête de combinaisons.

La déconsommation... et la nouvelle passion pour l'être.
Est-ce un ultime avatar de nos stratégies du paraître ou une véritable recherche d'authenticité ? S'agit-il du dispositif le plus pernicieux de maintien de la consommation dans un environnement qui « déconsomme » ? Difficile de répondre, mais il est certain que ce besoin accru de différenciation ressemble à une quête existentielle plus profonde : être soi-même. Dès lors les produits de consommation ne peuvent plus être standardisés, les offres et les services sont toujours plus personnalisés.
Sinon le déclin de la consommation pourrait être effectivement une tendance irrésistible.

Si chaque consommateur est à la recherche de plus de personnalisation dans sa consommation, construire et communiquer sur l'offre devient un véritable casse-tête. La bonne approche ressemblerait à une offre... sur mesure. Tous les acteurs sentent bien que cette voie s'imposera progressivement.

Phénomène symptomatique : la presse nationale incarnée par les grands quotidiens ne cesse de perdre du terrain au profit d'une multitude de magazines spécialisés dont on se demande comment ils peuvent survivre tant ils sont ciblés : il y en a pour tous les goûts ! Regarder la devanture d'un kiosque à journaux, c'est découvrir que notre société est un incroyable kaléïdoscope de passions et de loisirs. La presse régionale, plus proche de ses lecteurs, supplante elle aussi les journaux nationaux dits d'opinion. Ce que les gens souhaitent, c'est avoir accès à ce qui les touche directement, soit par affinités géographiques, soit par communautés d'intérêts autour de hobbies aussi hétéroclites que la pêche au lancer, le basketball américain ou le bricolage...

La radio, la télévision et ses prolongements via le câble et le satellite donnent accès à des programmes eux aussi spécialisés. Il devient de moins en moins probable que nous ayons suivi le même programme que nos voisins, que nos collègues... ou que nos enfants. Qui se souvient de l'époque révolue où la France se réveillait et évoquait « le film » de la veille ? Qui garde en mémoire le temps pas si lointain où regarder la télévision était un cérémonial familial ?

Les besoins s'individualisent. Mais parallèlement les spécialistes de la consommation décryptent un autre phénomène : la référence croissante à un groupe, un « clan » ou un style spécifique.

Ceux qui se rendent dans les magasins Nature et Découvertes ou The Body Shop ont le sentiment d'appartenir à une communauté partageant les mêmes valeurs. Aux États-Unis, Harley Davidson a remarquablement réussi sa transformation sur la base de cette analyse. Cette vieille maison ne vend plus de motos, elle permet à ses clients de se reconnaître dans le Harley Davidson Life Style. La communication de l'entreprise ainsi que son offre (motos, vêtements, parfums...) sont en adéquation avec ce message.

De la consommation de masse aux communautés d'intérêt

Car les clients que nous sommes deviennent peu à peu, indépendamment des efforts faits par les entreprises pour les fidéliser, des forces de décision que ces dernières devront prendre en compte. *« Nous étions des assujettis, puis des usagers, puis des consommateurs, des clients. Enfin nous sommes des personnes : le numérique et le multimédia font revenir le client à la personne et c'est une excellente nouvelle »*, déclare Daniel Richard, président des 3 Suisses France.

La disparition de certains intermédiaires met en contact direct clients et producteurs de biens et services. Face à ces nouveaux interlocuteurs, les clients auront probablement tendance à se regrouper par communautés d'intérêts ou d'activités afin de tirer parti de ces nouveaux rapports de force.

Des regroupements par centres d'intérêts s'opèrent déjà sous nos yeux : amateurs de musique, amoureux de la nature, joueurs de golf ou seniors hyperactifs... Le véritable changement apporté par les nouvelles technologies est de donner aux groupes d'individus qui ont décidé de s'organiser, voire de faire pression, tous les moyens de communication nécessaires. Des phénomènes encore inconnus d'autorégulation émergent. Une communauté d'internautes peut décider de boycotter une entreprise en bloquant totalement, par des messages répétés, l'accès à son serveur ! C'est déjà arrivé à un cabinet d'avocats américains abusant des mailings sur Internet ou à Mac Donald, quand des écoliers ont protesté contre les emballages synthétiques des hamburgers...

On peut aussi fort bien imaginer que ces communautés se créeront pour lutter contre l'inflation des informations de nature publicitaire, ou pour protéger les vies privées d'analyses des comportements « trop efficaces »...

Enfin, les consommateurs n'adhéreront aux immenses possibilités offertes par les nouvelles technologies que si ces dernières apportent un véritable « plus » dans leur quotidien. « *Les moyens de communication seront inévitablement appelés à prendre de plus en plus d'importance dans notre vie professionnelle et personnelle,* explique Philippe Santini, directeur général de la Compagnie générale de vidéocommunication. *Indéniablement, les autoroutes de l'information existeront un jour ou l'autre. Mais actuellement, ce que tout le monde cherche c'est une « killer application », un service ou un bouquet de services qui fasse réellement décoller le marché, en apportant aux consommateurs un réel bénéfice. Au Canada, des services destinés à faciliter la vie quotidienne ont été développés, qui vont des démarches administratives réalisées au travers d'un terminal interactif au couponing pour les chaînes de distribution. C'est en offrant dans un premier temps des bénéfices clairement identifiables que nous pourrons commencer à construire quelque chose.* »[11]

Ce n'est qu'à cette condition que l'individu ira au-delà de l'utilisation de l'outil pour s'intégrer dans une ou plusieurs communautés d'intérêts. Il y a probablement beaucoup d'opportunités pour ceux qui sauront créer les services à valeur ajoutée qui séduiront un nombre suffisant d'individus.

Stratégie et technologie

Nouvelle donne avec les fournisseurs, avec les concurrents, avec les clients... Peut-on aujourd'hui occulter les technologies de l'information dans la réflexion stratégique ou n'en faire qu'un moyen au service d'une fin ? Peut-on envisager le développement d'une entreprise ou d'une organisation sans aborder la problématique technologique, en tant que dimension pleine et entière de l'analyse stratégique ?

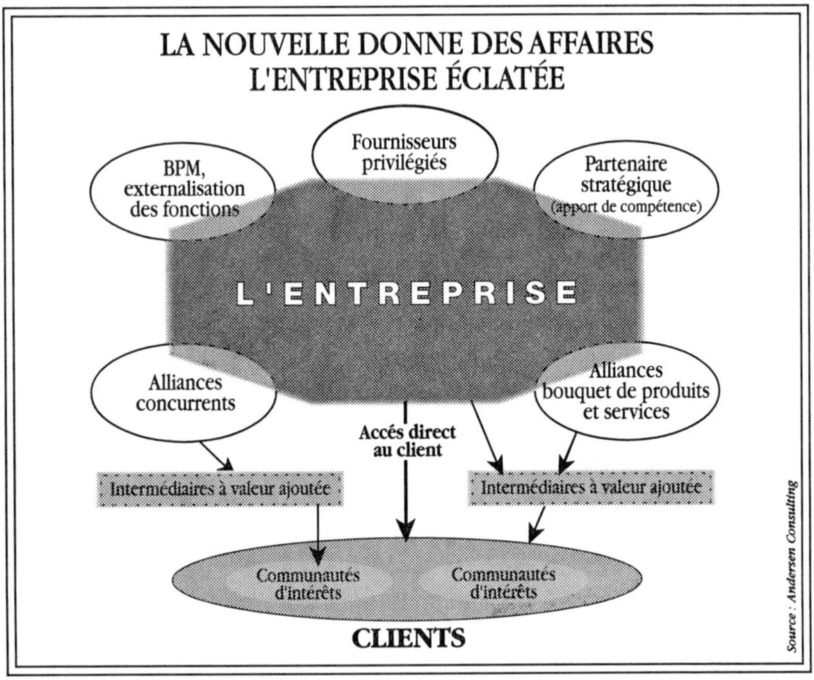

La réponse ressort clairement des analyses de ce chapitre. Elles mettent en évidence une problématique stratégie/technologie beaucoup plus complexe et subtile qu'une simple relation de cause à effet. De fait, les nouvelles technologies de l'information et de la communication s'intègrent à l'équation stratégique de l'entreprise. Avec une ampleur sans précédent, la rencontre entre l'ère de la communication et de l'information, la pression du marché et les attentes des clients provoquent de spectaculaires opportunités de décloisonnement. Allant jusqu'à renouveler la forme même de l'entreprise et de ses métiers.

Et comment qualifier cette structure ?

Entreprise souple ? Certainement. La flexibilité est de rigueur pour s'adapter en permanence à un environnement dynamique.
Entreprise agile ? Nécessairement. Suivre une évolution du marché, saisir une opportunité stratégique demandent rigueur et rapidité.
Entreprise focalisée ? De préférence. Concentrée sur ses compétences clés, focalisée sur un client qui devient exigeant, « pluriel », plus difficile à fidéliser.
Entreprise ouverte ? Très probablement. Les partenariats se renforcent, les fournisseurs et les clients s'intègrent à l'entreprise.
Entreprise éclatée ? Pourquoi pas si ce qualificatif synthétise les points précédents. Reste à comprendre les nouveaux repères qui lui donneront sa cohésion, son sens et son efficacité.

NOTES

1 Goldfinger C., L'Utile et le futile - Économie de l'immatériel, Éditions Odile Jacob, 1994.

2 Rayport J., Sviolka J., « Sachez exploiter la chaîne de valeur virtuelle ! », L'Expansion Management Review, n° 80, mars 1996.

3 Goldfinger C., op. cit.

4 Maujin J., cité dans La Tribune Desfossés, 19/03/1996.

5 D'après L'Entreprise, n° 129, juin 1996.

6 D'après Time International, 08/07/1996.

7 Cité dans L'Essentiel du management, décembre 1995.

8 CIO, Harvest Season, Hyatt hôtels : satisfaying the Inn Crowd, 01/1995.

9 Cité dans L'Essentiel du management, mars 1995.

10 Mermet G., Tendances 1996 - Le Nouveau Consommateur, Larousse, 1996.

11 Interview parue dans La Tribune Desfossés, 04/04/1995.

REPÈRES POUR L'ENTREPRISE DIGITALE

La nouvelle donne économique offre aux entreprises un champ d'opportunités sans précédent si elles savent se transformer en profondeur. Leur flexibilité deviendra un impératif stratégique, repoussant jusqu'à l'éclatement les frontières habituelles : le cloisonnement des services, l'organisation des horaires, les limites physiques du lieu de travail, le contrôle de l'information par les experts ou les détenteurs de l'autorité.

L'entreprise digitale sera un réseau de petites équipes autonomes, ouvert sur l'extérieur, affranchi des contraintes de l'espace et du temps, irrigué par une information immédiatement disponible. Et capable de se reconfigurer instantanément pour s'adapter aux évolutions de son environnement.

Ces constantes métamorphoses empêchent d'ailleurs d'en imaginer un modèle. L'entreprise de l'ère de la communication n'est pas un idéal glacé où la technologie règne en maître. D'anciennes données structurantes s'effritent : le temps de travail se flexibilise, l'espace se « virtualise ». De nouveaux repères émergent, paradoxalement plus intangibles : les compétences, le savoir, et surtout le système d'information, nouvelle ossature de l'entreprise digitale.

L'ardent impératif de la flexibilité

Quelle configuration auront les entreprises ? Quels seront leurs critères de performances ? Comment atteindre demain cette fameuse excellence ? Le célèbre livre de Peters et Waterman serait de plus en plus difficile à écrire. Les success-stories d'hier ne sont plus les modèles d'aujourd'hui – et encore moins ceux de demain ! Nos références sont déjà obsolètes et à réinventer.

Les problèmes ne peuvent être isolés

La complexité sans cesse croissante de l'environnement économique pénètre les entreprises. Celles qui sauront la gérer en tireront d'incontestables avantages : une entreprise qui veut maîtriser son avenir ne peut être moins complexe que son environnement.

Mais affronter la complexité est un exercice singulièrement difficile. Les Anglo-saxons ont une image simple pour l'illustrer : prenez un gros ballon de baudruche entre vos bras et essayez de réduire son volume. Deux protubérances filent aussitôt vers le haut et le bas. Essayez de les réduire encore et les voilà qui réapparaissent là où vous venez de relâcher votre effort ! Un problème qui ne peut être résolu sans une approche nouvelle…

Anatomie de la complexité

Voici un mot à la mode. Aujourd'hui tout est complexe, ou tout du moins plus complexe qu'« avant ». Cette complexité est celle de la nature qui livre sans cesse de nouveaux secrets, de la science et de la connaissance en général qui viennent échouer avec leurs habituels bagages de méthodes et de rationalité sur le vivant. Si les organisations sont si difficiles à comprendre, c'est qu'elles aussi tiennent de cette complexité, du vivant ou du « système ». Biologistes, cogniticiens et philosophes tentent de l'expliquer.

De quoi s'agit-il ? Pour Edgar Morin, elle « correspond au tissu d'événements et d'actions interactions rétroactions, déterminations et aléas qui constituent notre monde phénoménal ». Voilà qui est complexe… à comprendre. On peut tenter une élucidation statique : la complexité, c'est la résistance qu'oppose la réalité à toute tentative de rationalisation. Autrement dit la vie et les formes d'organisation qui vont avec ne peuvent être décryptées totalement par la raison. La complexité se définit aussi de façon plus dynamique comme ce qu'il est nécessaire de prendre en compte pour appréhender et maîtriser la réalité. Elle n'est pas le dernier mot d'une énigme qui se referme mais bien une invitation à la comprendre « vraiment ».

La réponse pour l'entreprise ? La flexibilité : travailler sans relâche à fluidifier les fonctionnements et rendre l'organisation capable de s'adapter en permanence pour affronter la complexité.

Les technologies peuvent alors jouer un rôle essentiel. Elles apportent cette flexibilité en dotant les acteurs des informations, des outils, des processus de partage de compétences indispensables pour répondre aux nouveaux défis de l'environnement. Elles participent enfin à un phénomène de spirale d'accélération du changement, où le besoin de flexibilité appelle la technologie et où la technologie crée un besoin plus impérieux de flexibilité.

LA BOUCLE D'AMPLIFICATION DIGITALE

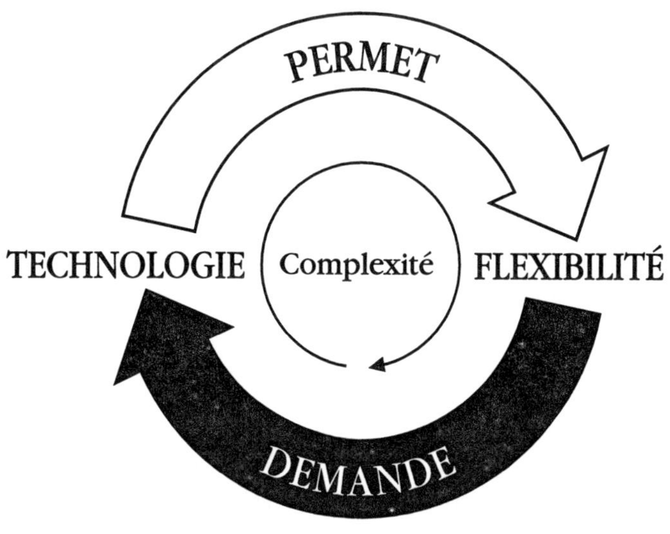

Source : Andersen Consulting

Tous les managers constatent que les problèmes sont désormais étroitement imbriqués. Car l'entreprise est un système : on ne change pas impunément un sous-ensemble supposé homogène et isolé, l'organisation d'une équipe par exemple, sans affecter les autres dimensions de l'organisation. C'est ce qu'ont démontré Vincent de Gauléjac ou Pierre Lévy : il n'y a pas de segmentation des problèmes suffisamment fine pour en résoudre un indépendamment des autres. C'est d'ailleurs toute la pertinence des approches globales par rapport aux actions trop ciblées.

Or l'introduction d'une nouvelle technologie touche l'organisation dans sa globalité : elle requiert de nouveaux processus, une nouvelle organisation, de nouvelles compétences, d'autres modes de communication... En un mot, elle est « systémique ».

La technologie, levier de transformation

Interview de Jean-Jacques Coisy, Directeur Central des Ressources Humaines du Groupe Bouygues.

Lorsque Francis Bouygues m'a demandé de mettre en œuvre une stratégie visant à développer la mobilité au sein du Groupe, j'ai immédiatement pensé à l'usage que nous pourrions faire, en interne, du Minitel. C'est ainsi que nous avons créé MOBILITEL, serveur sur lequel est listé l'ensemble des postes disponibles. Certains responsables de filiales ont tout d'abord été réticents à son implémentation car tous étaient conscients de l'extraordinaire perturbation que MOBILITEL allait générer dans leurs habitudes. Mais à travers l'outil, c'est toute une politique de mobilité que nous tenions à mettre en place. Par exemple, il a été établi qu'un collaborateur pouvait se renseigner sur un poste disponible sans en référer à sa hiérarchie.

Mais aujourd'hui, les réticences ont disparu ; 50 000 personnes en France sont maintenant concernées et informées au jour le jour des postes disponibles. Jamais nous n'aurions pu concevoir, au début du projet, toutes ses implications. Par exemple, l'importance croissante des demandes des collaborateurs nous a amené à créer au sein de la DRH centrale une cellule de trois collaborateurs dédiés aux questions de mobilité, et garants de la confidentialité des informations.

> Il ne pourrait être question aujourd'hui de supprimer MOBILITEL : cela provoquerait une véritable révolution au sein du Groupe ! Quand on met en place une démarche de transparence, d'ouverture, le retour en arrière devient impossible.

C'est pourquoi la technologie sera un formidable levier de transformation. Même si son appréhension est complexe et demande de fortes capacités d'adaptation. « *Tout le monde peut évoluer avec une élasticité plus ou moins forte,* affirme Jean-Claude Seys, président de MAAF Assurances. *Avec l'âge l'élasticité se réduit, mais c'est la confiance qui reste le facteur dominant et qui favorise l'évolution des hommes. La confiance en l'avenir.* »

Notre organisation est-elle la bonne ?

L'organisation de l'entreprise digitale n'aura pas grand-chose à voir avec celle de l'ère industrielle. Nous quittons une relative simplicité. Le fonctionnement des organisations descendant du taylorisme était bien rôdé. La majorité des tâches étaient spécialisées, les responsabilités claires, les modes opératoires précis. La performance était uniquement liée au résultat, les chaînes de commandement connues de tous, les signes de reconnaissance et de pouvoir parfaitement visibles.

Beaucoup d'organisations se sont déjà largement éloignées de ce modèle. Leur fonctionnement privilégie désormais moins les zones géographiques ou les grandes fonctions – recherche et développement, marketing, commercial, études, production, transport – et davantage les processus : gestion de la demande, approvisionnement et logistique... Les nouvelles priorités se superposent aux anciennes règles des organisations déclinées par fonction et par zone… lorsqu'on n'y intégre pas des structures transverses, des équipes de projet souvent provisoires !

Notre organisation est-elle la bonne ? Le sujet est fréquemment abordé dans les comités de direction. Et il est pertinent car la spirale technologie-flexibilité va entraîner les entreprises dans un voyage sans retour.

L'intelligence en première ligne

Dans un contexte où la plus simple décision dépend de multiples paramètres, les entreprises ne pourront plus conserver leurs procédures de décision centralisées. Les organisations chercheront à concentrer l'intelligence en première ligne, à donner le pouvoir aux opérationnels pour rester souples et adaptables à un environnement en évolution permanente autour de son point focal : le client. *« L'entreprise n'a simplement pas d'autre choix, pour survivre, que de mobiliser au maximum toutes les énergies et de motiver son personnel par l'autonomie et la responsabilité »*, constate ainsi Francis Mer, président d'Usinor Sacilor.

Ce nouveau type d'organisation se fonde sur la décentralisation des prises de décision au niveau du terrain, sur l'apprentissage et le développement individuel au sein d'équipes pluridisciplinaires et sur une hiérarchie intermédiaire qui catalyse les synergies.

La réactivité par l'autonomie

Donner aux opérationnels autonomie et responsabilités : cette solution s'impose pour répondre aux exigences de réactivité face à la complexité des situations quotidiennes. Les décisions seront prises désormais par les acteurs qui affrontent les événements. Il ne s'agit plus d'employer un individu pour qu'il exécute indéfiniment la même tâche, mais pour l'intelligence, les initiatives et le savoir-faire dont il fera preuve dans son travail. Les nouvelles technologies sont pour lui un formidable moyen d'exercer son métier et d'élargir son périmètre d'action.

A nouveaux outils, nouveaux métiers

Un cas historique : le trader

La valeur ajoutée du métier de trader est par nature élevée, dans un environnement très complexe : les prises de position sur les marchés nécessitent des décisions à la seconde près ! Son environnement de travail a été constamment amélioré en intégrant les dernières avancées de la technologie : systèmes experts, projection en trois dimensions des tendances… Le mode de travail et le sché-

ma de pensée du trader sont totalement liés aux informations gérées et à l'interface décisionnelle. Et le trader souhaite toujours plus d'informations facilement gérables. L'œuf et la poule...

De l'administratif commercial au chargé de clientèle
Le gestionnaire de comptes dans une banque est appelé à développer de nouveaux savoir-faire : propositions de services, vente de produits « sur mesure », réactivité et suivi renforcé des clients « très fidèles » ou « difficiles ». Le traitement des informations, le suivi commercial individualisé et, de façon plus générale, l'exercice de son métier au sein de call centers vont rendre inévitable une mise à niveau de ses compétences.

De l'ouvrier spécialisé au co-pilote de processus
Dans les unités de production industrielle, la plupart des tâches à faible valeur ajoutée seront co-pilotées en équipes multidisciplinaires. La ligne de production sera tirée par les finalités économiques et la valeur ajoutée du processus dont l'équipe a la charge. L'accessibilité aux informations techniques (production, maintenance) et de gestion renforcera le pouvoir de décision des acteurs de première ligne.

Du projeteur à l'architecte produit
Lors de la conception d'un nouveau produit industriel, combien d'interminables aller et retour étaient nécessaires entre les projeteurs et les dessinateurs des bureaux d'études, les concepteurs et les services méthodes ! L'architecte produit sera l'homme orchestre qui, grâce aux outils de Groupware (application qui organise la circulation des documents) et de CAO (conception assistée par ordinateur) pilotera toutes les phases de conception du nouveau produit entre équipes de conception internes et celles des sous-traitants... sans toucher un seul morceau de papier. Et chacun pourra visualiser à l'écran l'état d'avancement du projet et tenir compte des toutes dernières modifications.

Décentraliser ne signifie pas donner une liberté totale aux individus sur le terrain. La qualité de leurs analyses et la pertinence de leurs décisions doivent être rapportées aux objectifs de l'entreprise. En effet dans l'équipe de travail s'installent naturellement l'échange, la confrontation d'idées et l'interdépendance, autant de facteurs d'auto-contrôle.

Coca-Cola Midi fait baisser les réclamations des clients de 33 %

En 1994, Coca-Cola Midi est passée de 5 à 4 niveaux hiérarchiques et a défini un projet d'entreprise fondé sur la motivation du personnel.

La mise en place d'équipes autonomes a abouti à des résultats spectaculaires : baisse de 33 % des plaintes des clients, réduction de 40 % des erreurs de facturation, diminution de 25 % des accidents de travail. Et 10 millions de francs ont été économisés sur les emballages et les ingrédients. [1]

« Même si « pouvoir » signifie habituellement « pouvoir sur », c'est-à-dire le pouvoir d'une personne sur une autre personne ou sur un groupe, il est possible de développer la notion de « pouvoir avec », c'est-à-dire un pouvoir organisé en commun, un pouvoir coactif et non cœrcitif », analysait déjà dans les années trente Mary Parker Follett, une sociologue américaine. [2] Les équipes sur le terrain sont ainsi dépositaires de ce que nous appellerons le pouvoir de co-action ou de co-création. L'idée n'est pas nouvelle : les « organisations apprenantes », le travail en équipes de projets facilitent la décentralisation du pouvoir. Mais les nouvelles technologies de l'information apportent à ces équipes les informations et les outils nécessaires à leur action et à la cohérence de leur fonctionnement. Et certaines entreprises ont fondé leur organisation sur ce principe.

Sony France, organisation polycellulaire en réseau

Sony France est une entreprise pionnière de l'organisation polycellulaire en réseau : pas de grandes structures, mais de petites cellules de 10 à 30 personnes avec leurs propres objectifs, leurs budgets, leurs moyens et leurs personnels, directement confrontées à leurs clients et rapidement adaptables aux aléas du marché. Alain Piveteau, directeur des ressources humaines, explique pourquoi l'entreprise a choisi cette organisation :

« Le développement de l'information en temps réel (téléphonie, informatique, multimédia) crée entre les individus des relations nouvelles qui s'exercent au-delà des communautés naturelles comme la famille, la ville ou l'entreprise. L'entreprise doit s'adapter à l'environnement qui remet en question sa hiérarchie, son organisation, ses valeurs. Elle doit avoir une autre approche vis-à-vis du travail, des affaires, de la communauté entre individus ; améliorer sa communication, sa rapidité de réaction, s'adapter en permanence. Comment ? En accordant plus d'autonomie, plus de considération aux salariés. Rien de bon ne sort jamais de la routine. S'organiser en réseau pour une entreprise, ce n'est pas bannir la hiérarchie – on ne fera jamais rien de mieux que la pyramide, et la cogestion finit toujours par générer un leader – c'est supprimer les blocages, les privilèges, les titres vides des organisations classiques. L'entreprise doit passer d'une logique de statut à une logique de compétence. »

L'autonomie des équipes du terrain va faire éclater la notion de poste de travail. Formalisée, arbitraire et rigide, la « définition de poste » ne peut convenir à des environnements souples et efficaces. Laisser des équipes ou des individus maîtres de leurs décisions, c'est aussi leur donner le pouvoir de choisir leur propre organisation interne. D'où l'importance des notions de processus et de rôles. *« Nous misons de plus en plus sur la transversalité pour optimiser l'allocation de nos ressources. Il faut augmenter nos revenus sans diminuer la qualité ; cette équation ne peut se résoudre qu'en devenant une entreprise de plus en plus agile. (...) Nos « cast members » (collaborateurs de Disneyland) apprennent à changer de rôles, de scènes; concrètement ils peuvent assumer deux ou trois jobs différents en fonction des besoins et cela nous permet des économies de l'ordre de 100 millions de francs »*, explique ainsi Michel Perchet, directeur du département Cast Members Service de Disneyland Paris.

Marier la carpe et le lapin... pour voler plus vite

La tâche à réaliser comptera moins à l'avenir que sa finalité. L'objectif est global et se traduit directement en termes de valeur ajoutée. Dans un hôpital par exemple, les équipes sont organisées aujourd'hui par nature d'activité : soins, comptabilité, restauration, entretien..., chaque individu effectuant son travail sans forcément s'attacher à la cohérence de l'ensemble.

Demain, un hôpital organisé par processus mettra en place par exemple un « accueil patient », où toutes les expertises seront réunies au sein d'équipes partageant les mêmes informations : le standard et la réception pour l'accueil physique, les soins pour le diagnostic d'entrée, l'administratif pour initier le dossier médical et le processus de gestion et de comptabilité, le service hôtelier pour la préparation de la chambre et les prestations au « patient »... C'est l'ensemble qui comptera : un seul maillon faiblit et tout « l'accueil client » se dégrade.

Plus personne ne conteste les aberrations génétiques auxquelles conduit la consanguinité. Comme la vie, les organisations ont besoin de sang neuf : favoriser les métissages, le brassage des métiers et des fonctions, par-delà les frontières traditionnelles. Transverses et non hiérarchiques, les structures de base de l'entreprise digitale encourageront la mixité et la construiront autour de systèmes d'information adaptés : outils de gestion des flux, « collecticiels » ou infocentres. Lionel Zinsou, directeur général de Danone, résume les priorités du groupe : *« Toute la réflexion de Franck Riboud porte sur la transversalité. Comment amener des gens différents mais complémentaires à travailler ensemble ? Une piste serait de renforcer certains échelons de direction générale par des grappes qui rendent compte à des hommes dont la fonction est justement de pousser tous les projets transversaux. Il faut pour cela développer des techniques de transversalité. »*

Inhabituel et déroutant, ce fonctionnement horizontal force à la réflexion, à l'audace et à la créativité. Savoir constituer des communautés de travail flexibles, multi-compétentes et mobilisées sur des objectifs communs est l'une des qualités essentielles de l'architecte de l'entreprise digitale de demain.

Comme l'explique Frédéric Tiberghien, président de Chronopost : *« Nous avons la chance d'être une entreprise jeune dans tous les sens du terme. La sclérose ne nous guette pas, au contraire, l'en-*

treprise n'est pas encore solidifiée ; elle n'a pas encore trouvé ses équilibres. Les idées foisonnent (...). Mon rôle est de mettre de l'ordre dans un désordre créatif. Les thèmes prioritaires sont la formation, la mobilité des hommes et des fonctions, la confrontation prochaine à l'international, l'acquisition de la pluridisciplinarité en organisant la rotation des personnes. »

Un creuset de l'apprentissage collectif

Gérer une équipe en étant attentif aux rôles des individus plutôt qu'à leurs postes stimule l'apprentissage et le développement personnels. Quand une équipe multi-disciplinaire cherche à atteindre des objectifs communs, la complémentarité de ses membres se développe et les échanges mutuels deviennent source d'enrichissement individuel. La rotation des équipes et les pépinières de talents y contribuent également.

Acteur de son avenir professionnel

« Qui donc est ce travailleur caractéristique de la société post-industrielle ? C'est quelqu'un qui a appris à être autonome et qui situe son activité sur un marché de compétences. Il lui faut en permanence entretenir et si possible enrichir les connaissances qui lui seront utiles. Ce sont elles qui garantissent son avenir, et non plus une « sécurité de l'emploi » plus ou moins illusoire. (...) Il sera le véritable acteur de son devenir professionnel et personnel. » [3]

H. Landier, *Dessine-moi une vie active.*

Cet apprentissage permanent de la compétence et de la responsabilisation générera des comportements nouveaux, aux valeurs très proches de celles du compagnonnage médiéval.

La façon dont sont transmis les métiers traditionnels dans les écoles d'apprentis est d'ailleurs éclairante : enseignement par l'exemple, respect de la compétence, capacité d'autonomie, sens de l'excellence... Cet apprentissage connaît depuis quelques années un important regain d'intérêt. Et que demande le personnel de l'entreprise, si ce n'est être fier de son travail, se voir reconnu et percevoir sa contribution aux objectifs communs ?

Aider l'individu à apprendre fera évoluer la formation des entreprises vers davantage de personnalisation. On ne formera plus un service de 50 comptables à la dernière version d'un logiciel : chacun d'eux « apprendra à apprendre », expérimentera par lui-même en étant mis en situation, puis sera personnellement assisté sur site. Les technologies de l'information vont accélérer cette rénovation de la formation en facilitant la relation directe de l'apprenti avec son tuteur, un professeur ou un expert : assistance téléphonique, base de discussion avec des spécialistes ou visioconférence.

La hiérarchie intermédiaire, catalyseur des énergies

Valoriser les équipes du terrain est une formidable opportunité pour l'encadrement intermédiaire.

Beaucoup de responsables d'entreprise s'interrogent sur le rôle futur de cet encadrement. Menacés par les réductions de niveaux hiérarchiques et les réorganisations successives, les intéressés eux-mêmes multiplient les signes de malaise. Tous ont en effet conscience que les formes traditionnelles de pouvoir hiérarchique, fondées sur l'autorité d'un individu sur un autre, sont vouées à disparaître.

L'encadrement intermédiaire vit en fait lui aussi une mutation. Il devait organiser, planifier et contrôler; il devra désormais être manager d'équipe, canaliser l'information, les énergies, les compétences, créer de la transversalité, générer de la valeur et inventer les contextes où les équipes pourront déployer leurs talents et leur efficacité. *« Les individus et la manière dont ils sont gérés deviennent des facteurs de succès de plus en plus importants parce que la plupart des autres sources de compétitivité de l'entreprise sont de moins en moins efficaces »*, lit-on dans *California Management Review.* [4]

Le cadre de demain devra ressembler à un entraîneur d'équipe sportive. Sa mission : faire en sorte que son équipe obtienne des résultats. Qu'il s'agisse de remporter le championnat ou d'atteindre les objectifs de qualité, de service, de délais, de coûts…, le cadre entraîneur fera dépasser à son groupe les limites que chacun rencontrerait individuellement.

Chez Belin, l'agent de maîtrise devient coach

La transformation de l'organisation du site de production de Belin pour faire des agents de maîtrise de véritables gestionnaires de ligne de production a été l'occasion de développer de nouveaux réflexes de coach chez l'encadrement intermédiaire.

Le premier, c'est d'être désormais comptable de l'utilisation de ses ressources à la fois matérielles et humaines pour atteindre les résultats au meilleur coût. Le chef de ligne a appris ainsi à prendre des décisions en fonction des indicateurs économiques de son activité.

Le deuxième réflexe consistait à développer les compétences des équipes. Le chef d'équipe doit désormais développer la complémentarité des membres de son équipe. Il doit détecter les besoins de formation de chacun pour « marier la carpe et le lapin ». Enfin il doit gérer le fonctionnement de son équipe en réseau avec d'autres, notamment les équipes de maintenance, pour assurer des transferts de compétences vers l'équipe de production. Tous ces nouveaux réflexes contribuent à développer un rôle de management en complément de celui de super technicien.

Des communautés de travail mais aussi un réseau de contacts

Pour soutenir le management intermédaire, les politiques d'accompagnement vont devenir essentielles. De nombreuses entreprises ajoutent déjà des dispositifs innovants aux classiques entretiens avec la hiérarchie. Le parrainage hors ligne hiérarchique permet à l'individu de partager et d'échanger librement sur l'entreprise, ses valeurs, ses modes de fonctionnement.

Etre assisté par un collègue ou par un pair facilite la découverte d'une nouvelle situation de travail et l'intégration dans l'équipe. La mise à disposition de réseaux d'information et de contacts personnalisés répondent aux demandes d'information des salariés, concernant leurs avantages sociaux, les opportunités de formation, les offres d'emploi internes... Ces réseaux s'appuient sur de nouveaux outils amenés par les nouvelles technologies : bornes interactives, centres téléphoniques de renseignements ou d'assistance, bases de données ou messageries vocales consultables à distance. Facilement accessibles, banalisées, elles renforcent en les personnalisant les messages généraux de la politique sociale et les valeurs de l'entreprise.

Que devient la responsabilité ?
Les ouvrages de management récents font tous la promotion de la notion d'empowerment, mot intraduisible en français. Ce concept préconise de donner des moyens et de l'autonomie aux équipes en première ligne; en phase avec les attentes de l'entreprise digitale, il répond aux exigences des nouvelles formes d'organisation. Mais, dans un environnement exigeant, l'entreprise digitale aura besoin de toute sa réactivité, son efficacité et la cohésion de son action. Loin de l'auto-gestion, elle doit conserver le plein exercice de sa responsabilité.

Pour trouver le bon équilibre, l'idée est d'établir un cercle vertueux influence – délégation, organisé et formel. D'une part, les équipes en première ligne sont encouragées à demander à leur encadrement un accroissement de leur périmètre de responsabilités par délégation. Ces demandes cherchent à influencer le management. Elles seront acceptées si les équipes en première ligne apprennent à convaincre la hiérarchie du bien-fondé des évolutions demandées et de leur capacité à être performantes.

A l'inverse, le management appréciera la maturité des équipes, et suscitera de nouvelles zones de délégation mais en conservant sans ambiguïté l'exercice ultime des responsabilités.

Du bureau à l'espace virtuel

Le bouleversement du travail, ce sera aussi la fin du bureau et de l'atelier. Cette deuxième mutation touche les entreprises de façon souvent spectaculaire.

Pour mieux maîtriser leurs coûts, rendre leur organisation plus flexible et répondre au besoin grandissant d'autonomie du personnel, de plus en plus d'entreprises considèrent la gestion de l'espace de travail comme une variable d'adaptation majeure. Utiliser sa configuration comme un accélérateur du changement, organiser des lieux de vie et d'échanges, intégrer architecture physique et infrastructure de communication, développer de nouveaux métiers de support : tels sont les enjeux des entreprises pour les prochaines années.

Travailler partout et nulle part

L'entreprise n'a déjà plus de frontières précises. Peut-on dans ce cas conserver un espace dédié, fixe, alors que les employés travaillent souvent chez les clients ou chez les fournisseurs, voire chez eux, que l'organisation est en transformation permanente et que l'information doit être accessible à toute heure et partout ?

La virtualité dans l'entreprise peut la libérer des contraintes de l'espace de travail. Travail à domicile ou télépendulaire, télécentres, téléservice, travail délocalisé ou indépendant : les formes d'avenir nous éloignent de l'espace traditionnel, unique et fixe.

L'explosion du télétravail

Aux Etats-Unis, le télétravail est déjà une réalité courante dans de nombreuses entreprises : 35 000 travailleurs à distance chez ATT, 5 000 vendeurs nomades chez MCI... et 47 millions à travers tout le pays ! L'association des télétravailleurs américains, America Telecommuting, revendique 100 000 membres ! [5]

La France vit également le phénomène. On y comptait 16 000 travailleurs à distance en 1993. Ils devraient être 200 000 en l'an 2000. Et 35 % de la population française se dit prête à travailler à distance... [6]

Repenser l'utilisation de l'espace

Dans le même temps, l'entreprise sera amenée à reconsidérer l'espace dont elle dispose pour qu'il devienne polyvalent. L'enjeu est d'abord financier. L'immobilier représente souvent le deuxième ou troisième poste de coût dans un compte d'exploitation. Lorsque le travail devient multi-lieux (chez le client, au domicile, sur le terrain), les espaces organisés pour ne répondre qu'au besoin d'un seul individu, d'une seule application ou d'une seule activité sont des coûts fixes difficiles à rentabiliser : un cadre, par exemple, passe en moyenne 50 % de son temps en réunion... en dehors de son bureau.

D'où l'objectif de développer désormais des lieux utilisables par plusieurs personnes, pour plusieurs activités et reconfigurables rapidement en fonction des besoins.

Aujourd'hui, environ 20 000 commerciaux et techniciens d'IBM pratiquent « l'espace partagé ». Le géant de l'informatique a réussi à économiser environ 7 milliards de francs en fermant les bureaux sous-utilisés et en s'installant sur des sites moins onéreux. [7]

Mais la reconfiguration du lieu de travail n'est pas qu'une question d'argent. En supprimant des bureaux auxquels les salariés pensaient avoir droit, en les obligeant à utiliser les mètres carrés comme un outil plutôt qu'une contrainte, en faisant partager les locaux pour faire aussi partager l'information, les entreprises vont rompre avec d'anciennes habitudes, changer leur culture et leur mode de management.

Partager ce qui ne l'était pas... grâce à un déménagement

Un groupe de 17 000 personnes a fait du déménagement de son siège et de la reconcentration des effectifs de ses 4 branches d'activités sur un seul site un axe fort de changement de sa culture et de ses modes de fonctionnement. Partage, synergie, transversalité, intégration seront les maîtres mots d'une entreprise qui se considérait habituellement composée de 4 branches d'activités indépendantes...

Vous ne direz plus « Passez à mon bureau »

Cette influence de la transformation de l'espace de travail sur la culture de l'entreprise s'opère déjà sous nos yeux. Les architectes ont commencé par repenser son aménagement pour le rendre plus efficace : ce furent les immeubles intelligents. Puis les designers ont proposé de nouveaux matériels et d'autres configurations d'espace ergonomiques, modulables, cloisonnantes... Les entreprises sont devenues ainsi capables d'aménager les plateaux en fonction des métiers de leurs occupants et des niveaux hiérarchiques : les administratifs et les commerciaux se retrouvaient sur des plateaux ouverts, alors que l'encadrement continuait à bénéficier de bureaux fermés.

Cette dernière contrainte va disparaître à son tour. Les métiers ne sont plus indépendants les uns des autres. Ce n'est plus la position hiérarchique qui détermine l'activité mais, comme on l'a vu, la notion de rôle.

Plus d'espace, mieux adapté

L'espace de travail sera donc repensé sur la base des activités communes à plusieurs fonctions, des situations de travail comparables. Il ne s'agira pas de supprimer l'espace individuel du salarié, mais de lui offrir celui nécessaire pour son activité à l'instant t. Recevoir un client, animer une équipe autour d'un projet, chercher de la documentation, rédiger un rapport n'ont pas les mêmes besoins d'espace, de support, d'outils informatiques, de confidentialité, et d'image. A chaque situation de travail correspondra un espace, et ceux qui assumeront plusieurs rôles deviendront « multi-lieux », « multi-espaces ».

Les principes de partage ou de modularité ne datent pas d'hier. Leur extension à l'ensemble de l'entreprise constitue en revanche une révolution dont les conséquences sont incalculables. La gestion de l'espace de travail en fonction de son utilisation réelle décloisonne les fonctions et les métiers en favorisant les échanges, les synergies, la créativité. Elle fluidifie l'information et facilite les transferts de savoir. Elle redonne à l'entreprise une culture orale perdue dans les notes et les mémos.

Chez Hewlett Packard et Intel, ce nouveau type de bureaux a déjà effacé les pesanteurs de la hiérarchie et promu les échanges : *« On va enfin pouvoir tenir compte des relations entre les gens dans l'agencement des bureaux. Il y aura plus de liberté et de facilité pour tous. »* [8]

Space Net : Andersen Consulting invente le bureau virtuel au 55 avenue George V

Depuis le 2 janvier 1996, les 1 200 collaborateurs d'Andersen Consulting France ne possèdent plus de bureaux fixes. Ils réservent leur espace en fonction de leurs activités.

Dans une même journée un consultant peut par exemple effectuer une présentation à des clients dans des espaces de réception situés au dernier étage et équipés de moyens multimédias spécifiques ; occuper l'un des nombreux « espaces de travail ouverts », connecter son PC au réseau et finaliser un rapport, envoyer des messages à ses collègues ou consulter les bases mondiales de savoir-faire du cabinet ; tenir une réunion avec l'équipe de projet auquel il est affecté, soit dans l'un des bureaux fermés de chacun des 7 étages, soit dans l'une des salles de réunion correspondant à des utilisations plus ou moins formelles ou impromptues, soit dans l'une des 6 salles de visio-conférence.

Grâce à une carte introduite dans l'une des bornes interactives, il peut à tout moment savoir où se trouve l'emplacement qu'il a réservé, mais également connaître l'« adresse » des collègues présents dans le bâtiment au même moment que lui. Sa ligne personnelle est automatiquement basculée sur le poste téléphonique de son lieu de travail provisoire.

Et si, entre deux rendez-vous, il a envie de renouer des contacts avec les membres de son département qu'il n'a pas rencontrés depuis 10 jours, il peut se rendre au « lounge » du premier étage, dont l'aménagement est inspiré des salons de première classe des compagnies d'aviation où les « passagers » peuvent se relaxer.

« Avant, on raisonnait en termes d'organigramme, explique François Jacquenoud, responsable du projet Space Net, un étage par service, des bureaux fermés dont la taille dépendait du « grade » hiérarchique de son occupant. Là, nous avons pensé en termes de scénarios de travail. L'espace est organisé en fonction de ce qu'on fait, et non de qui on est. Nos consultants passant 80 % de leur temps chez nos clients et nos dossiers se trouvant désormais dans nos PC, nous avons pu ainsi économiser 6 millions de francs par an sur le coût de nos bâtiments. Nos collègues américains ont décidé de reprendre le concept afin de le généraliser. »

Les entreprises devront non seulement accompagner ces mutations mais proposer également des espaces conviviaux, capables de redonner à l'individu des repères indispensables au sentiment d'appartenance, et à l'entreprise le moyen de transmettre ses valeurs et sa culture. Le développement du télétravail ou du nomadisme, notamment, nécessiteront des lieux d'accueil et d'échanges afin de renforcer les possibilités de rencontres plus informelles et plus chaleureuses.

L'entreprise hôtel de luxe

La convivialité mérite d'être repensée, mais aussi tous les supports d'une organisation dont les acteurs ne travaillent plus systématiquement au même endroit ni au même moment. La juxtaposition de ces différents moments d'échanges impose en effet une révision radicale de toute l'ingénierie de communication, des infrastructures et des moyens logistiques de l'entreprise.

Les technologies à mettre en œuvre existent déjà. Elles demanderont cependant un niveau exceptionnel de qualité et de fiabilité. Le gestionnaire d'espace virtuel, celui qui remplacera demain nos gestionnaires d'immeuble s'engagera sur un niveau de service vis-à-vis de ses clients et aura à cœur de libérer les acteurs de l'entreprise des contraintes d'infrastructures. Toutes les formes de communication et de partage de l'information deviendront complémentaires : boîtes vocales, visioconférences, messageries électroniques, logiciels de travail coopératif. L'ensemble des moyens logistiques devront être disponibles quels que soient l'endroit, le moment, ou les besoins des utilisateurs : accès aux matériels et réseaux informatiques, accès à l'archivage et à la documentation, accès au support d'échange et de capitalisation du savoir-faire, etc. Une seule faille dans le système et c'est toute l'organisation de l'entreprise qui risque de déraper !

Du temps imposé au temps utile

Ouverte sur l'extérieur, connectée avec ses fournisseurs, travaillant avec des partenaires dans le monde entier, l'entreprise digitale aura besoin d'une réactivité d'une autre nature.

Pour les banques, les horaires d'ouverture des agences ou de leur plateau d'accueil téléphonique seront un facteur clé de compétitivité. Pour l'équipementier automobile totalement intégré aux usines de son client constructeur, les fluctuations de la production en aval auront une répercussion directe sur sa propre organisation. Dans la majorité des secteurs, la quantité de travail comptera moins que la valeur ajoutée produite et le moment où elle est délivrée.

La flexibilité, source d'efficacité pour l'entreprise

La flexibilité du temps de travail permettra à l'entreprise de mieux utiliser ses équipements et d'améliorer de manière très significative la qualité de son service à la clientèle.

Le cas de La Redoute est exemplaire. La garantie du niveau de service dans la vente par correspondance est d'autant plus élevée que la promesse faite au client est simple : c'est un délai de livraison. Mais la concurrence a vite fait d'obliger à pousser cette promesse aux limites des capacités de l'entreprise. Et son amélioration nécessite alors des ruptures.

Le temps flexible à la Redoute

En 1995, La Redoute a dû faire face à une attaque en règle de son principal concurrent. Les 3 Suisses venaient de lancer le « 24 heures gratuit ». L'inventeur de la livraison en 48 heures devait réagir ! En 3 mois, juste avant la période forte de l'année, l'entreprise a réussi à monter une riposte commerciale en s'engageant à livrer les commandes passées avant midi le jour suivant avant midi : le « 24 heures chrono ».

Le nouveau dispositif a obligé l'entreprise à complètement repenser son organisation du travail. Décalage des horaires de travail dans la journée, travail des équipes sur 4 jours de 9 heures 15 minutes (soit 37 heures au lieu de 39, et avec une journée libre) et rémunération maintenue : moins d'un an après, les « 24 heures chrono » sont respectées, les taux de réclamation ont baissé et La Redoute a embauché environ 150 personnes. [9]

Moins spectaculaire, l'optimisation de l'utilisation des équipements est tout aussi significative. En France, la durée d'utilisation des équipements a augmenté de 3,6 % en 1994 : 35 % de cet accroissement provenait d'une meilleure gestion du temps de travail. [10]

Un potentiel de souplesse encore peu utilisé

Malgré les efforts de la législation récente en faveur de la flexibilité du temps de travail (loi quinquennale sur l'emploi votée en décembre 1993), les innovations en la matière restent peu développées dans les entreprises françaises. En 1994, 3 300 accords ont été signés sur l'aménagement du temps de travail, dont seulement 10 % pour du temps partiel. Pourquoi notre pays progresse-t-il si lentement ? [11]

D'abord parce que la réglementation est complexe. L'ensemble des acteurs s'y perdent... à commencer par les entreprises.

Ensuite parce que l'aménagement du temps de travail souffre encore, auprès de l'encadrement français, de l'image négative du mercredi après-midi que consacrent à leurs enfants beaucoup de femmes actives, tout particulièrement dans les services comme la banque, l'assurance ou la fonction publique. Le temps partiel est souvent perçu par les cadres et les dirigeants comme une demande du personnel venant perturber l'organisation, plutôt qu'une opportunité pour davantage de souplesse.

Le casse-tête de l'aménagement du temps de travail

Il ne faut pas s'y tromper : assouplir l'organisation du travail, c'est faire un choix difficile. Les entreprises sont souvent obligées, une fois cassé le fonctionnement traditionnel, de faire du sur mesure pour s'adapter à la spécificité de chaque poste, et aux desiderata des salariés. Selon Rhône-Poulenc, la hiérarchie serait particulièrement rétive à une organisation du travail pour laquelle elle ne trouverait pas de justification économique. [12]

La France, en fait, n'a pas choisi son propre modèle. S'agira-t-il d'une flexibilité interne à l'entreprise, autour du travail à la carte, comme en Europe du Nord, ou bien externe et étendue à l'ensemble du marché du travail, comme aux Etats-Unis ? Avec, dans le second cas, la menace d'une société à plusieurs vitesses ? Et le choix sera d'autant plus délicat en France que le modèle social dont nous avons hérité était efficace et cohérent à l'ère industrielle.

Les brioches Pasquier s'adaptent aux fêtes de Noël... et à la météo

D'une semaine sur l'autre, les variations météorologiques peuvent moduler de plus ou moins 50 % les ventes de brioches Pasquier. Et ce sont 80 % des produits qui doivent être livrés dans les 24 heures qui suivent la commande. Afin de faire face, l'entreprise a choisi de privilégier la flexibilité du temps de travail. La durée moyenne hebdomadaire est aujourd'hui de 33 heures 15. La plupart des semaines sont de 32 heures. Mais en décembre, quand les ventes augmentent avant Noël, les salariés reviennent à 44 heures, et même 48 heures deux semaines de suite. Le recours à du personnel externe (intérim, CDD, saisonniers) a nettement diminué.

Grâce aux exonérations prévues par la loi, les salariés ont gardé pratiquement le même salaire (à 2 ou 3 % près) en gagnant en qualité de vie et en sécurité d'emploi. Grâce à l'accord sur le temps de travail, 130 personnes ont été embauchées. Serge Pasquier, le président, explique que « *l'entreprise moderne est une entreprise qui fait moins travailler les hommes et plus travailler les machines.* »

La réduction du temps de travail individuel a accompagné un allongement de l'ouverture des usines (le samedi matin), ce qui permet de repousser de 2 ans au moins un investissement de plusieurs dizaines de millions de francs.

Chaque entreprise devra se convaincre des avantages de la flexibilité du temps de travail. Dans ce domaine, les habitudes ont la vie dure. Il est tellement plus simple de pouvoir compter en permanence sur ses collaborateurs et d'avoir toujours le même interlocuteur pour un dossier donné ! Au contraire de beaucoup de sociétés étrangères, la majorité des entreprises françaises privilégient le temps partiel dans le cadre d'une organisation où la règle reste le 5 jours sur 5. Rares sont celles où le nombre de collaborateurs à temps partiel dépasse 15 % de l'effectif. Dans des grandes entreprises américaines ou anglaises, ce taux peut atteindre 70 % !

Repenser l'organisation

Aménager le temps de travail oblige presque toujours à repenser intégralement l'organisation. En veillant à chacune de ses composantes : les modes de fonctionnement, qui devront favoriser le travail en poste partagé; les systèmes d'information, où se détermineront les contraintes que le travail en équipe imposera en matière de passage de consignes ; l'accès à l'expertise ou la capitalisation des savoir-faire des travailleurs à distance, qui devront être sérieusement étudiés pour éviter toute fuite de connaissances ; l'accès aux supports et à l'assistance, qui se feront sur des périodes plus étendues ; les modes de rémunération enfin, revus selon d'autres principes. Pour certains, le temps de présence et de travail ne sera plus déterminant...

L'aménagement du travail sera pour les entreprises un immense chantier d'expérimentation. Seules des expériences sur le terrain permettent en effet de concevoir de nouveaux dispositifs avec les opérationnels avant la généralisation, qui tient compte des spécificités locales.

Flexibilité du temps de travail dans une compagnie d'assurances

Dans une compagnie d'assurances, l'expérimentation d'un dispositif de flexibilité du temps de travail a permis de tester un nombre important de changements d'organisation : élargissement des plages horaires et délégation des règles d'habilitation aux niveaux hiérarchiques inférieurs ; définition et attribution d'un rôle d'animation d'équipe à des employés en relais de la hiérarchie ; modification des programmes informatiques pour gérer la disponibilité, la sécurité, et la transmission des informations ; normalisation des règles d'archivage de documents ou de passage de consignes...

L'heure du dialogue social

Il n'y a pas de solutions toutes faites dans le domaine de l'aménagement du temps de travail. Comment comparer le passage d'un atelier en équipes fixes, dont une volontaire le week-end en 2 fois 12 heures, avec l'ouverture d'un call center en 3 équipes aux horaires variables mais réduits à 32 heures 30 par semaine sur 4 jours ?

Les négociations inévitables se multiplieront dans les entreprises. Les compensations possibles sont très nombreuses : réduction du temps de travail hebdomadaire, congés ou temps libre, gain de rémunération, avantages sociaux ou services complémentaires, temps choisi, etc. Chaque entreprise devra recueillir les attentes pour identifier les solutions appropriées et imaginer les dispositifs acceptables par tous – ou plutôt par chacun !

Dans l'exemple de la compagnie d'assurances, plusieurs solutions de compensation ont été expérimentées : le choix entre 6 horaires types négociés avec les partenaires sociaux; une réduction de la rémunération non proportionnelle au temps de travail et lissée selon le niveau hiérarchique ; une mise à disposition d'un service de crèche ou de navettes de transport; la compensation en points de retraite complémentaire ou de prévoyance due aux baisses de salaire ; la mensualisation du temps de travail ; journées de congés supplémentaires accolées aux week-ends ou aux vacances ; des prestations de service à tarifs préférentiels : femmes de ménage, teinturerie...

Un phénomène de fond

Si l'assouplissement du temps de travail rencontre encore quelques obstacles, il s'agit d'un phénomène de fond difficile à endiguer. La plupart des dirigeants en sont convaincus. Certains n'hésitent pas à y réfléchir intensément pour mieux s'y préparer. Frédéric Tiberghien, président de Chronopost, confie ainsi : « *Nous travaillons sur une autre rupture : l'aménagement du temps. Je suis persuadé que la durée du travail va se réduire fortement dans un avenir de 5 ans au plus. La culture dans les entreprises va considérablement changer. A 4 jours de travail par semaine ou moins, le centre de gravité va basculer en dehors de l'entreprise. Comment garder alors une cohésion, ne pas souffrir d'un désinvestissement affectif et temporel des salariés ? Il faudra instituer des rites et des signes d'appartenance différents, établir un nouveau contrat avec le salarié. Il proposera de s'investir pendant tant d'années, de prendre x années sabbatiques... La flexibilité interne des organisations est un thème majeur. L'intérêt du personnel l'emportera sur l'intérêt de l'entreprise. Aujourd'hui, l'employeur fixe les congés payés. Dans 5 ou 10 ans, je crois que le salarié imposera ses dates de congés lui-même. Il faut se préparer à cette mutation sur de petits sujets, en expérimentant beaucoup.* »

Un nouveau rôle pourrait émerger dans les entreprises : gestionnaire de contrats de travail. Ce mutant des ressources humaines identifiera et spécifiera les besoins en ressources dans un service, un projet, l'entreprise ou un réseau de partenaires externes. Et il devra trouver la meilleure réponse contractuelle – en faisant preuve de beaucoup d'imagination, car les contrats existants disparaîtront au profit de nouvelles relations entre l'employeur et l'employé.

L'entreprise digitale risque fort d'accélérer la remise en cause de la vieille équation « sécurité - fidélité - promotion - formation » et de nous faire basculer vers un nouveau modèle : « prestation - opportunité - contribution - compétences ». Autant le savoir et s'y préparer.

Le difficile apprentissage de la gestion du savoir

A l'instar de la désynchronisation du temps et de la virtualisation de l'espace, la circulation accélérée de l'information pourrait donner aux entreprises de formidables leviers de compétitivité. Il y a 10 ans, le cadre appréciait que sa secrétaire retrouve en quelques minutes le dernier courrier envoyé au client difficile. Aujourd'hui, il estime normal qu'un dossier de synthèse sur les ventes, la concurrence et l'innovation sur une ligne de produits soit prêt en 2 jours. Demain il voudra en cinq minutes retrouver en Californie l'expert du marketing qui aura développé pour un concurrent suisse une démarche de communication novatrice.

Une majorité de directions générales considèrent le savoir comme un actif stratégique. De la qualité de ce capital et de son accessibilité dépendront de plus en plus la capacité à innover et à créer des richesses.

« J'ai fait un rêve »

« J'ai fait un rêve, pourrait dire le dirigeant d'une entreprise digitale, *celui d'une organisation fonctionnant en réseau, avec des collaborateurs ayant soif d'apprendre et de partager leur savoir-faire… »* Ceux qui ont franchi le Rubicon le reconnaissent : leur décision de reconstruire leur entreprise sur un réseau de connaissances est davantage issue d'une intuition que d'une analyse rationnelle.

L'exemple d'Andersen Consulting est très significatif. Entreprise de service, son savoir-faire est son trésor de guerre, pour ses clients comme pour ses collaborateurs. D'où l'ambition d'un projet de réseau du savoir comme Knowledge Exchange, qui met à la portée de chaque collaborateur, où qu'il se trouve, tout le savoir-faire du cabinet. Aujourd'hui Knowledge Exchange fait partie intégrante des pratiques des consultants d'Andersen Consulting, et il contribue fortement à faire évoluer en permanence les méthodes et le savoir-faire du cabinet.

Un exemple de réseau du savoir

Difficile d'accumuler les dossiers lorsqu'on ne possède plus de bureau fixe. Chez Andersen Consulting, les consultants ont détruit 80 % du contenu de leurs armoires et remis les 20 % restants dans les archives communes. C'est la dernière étape d'un projet de partage des connaissances engagé en 1991 au niveau mondial : Knowledge Exchange.

80 % ? Ce chiffre fait peur et pourtant personne n'a le sentiment d'avoir perdu au change ! Knowledge Exchange représente aujourd'hui plus de 600 bases accessibles de tous les postes de travail Andersen Consulting dans le monde, grâce à un réseau international privé (AANet), plus de 450 serveurs Notes©, une organisation de pilotage et de support ainsi que des outils communs. En plus de la messagerie vocale et de la messagerie informatique, Knowledge Exchange permet d'échanger des informations en accédant à différents types de bases ayant chacune leur spécificité : bases méthodologiques, de connaissances et de discussion pour les échanges informels et les forums de discussion.

EDF a également fait du fonctionnement en réseau et du retour d'expérience un élément fort de sa culture d'entreprise, en mariant efficacement management et technologie. Les 20 centrales du parc nucléaire sont gérées de manière indépendante, mais les mêmes questions peuvent se poser aux équipes de pilotage et de maintenance. Une base de connaissance intégrant les meilleures pratiques est accessible à tous les techniciens.

Réussir la rupture culturelle

Comme dans la reconfiguration de l'espace ou la « flexibilisation » du temps de travail, mettre toute l'entreprise en réseau et lui faire partager son savoir-faire va modifier en profondeur sa culture et son mode de management. Le vrai frein sera le changement des comportements. Et cette rupture concerne tout le monde : des spécialistes de l'information qui apprendront à gérer autrement jusqu'aux managers devant montrer l'exemple de la capitalisation de leur propre savoir. Pour les premiers, ce n'est plus le contenu qui sera important mais le contexte d'utilisation. Pour les seconds, il faudra abandonner de vieux réflexes : pourquoi dépenser mon temps « pour les autres » ? Pourquoi renoncer à mon réseau personnel, au profit d'un outil qui nécessite de ma part un apprentissage et une rupture avec mes habitudes ? « Je m'en suis bien passé jusqu'à ce jour... »

Dans une entreprise en réseau, les collaborateurs apprennent à aller chercher l'information et le savoir-faire là où ils se trouvent. Ils gèrent leur capital de compétences et font partie de communautés d'intérêt, au sein desquelles ils échangent leurs expériences avec d'autres professionnels. Ils apprennent à mettre leur mission en perspective par rapport aux objectifs globaux de l'entreprise.

Difficile à réussir, cette rupture culturelle est déjà possible, du moins techniquement parlant. Car les nouvelles technologies distribuent le savoir n'importe où, n'importe quand et de façon très diverse. Réseaux informatiques et stations de travail offrent aujourd'hui des solutions très souples pour rechercher, trier et consulter les bases de données. Avec le multimédia, l'interface est de plus en plus conviviale. Demain, les interfaces intuitives et les agents intelligents amélioreront la navigation dans d'immenses volumes d'informations.

Les entreprises souhaitant gérer leur capital de savoir-faire ne pourront faire l'économie de l'apprentissage. Les difficultés sont nombreuses. Comment éviter de se noyer dans ces fameuses bases de connaissances ? Comment capitaliser le savoir des collaborateurs ? Car l'information devra rester suffisamment structurée pour pouvoir être indexée… mais également vivante, riche, ouverte !

Petit glossaire de l'entreprise digitale

Groupware ou Collecticiel	*Ensemble d'applications informatiques qui facilitent le travail en groupe sous toutes ses formes : messagerie et échange d'informations, organisation de la circulation des documents (Workflow), bases de discussions thématiques, gestion documentaire. Les utilisateurs peuvent être connectés sur le réseau interne de l'entreprise ou de l'extérieur via le réseau téléphonique.* *Comme dans beaucoup de produits grand public et radicalement novateurs, les dénominations habituelles utilisées sont fréquemment les noms des progiciels du marché : Lotus Notes© (IBM), Exchange Server© (Microsoft), Groupwise© (Novell), Teamware© (ICL),…* *Le marché mondial du Groupware est évalué pour 1998 à plus de 10 milliards de FF.*
Workflow ou Gestionnaire de flux	*Fonction particulière du Groupware qui permet d'automatiser des flux de documents et d'informations entre différentes équipes ou personnes. Un Workflow permet de suivre correctement les procédures qui structurent une activité particulière de l'entreprise (initialisation, enrichissement, étapes clés, historique, fermeture) dans des domaines aussi variés que l'élaboration d'un cahier des charges, la gestion d'un contrat d'assurances ou la mise sur le marché d'un médicament.* *Le Workflow optimise la répartition du travail et coordonne les travaux des équipes en leur donnant une base commune et synchrone d'informations.*

Data Warehouse ou Silos de données	*Base de données très performante permettant de gérer de grandes masses d'informations, et ses outils d'extraction et de structuration des données. Souvent, ces bases sont principalement dédiées à la gestion des données clés de l'entreprise : information de gestion ou de production, (recherche multicritères historique et projective d'analyse de coûts, de performance...), informations consommateurs (dans les secteurs de la grande distribution, des réseaux bancaires, des industries de produits de grande consommation...).*

Internet peu productif

Sur Internet, 80 % du temps passé à rechercher de l'information est perdu, et 20 % aboutit à la découverte d'informations plus ou moins directement utiles. Et sur ces 20 %, la découverte de l'information initialement recherchée ne représente en fait que 5 % du temps passé global.

Les entreprises en réseau vont inverser les flux d'information. Elle ne sera plus poussée vers ses destinataires au moyen de mémos et de courriers internes, mais au contraire stockée intelligemment, puis demandée au système par son utilisateur. Dans cette transformation des modes d'échange du savoir, c'est la phase intermédiaire qui est la plus difficile. Celle où les collaborateurs de l'entreprise se voient submergés par une information traditionnelle et déjà sollicités pour pratiquer, *via* les réseaux de l'entreprise, les nouvelles méthodes.

Comment le CEA capitalise l'expérience de ses équipes

Pour préserver et utiliser l'expérience acquise pendant les phases de conception et de démarrage de Super Phénix, le CEA utilise une méthode baptisée REX.

Cette méthode fait intervenir deux processus. L'un est destiné à collecter et à mémoriser les expériences dans une base de données qui regroupe et structure à la fois l'expérience formelle (fiches, documentations, rapports...) et l'informelle. L'autre est destiné à fournir à bon escient les éléments d'expérience à partir d'interrogations en langage libre. Toute expérience est enregistrée sous la même forme : un en-tête décrivant le contexte, un texte et une liste de références pour aller plus loin.

Les nouvelles technologies joueront un rôle essentiel dans la capitalisation du savoir et le partage de l'information. L'informel sera géré par des boîtes vocales, des messageries, des « babillards » (messageries entre personnes partageant un même centre d'intérêt), ou encore des logiciels de groupware qui permettent à chacun de se constituer facilement des bases d'échanges.

Le formel, en revanche, nécessitera une approche plus structurée. Par des systèmes de documentation ou des outils de Groupware, mais aussi en contactant un expert de la question, par visioconférence ou par ce bon vieux téléphone ! Et en valorisant dans chaque cas l'utilisation du meilleur média disponible : discussions entre experts sur vidéo, procédé de fabrication établi en flux visuel et commenté, ou témoignages clients enregistrés dans les appels du call center.

Nouvelles compétences, nouveaux comportements

Mais les technologies les plus sophistiquées ne suffiront pas à vaincre les réticences à partager l'information, qu'elle soit détenue par les opérationnels ou par les experts. Des processus dédiés et de nouveaux métiers apparaîtront : des responsables des « standards » en charge de la normalisation et de la structuration des bases de données, des architectes de la capitalisation du savoir en fonction des contextes d'utilisations possibles, des animateurs locaux en contact avec les opérationnels, qui favoriseront la promotion des outils et leurs contenus.

Le cœur de ces réseaux sera les utilisateurs eux-mêmes. Si leur production est valorisée, ils capitaliseront le fruit de l'expérience acquise dans leur activité, elle-même somme des savoirs antérieurs. Comme l'explique Jean Brilman : *« L'entreprise apprenante améliorera non seulement les connaissances et compétences de ses membres, mais se construira comme un système d'apprentissage collectif qui apprend en permanence et se transforme pour atteindre ses objectifs. »* [13]

Gérer le portefeuille des compétences

La taille ne sera bientôt plus le déterminant principal de la valeur des entreprises. Dans certains secteurs, la valeur d'une entreprise est déjà calculée sur la base de critères immatériels comme le pouvoir d'innovation et de créativité des équipes, le capital des marques, la connaissance des besoins des clients, l'investissement en formation et en conseil, la mobilisation et la fidélité du personnel, le climat social, l'image externe... et son portefeuille de compétences. L'investisseur valorise aujourd'hui ces compétences stratégiques, celles qui permettent de maîtriser un produit, de répondre aux besoins de la clientèle, d'être efficace sur son marché et de créer de la richesse.

Pour s'en convaincre, il suffit de regarder la capitalisation boursière de Microsoft, largement supérieure à celles d'entreprises industrielles et commerciales dont le bilan comptable est 5 ou 10 fois plus lourd !

Reconstruire à partir des compétences clés

Le passage de l'entreprise organigramme à l'entreprise en réseau mettra sous les feux de la rampe l'une des rares valeurs stables de l'entreprise communicante : la gestion de ses compétences.

Désormais à tous les niveaux de l'entreprise il s'agira de choisir, de décider, de s'impliquer avec une vision claire des objectifs communs. Tous les individus devront donc mobiliser des compétences étendues, c'est-à-dire une capacité à agir de façon adéquate dans un contexte professionnel de plus en plus vaste.

Qu'y a-t-il, au sein de l'entreprise, de moins variable que ses compétences ? N'est-ce pas la seule façon pour elle de garantir une qualité constante et la continuité de sa valeur ajoutée ? Mais qu'y a-t-il également de plus long et de plus difficile à faire évoluer ?

Construire sa stratégie à partir des compétences existantes et non plus réagir à très court terme en adaptant ses ressources à sa nouvelle stratégie : telle pourrait être l'une des figures imposées de l'entreprise digitale.

Chez Générale Sucrière, « notre avenir n'est pas commun »

Générale Sucrière a appliqué le concept d'« employabilité » au travers notamment de deux programmes de formation. Le premier, baptisé Cristal 2000, a concerné 700 personnes entre 1989 et 1992 ; le second, Cristal 2000 encadrement, s'est déroulé de 1992 à 1996. Ces programmes très ambitieux ont préparé le personnel à acquérir les compétences clés nécessaires à une compagnie sucrière à l'horizon 2000. A partir de l'analyse de l'existant, la « cible » identifie pour les salariés les compétences en développement et celles qui sont appelées à disparaître. « *La formation doit permettre de servir les objectifs internes de l'entreprise,* explique Gérard Pfeiffer, le directeur des ressources humaines, *mais elle doit aussi répondre aux aspirations des collaborateurs, même si celles-ci ne correspondent pas aux besoins à court terme de la société.* » Pour bien montrer le changement d'approche, un slogan a été lancé : « *Notre avenir n'est pas commun* ».

Partenariats de compétences stratégiques

Un nombre croissant d'entreprises progresse dans cette direction en maitrisant ce qui les différencie de leurs concurrents, en concentrant leurs ressources sur leur valeur ajoutée : l'externalisation des activités non stratégiques et à faible valeur ajoutée se radicalise. Hier les entreprises abandonnaient des activités telles que le gardiennage ou la restauration, elles n'hésitent plus aujourd'hui à sortir de leur périmètre la comptabilité, la finance, la logistique ou l'informatique ! Si l'externalisation est bien traitée, l'employé concerné a lui aussi l'opportunité d'accroître sa professionnalisation : spécialisé dans un métier, mis au contact des meilleures pratiques, il devra promouvoir la qualité de ses prestations et accédera ainsi à des opportunités de carrière plus nombreuses.

L'externalisation est d'ailleurs en train de trouver ses lettres de noblesse. D'une approche de transfert de responsabilités sous forme de sous-traitance, elle évolue vers une vision plus stratégique. L'objectif n'est pas uniquement de réduire les coûts. Il est de trouver un partenaire pour lequel la fonction qui est transférée (finance, logistique, centre de télé-relation…) correspond à un domaine d'excellence. Ce partenaire s'engage à améliorer le niveau de service de cette fonction, par exemple sur un plan à 2 ou 3 ans. L'alliance qui en résulte est dans le droit fil de l'ère de la communication : les deux entreprises en réseau, ensemble, « excellent » dans un champ plus large de compétences.

Renforcer une compétence par un partenariat

« *La majorité de l'activité de n'importe quelle organisation, lorsque vous l'examinez soigneusement, n'est pas au cœur de la mission de celle-ci.* » John Bramley, general manager, Finance and Control, British Petroleum Exploration.
Et pourtant, une fonction non stratégique peut s'engager à établir un niveau de service exemplaire vis-à-vis de l'entreprise. BP Exploration UK l'a montré en établissant un contrat de service avec sa fonction administrative et financière, confiée en majeure partie en 1990 à Andersen Consulting.

Ce contrat porte sur plus de 500 services élémentaires, tels que des prévisions de trésorerie pour la semaine, le paiement quotidien des fournisseurs ou les consolidations financières trimestrielles. Pour chacun de ces services, des niveaux de performance ou de qualité sont élaborés.

Cette démarche a permis à BP Exploration de faire des progrès tangibles et spectaculaires en 5 ans : par exemple, la ponctualité de fourniture d'information dépasse 98,5 % ; l'incertitude sur les prévisions de trésorerie est passée de 4 millions de livres à 0,2 million de livres, l'information est plus pertinente, avec une réduction du nombre d'états financiers de 1 500 à 600, le montant de factures litigieuses entre les différentes entités du groupe est passé de 85 millions de livres à 0,5 million de livres.

Des communautés de travail en reconfiguration permanente

Si le périmètre de l'entreprise évolue fortement, l'organisation interne subit elle aussi ce besoin d'adaptation et de reconfiguration permanente. Elle se parcellise en de multiples équipes de travail dédiées à un projet, un processus, un marché, un portefeuille de clients, avec leurs propres objectifs et indicateurs de résultat. Certaines entreprises ont déjà franchi le pas de cette organisation du futur. ABB est l'exemple le plus radical de ces dernières années. Au siège, 95 % du personnel du siège ont été supprimés. La société s'est dispersée en 5 000 centres de profits indépendants d'environ 50 personnes au sein d'une fédération de 1 300 PME dans 140 pays !

Cette reconfiguration interne et externe estompe les frontières traditionnelles de l'entreprise. Le fournisseur reprend du personnel de son client ou lui en prête. Des entreprises concurrentes ou complémentaires font travailler ensemble des équipes dans le cadre d'accords ponctuels de partenariat, de sous-traitance ou d'alliance. Au sein même de la société, les branches ayant des compétences proches ou mettant en œuvre des processus ou des méthodologies identiques sont regroupées afin de bénéficier au maximum d'effets de synergies.

Les nouvelles technologies du travail coopératif assisté par ordinateur (TCAO) vont accélérer ces tendances en bouleversant l'unité de lieu que représente encore l'entreprise. Avec l'explosion des réseaux (plus de 60 millions d'ordinateurs sont connectés dans le monde !), les logiciels de TCAO satisfont les impératifs de coordination et d'efficacité d'une équipe de travail : affecter les compétences durant le temps nécessaire et dans une équipe donnée ; favoriser les échanges d'idées et d'informations entre personnes, entre sites ; devenir des plates-formes de formation ou de travail ; augmenter la rentabilité des investissements en multipliant leur diffusion aux utilisateurs, etc.

« *Ce qui confère un avantage concurrentiel à une entreprise n'est pas juste la somme de ses compétences élémentaires, mais la façon dont elles sont agrégées,* explique Yves Doz. *Honda est beaucoup plus que la somme de ses technologies et de ses pratiques commerciales. Pour Honda, ce ne sont pas la thermodynamique, la métallurgie, le calcul structurel, l'aérodynamique, ou bien d'autres technologies élémentaires qui fourniraient seules un avantage concurrentiel. C'est bien plus l'intégration entre fonctions autour du développement des produits, intégrant toutes ses technologies, mais aussi les transcendant, qui constitue une véritable compétence distinctive.* »[14]

Plaidoyer pour les différences

La reconfiguration permanente des équipes et la multidisciplinarité sont autant d'impératifs nouveaux du management moderne. Si les principes sont clairs, la mise en œuvre est un véritable enjeu : lorsque les compétences sont réparties, il devient encore plus décisif de gérer efficacement leurs points de rencontre. Les différences de métier, de discipline ou de culture, ne sont pas d'emblée un facteur de cohésion et pourtant seule leur synergie fait espérer les plus grandes réalisations.

A l'inverse, lorsqu'elles ne se rejettent pas, les différences ont une fâcheuse tendance à... s'estomper. C'est le paradoxe de l'amitié : une équipe qui ne se connaît pas est au début de son histoire plus créative et, au fur et à mesure que les individus se découvrent, une culture commune se forge qui gomme les aspérités et affaiblit le jeu des synergies.

La gestion et la promotion des différences de compétences et de comportements sont fondamentales pour l'entreprise en réseau. La coopération doit être gérée en réduisant les approximations qui peuvent coûter cher : constitution inadéquate des équipes, combinaison malheureuse de compétences ou dosage maladroit d'individualités.

L'équipe est une solution instable...

Trouver la bonne combinaison de compétences et d'individualités est un acte de management déterminant auquel il faut apporter le plus grand soin. Il existe aujourd'hui de nombreuses méthodes de constitution d'équipes pour mieux comprendre l'alchimie de leurs performances : la méthode Belbin en est une. Elle identifie le type de contribution de chaque collaborateur à un travail collectif, la forme de son apport et de son positionnement naturel dans un groupe, la nature de la reconnaissance qu'il en attend. Cette méthode propose des combinaisons cibles de profils pour que l'équipe ainsi constituée délivre le maximum de valeur. Elle décrypte a contrario les formules instables, les dosages inhibiteurs voire dangereux.

Huit profils ou rôles types

Il existe huit profils principaux : le Chairman est un chef d'orchestre, il est enclin à mettre tout le monde au diapason et à jouer naturellement le rôle de juge-arbitre. Le Plant est un créatif, visionnaire, à l'aise avec les concepts et mu par une certaine esthétique du problème et de sa solution ; le Shaper sait donner vie à l'idée fulgurante qu'a énoncée le Plant, il se l'approprie et en fait une véritable solution ; le Resource Investigator est toujours prêt à élargir l'horizon de l'équipe en mettant à sa disposition son réseau et toutes les ressources dont elle pourrait avoir besoin ; le Team Worker est attaché à l'harmonie de l'équipe et cherche toujours à résoudre les tensions au sein du groupe; le Company Worker est une véritable vigie qui pérennise le travail du groupe et le préserve de toute dérive loin du projet fondamental qu'est... l'entreprise elle-même ; le Monitor Evaluator prend à son compte le respect des délais et plus généralement de toutes les contraintes qui dessinent de fait les contours du projet ; enfin le Finisher est l'artisan qui s'attache à la qualité sans failles des produits finis.

Un outil de pédagogie pour aimer la différence

L'équipe performante, dans un contexte donné, résulte du dosage adéquat de ces profils; si certaines formules sont « universellement » inopérantes – une équipe de plants, par exemple, promet une belle empoignade – les dosages dépendent néanmoins de la nature du projet.

Chacun de nous développe un mode majeur d'intégration dans une équipe, mais il peut être intéressant d'en développer d'autres ; c'est une pédagogie remarquable que de faire l'expérience d'un rôle qui nous est spontanément étranger. Cela permet de mieux comprendre les différences et de les valoriser. Il devient plus aisé d'admettre que, lorsqu'elles sont managées, ces différences n'ont que des vertus.

La loi de l'offre et de la demande entre dans l'entreprise

Un des problèmes essentiels sera de trouver un équilibre satisfaisant entre les besoins exprimés par les opérationnels et les ressources disponibles, notamment dans les organisations où les besoins de réactivité sont importants et où les projets ont une durée de vie très courte. Lester Krogh, un des dirigeants de 3M, affirmait ainsi : *« Notre politique est que les produits appartiennent chacun à une division... mais les technologies et les compétences appartiennent à quiconque en a besoin. Elles sont ici pour être partagées. »* [15]

L'enjeu consiste à remplacer le système classique de gestion où une même structure (département, service, métier, portefeuille clients) est à la fois responsable de la « demande » et de l'« offre », ou autrement dit des « besoins » et des « ressources ». Les collaborateurs ne seront plus recrutés pour une direction, un service ou une unité donnés, mais pour leurs compétences et... pour l'entreprise. Ils seront ensuite déployés en fonction des activités à gérer et des projets à conduire, dans une logique d'affectation temporaire.

L'offre et la demande chez Renault

Chez Renault, l'« équipe de projet permanente » du type de celle qui a travaillé sur la Twingo suit le projet du début jusqu'à la fin, en demandant des compléments de ressources auprès des différents départements en fonction des besoins. Cette équipe volontairement limitée n'a jamais dépassé 38 personnes sur toute la durée du projet. Elle faisait appel à des compétences internes au groupe mais également externes avec des démarches novatrices. Ainsi certains sous-traitants n'étaient pas sélectionnés uniquement sur les coûts et la qualité technique de leur réponse à des appels d'offres mais sur les compétences qu'ils apportaient à l'élaboration même du cahier des charges. [16]

Ces évolutions modifieront en profondeur le rôle du gestionnaire des ressources humaines. Il devra, plus que jamais, gérer des contradictions. Entre des collaborateurs cherchant à s'adjoindre à court terme les meilleures compétences et des opérationnels souhaitant les développer à moyen terme au travers d'une succession logique d'affectations, les intérêts sont souvent divergents. Il s'agira d'optimiser l'adéquation de l'offre et de la demande en gérant ces inévitables tensions.

Cette reconfiguration permanente des équipes et l'autonomie accordée aux opérationnels conduiront notre gestionnaire à chercher de nouvelles cohérences, jusque dans la refonte des principes de rémunération.

« *Le prochain chantier : rétribuer les équipes, et non plus seulement les individus, puisque l'on parle de performance d'équipe. Car on met en avant le changement et l'esprit d'équipe mais on valorise encore les carrières individuelles* », déclare Didier Hernoux, directeur des ressources humaines de Promod. Des principes aussi simples qu'une rémunération individuelle, stable, fondée sur des compétences acquises et complétée par une rémunération variable, qui sanctionnerait la performance collective de l'équipe, pourraient bien révolutionner les habitudes et rendre rapidement obsolètes des notions comme le poste, le grade ou l'ancienneté.

Manager par le niveau de service

Il est certes tentant de continuer à gérer à partir des ressources détenues. La taille des budgets sur lesquels les individus ont la signature est la marque de leur pouvoir, comme ces généraux qui comptent leurs troupes. Ce rituel incontournable de la gestion des entreprises aura probablement la vie dure. Mais l'entreprise digitale favorisera l'émergence progressive de nouvelles règles du jeu.

Comme les responsables opérationnels ne détiendront plus la responsabilité des ressources, le contrôle par le niveau de service se substituera peu à peu au contrôle par les ressources. Répondre au mieux aux besoins exprimés par des clients internes ou externes deviendra le mode de fonctionnement dominant.

L'entreprise devra là encore s'adapter à cette nouvelle donne. D'abord en définissant des objectifs de niveau de service précis, mesurables et partageables. Ensuite, en établissant des tableaux de bord permettant de les suivre. Les nouvelles capacités des logiciels de traitement et de partage de l'information seront de précieux alliés pour les piloter. Enfin, en formalisant des contrats de service entre équipes clientes et fournisseurs, qu'elles soient internes ou externes. Plutôt qu'un niveau de contrôle supplémentaire, ce nouveau principe de régulation de la performance de chacun sera l'instrument du maintien de la cohérence entre les multiples réseaux de l'entreprise digitale, et surtout l'une de ses sources de progrès.

Les technologies, nouvelle ossature de l'entreprise

Des collaborateurs hors les murs de l'entreprise, des horaires libres, certaines fonctions dorénavant sous-traitées par d'autres... L'entreprise ne risque-t-elle pas de devenir un ectoplasme ? Le développement de la flexibilité réclame une nouvelle ossature. Le partage du savoir exige un autre système nerveux.

L'une des réponses sera le système d'information. Qu'il devienne l'un des derniers repères de l'entreprise peut surprendre. C'est que sa nature même a profondément changé. A l'origine simple outil d'automatisation du traitement de l'information, le système d'information est désormais visible et structure toute l'organisation.

Le système d'information, actif clé de l'entreprise

Les entreprises constitueront et géreront un patrimoine d'informations de plus en plus large. Il ne sera plus possible de dire, comme par le passé, « Je refais mon informatique » : la rupture coûtera trop cher ou sera irréalisable. C'est en cela que l'architecture technologique sera une composante essentielle de l'entreprise digitale. Ouverte sur l'extérieur, elle permettra d'intégrer de nouveaux composants et de relier l'entreprise à l'ensemble de ses partenaires. Les systèmes propriétaires et fermés vivent leurs dernières années. Nous entrons dans l'ère des normes et des standards communs, partagés par les grands constructeurs.

Dans l'avenir, les entreprises ne spécifieront plus les besoins en termes d'applications, mais par « catégories de service » nécessaires à leur fonctionnement. Elles souhaiteront une base de données pour aider les chefs de rayons, un réseau mondial couplant le transfert image-voix-données, un temps de réponse inférieur à deux secondes dans les transactions avec la clientèle... De ces catégories de service découlera son architecture. Celle-ci constituera les fondations sur lesquelles des kits plus mobiles seront construits et rapidement modifiés.

Déployer le bon système

Un système d'information représentera pour l'entreprise un actif

LE DÉPLOIEMENT DES SYSTÈMES D'INFORMATION

L'HORLOGE MAGIQUE

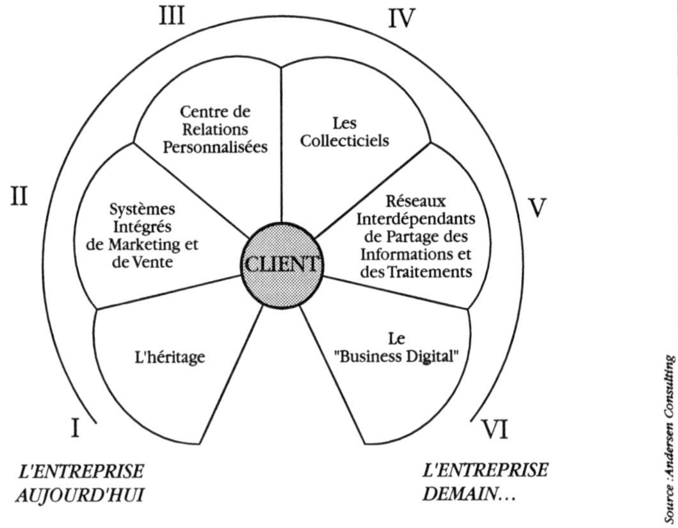

stratégique. Son utilisation fera la différence. Et le vieux dilemme de l'adaptation de l'informatique à l'organisation sera révolu : flexible, celle-ci puisera dans le système les informations et les outils nécessaires à son fonctionnement du moment. Les choix pour déployer progressivement l'ossature de l'entreprise digitale deviendront cruciaux.

La mutation de l'entreprise vers le stade digital, où les technologies de l'information constitueront non plus un moyen d'optimisation mais bel et bien le cœur même de son fonctionnement, pourrait selon nous se faire en six étapes. Ce sont les six heures de notre Horloge magique. Magique, car dans ce nouveau monde de la communication, le temps n'est plus linéaire et les mondes parallèles se tolèrent : ainsi l'entreprise peut-elle se trouver en troisième heure sans avoir complètement « écoulé » ses première et deuxième heures. Magique, mais pas totalement : une entreprise qui vivrait en sixième heure sans expérience aucune des précédentes construirait sur du vent.

La première heure représente l'héritage. L'entreprise fait l'inventaire de son existant à partir duquel elle décide de la vitesse avec laquelle elle ira vers le monde virtuel. Un monde où le client final sera au centre de toutes les préoccupations.

La deuxième heure représente l'arrivée des systèmes intégrés de marketing et de vente. Sans casser son existant, l'entreprise construit ses premières applications communiquantes. Elles sont transversales et équipent les commerciaux, incluant l'usage intensif de bases de données internes et externes (Silos de données/ DataWarehouses).

La troisième heure est celle des centres de relations personnalisées ou call centers. De nouvelles applications pour que les meilleurs cadres commerciaux de l'entreprise communiquent aisément avec clients et prospects, à l'aide de moyens multimédias. Qu'ils les appellent eux-mêmes ou qu'à l'inverse ils soient en permanence accessibles *via* des bornes interactives dans les lieux publics par exemple !

La quatrième heure est celle des collecticiels. Dès lors que dans les *call centers* se prennent des décisions commerciales, il est essentiel que « l'intendance suive ». C'est donc l'heure de déployer transversalement aux différents composants de « l'entreprise virtuelle » ces outils de gestion que sont les collecticiels : ceux dédiés à la gestion de travail en groupe (Teamware, Groupware ou Workflow) et ceux qui les accompagnent à des fins de gestion automatisée de documents.

La cinquième heure est celle des réseaux indépendants de partage des informations et des traitements. L'entreprise, ses partenaires et ses clients voient désormais leurs systèmes d'information et de traitements s'interpénétrer de façon parfois très intime.

La sixième heure est alors celle du business digital. Connectée à l'extérieur, en réseau à l'intérieur, l'entreprise intègre systématiquement les nouvelles technologies jusqu'à en faire parfois l'objet de son métier.

Toutes les entreprises ne tournent pas au même rythme sur l'Horloge magique. Car le système d'information n'a pas encore la même valeur stratégique pour toutes même s'il deviendra crucial pour la plupart. Dans le cas d'une entreprise comme Chronopost, il est déjà bien évidemment au cœur du métier : *« Je crois que Chronopost a eu la chance de faire les bons choix, dès sa création,* raconte Frédéric Tiberghien, le président. *Par exemple, nous avons opté pour l'architecture client-serveur il y a très longtemps. Etre sans passé de ce point de vue nous aide beaucoup. Aujourd'hui, de la même manière, nous sommes un des pionniers de la « technologie des développements objets ». Nous y travaillons depuis trois ans avec de grandes universités. La compétitivité de demain s'établira sur cette base. »*

Le système d'information plus stable que l'organisation

Au rythme des réorganisations, le système d'information devient ainsi la mémoire qui soutient l'entreprise dans sa transformation sans qu'elle perde complètement ses repères. Il est plus stable que les processus. Il constitue la nouvelle ossature de l'organisation.

Voilà pourquoi la transformation d'un système d'information est un levier indispensable pour aller vers l'entreprise digitale. Les banques le savent bien, qui ont de grandes difficultés simplement à faire évoluer leur architecture et à développer les applications transversales de marketing et vente nécessaires à une meilleure gestion de leur clientèle, une difficulté encore accrue par une flexibilité insuffisante du personnel. Le système d'information est au cœur de l'entreprise de demain. Celles qui sauront en faire un actif souple y trouveront les clés de leurs performances.

Si l'on admet que pour atteindre un objectif une entreprise sera amenée à mobiliser des ressources de toutes origines, internes et externes, on peut s'interroger sur ce qui recouvrera in fine la notion d'entreprise. Elle pourrait bien se « résumer » à deux volets : une volonté et un sens partagés, et des moyens de coopération et d'échanges d'information qui relient des acteurs et des équipes fonctionnant en réseau.

NOTES

1 L'*Expansion Management Review*, mars 1996, dossier « Délégation, l'« empowerment », défense et illustration », Byham W.

2 *Ibid.*

3 Landier H., *Dessine-moi une vie active*, Village mondial, 1995.

4 *California Management Review*, Pfeffer J.

5 *Libération*, supplément Emploi, 10/06/1996.

6 *La Tribune Desfossés*, 27/12/1995.

7 Etude de la Harvard Business Review, citée dans *Le Point Edition Affaires* (Business Week), n° 1233, 04/05/1996.

8 *Le Point Edition Affaires* (Business Week), n° 1233, 04/05/1996.

9 *Le Monde des Initiatives*, 16/04/1996, dossier « 1996, l'année du temps de travail ».

10 *Les Echos*, 01/03/1995.

11 *Les Echos*, 21/06/1995.

12 *Les Echos*, 14/04/1994.

13 Brilman J., *L'Entreprise réinventée*, Les Editions d'organisation, 1995.

14 *Revue française de gestion*, n° 97, janvier-février 1994, « L'Apprentissage organisationnel », Doz Y.

15 *Revue française de gestion*, op. cit.

16 *Revue française de gestion*, n° 95, septembre-octobre 1994, « Les Nouvelles Frontières de l'entreprise », Weiss D.

LES DIRIGEANTS FRANÇAIS FACE AU DÉFI DIGITAL

« Sur la terre deux choses sont simples :
raconter le passé et prédire l'avenir.
Y voir clair au jour le jour est une autre entreprise. »
Armand Salacrou, *La Terre est ronde.*

Les nouvelles technologies vont offrir des opportunités que nul n'aurait osé imaginer il y a quelques années. Les entreprises devront les saisir, créer les emplois qui nous font si cruellement défaut, maintenir la place de la France dans la compétition internationale : la collectivité attend beaucoup d'elles !

Nous avons rencontré une quarantaine de dirigeants français. Presque tous perçoivent l'importance de la rupture que représente l'arrivée des nouvelles technologies. Mais peu encore ont pu concrétiser des changements à la mesure de ces enjeux... et de leurs aspirations.

L'environnement économique, il est vrai, n'a jamais été aussi complexe à appréhender. Il laisse les dirigeants aux prises avec des problèmes qu'ils ne peuvent résoudre à l'aide des outils traditionnels de management. Tout changement suscite aussi dans les organisations des peurs et des résistances dont il est indispensable de tenir compte. Le contexte français, enfin, est marqué par des caractéristiques culturelles qui complexifient encore l'équation du changement. Nos dirigeants s'en font largement l'écho. Investissons-nous assez dans l'avenir ? Pourquoi parvenons-nous si difficilement à nous réformer ? Quels risques l'inertie fait-elle peser sur l'avenir de notre pays ?

Une révolution est en cours

De quelle nature sont, pour l'entreprise, les changements que nous observons aujourd'hui ? S'agit-il du train normal des mutations technologiques ou de l'ouverture d'une nouvelle ère ?

Ces questions obtiennent des réponses quasi unanimes de la part des dirigeants que nous avons rencontrés. *« Est-ce une révolution ? Je réponds oui sans hésiter,* affirme Jean Miot, président de l'Agence France Presse. *80 % des produits et 40 % des emplois qui seront sur le marché en l'an 2000 n'existent pas aujourd'hui. La révolution numérique, c'est la fusion de l'image, de l'animation du texte et du son et surtout la capacité de transporter en tout lieu et en temps réel des milliards d'informations et la quasi-totalité des connaissances humaines. »*

Aux 3 Suisses France, même message : *« Le mix de l'informatique et des télécommunications a été pour nous une grande révolution. Le numérique est pour moi l'invention la plus prodigieuse depuis l'imprimerie. Elle va changer à la fois la notion de travail, d'intelligence, d'humanité. (...) C'est vraiment un changement de civilisation »*, déclare le président, Daniel Richard.

Cette transformation est aussi perçue comme radicale parce qu'elle est très difficile à appréhender. *« La société de demain ne peut pas se construire par simple extrapolation de ce que nous vivons aujourd'hui,* analyse Francis Mer, président d'Usinor Sacilor. *Nous sommes en pleine accélération divergente. »*

Pierre Simon, membre du comité directeur de la Compagnie Bancaire, souligne lui aussi l'existence de forces divergentes : *« J'ai la conviction que nous allons vivre une révolution plus qu'une évolution dans les années qui viennent, sachant tout de même qu'il existe des inerties colossales. »*

Hyper-informés... donc hyper-sensibles ?

Cette quasi-unanimité n'exclut pas, parfois, la prise de recul. *« Les conséquences des nouvelles technologies ne sont pas plus importantes que celles de l'invention de l'imprimerie ou d'autres événe-*

ments de l'histoire de l'humanité, commente Bernard Attali, président du collège de gérance de la Banque Arjil. *Nous sommes responsables de ce que nous allons devenir comme l'ont été toutes les générations précédentes. Il n'y a jamais eu de période calme. On ne vit une période spéciale que parce que c'est la nôtre. La notion d'accélération est de fait relative.* » Mais il constate aussi : « *Ce qui est vrai, c'est que le développement de l'information augmente notre conscience des changements. Il y a donc accélération de la transformation d'un point de vue subjectif.* »

Réelles ou subjectives, les mutations qu'entraîne la vague technologique sont clairement perçues par les dirigeants français. Et pour eux, toutes les entreprises y seront plus ou moins « exposées ». Leur activité s'en trouvera transformée; elles devront apprendre de nouveaux métiers.

A chacun sa vague

Amadeus, le système de réservation commun à Air France, Lufthansa, Iberia et Continental Airlines, est l'exemple même d'un métier créé de toutes pièces par la sophistication du traitement de l'information : c'est en effet une agence de voyages... virtuelle. « *Sans les technologies, Amadeus n'existerait pas,* explique ainsi Philippe Chérèque, directeur général d'Amadeus Marketing. *Les nouvelles technologies ont apporté la capacité de faire du commerce global, mondial, et celle de développer à l'intention des agences de voyages et des voyageurs individuels des produits intégrés et personnalisés, en unissant les systèmes d'information d'Amadeus à ceux de ses clients. La montée très rapide de la puissance et du rapport performance/prix des machines centrales, des réseaux et des stations de travail a permis à l'industrie du voyage de considérablement diversifier la tarification des produits et services : ainsi il existe aujourd'hui plus de 700 tarifs différents pour un trajet de Paris vers les Antilles. Et la complexité augmente. Alors que c'était impossible plus tôt, on peut aujourd'hui remettre en vente un billet d'avion annulé, et ce immédiatement et dans le monde entier.* »

Le boom technologique n'a longtemps concerné que les entreprises du secteur informatique, lorsqu'il était question de mettre en place réseaux et installations techniques. Mais désormais toutes les entreprises capables de créer de la valeur ajoutée à partir des nouvelles technologies bénéficient de fabuleuses opportunités.

« J'ai inventé le théorème du plombier, raconte Jean Miot. *Jusqu'à présent ont gagné de l'argent les fabricants de pompes et de tuyaux; désormais en gagneront ceux qui vont les remplir. A l'AFP nous avons une chance exceptionnelle : notre vocation première est de remplir les tuyaux, mais nous en sommes aussi fabricants ! »*

Redéployer ainsi son activité signifiera pour beaucoup une reconfiguration à plus ou moins brève échéance. Des dirigeants comme Jean-Louis Beffa, président de Saint-Gobain, n'y voient qu'une question de rythme. *« Les évolutions technologiques ne changent pas une entreprise de software à la même vitesse qu'une entreprise de matériaux de construction ou de distribution de verre,* explique-t-il. *Il y a une grande corrélation entre le type de métier et la transformation issue de la technologie, elle entraîne quand même des modifications importantes dans tous les métiers. Le différentiel de compétitivité s'appuie fortement sur la vitesse d'adaptation aux changements technologiques. »*

Les nouvelles technologies de l'information au cœur de la stratégie

Entreprise innovante s'il en est, les 3 Suisses se veulent aux avant-postes de la distribution de demain. Le « vépéciste » a adopté une approche originale, en se lançant tous azimuts dans les nouvelles technologies sans raisonner en termes de retour sur investissement ou de rationalité économique à court terme. Rémy Souchon, chargé de mission auprès du président et Jacqueline Courmont, directeur de la Communication résument les grandes étapes de leur intégration.

D'abord la refonte des processus : *« Le mix de l'informatique et des télécommunications a été pour nous une grande révolution. Nous avons tout de suite mis en place des organisations décentralisées de vente par téléphone en connexion directe avec l'ordinateur central de l'entreprise par le réseau Transpac. »*

Ensuite les outils du marketing : *« L'informatique est déterminante dans la gestion des achats, des commandes, et dans le marketing. Notre système de distribution est coûteux : prélever des articles, mettre en colis, expédier... Il faut gérer des masses importantes avec une forte optimisation. L'avancée de l'informatique a permis d'organiser efficacement le circuit de commandes, de gérer des masses, et de cibler. Notre fichier est trituré environ 7 fois par semaine pour des actions sur telle ou telle couche de clientèle. »*

Enfin, avec l'arrivée du commerce électronique, une étape supplémentaire est franchie. *« Nous avons privilégié la solution on line. Un CD-ROM est un catalogue papier sous une autre forme. Le on line permettra l'interactivité et la réactualisation des collections, afin d'arriver, un jour, à l'individualisation.. Ce peut être un vecteur de changement très profond. Nous avons été le premier distributeur français sur Internet, nous travaillons sur Infonie, sur les projets multicâbles... »*

Anticiper et innover

Pour adapter leurs entreprises à la nouvelle donne qui les attend, les dirigeants que nous avons rencontrés cherchent tous à organiser et à promouvoir en interne l'innovation, à anticiper les évolutions technologiques et à améliorer leur réactivité. En somme, à voir loin et réagir vite.

« Dans mon emploi du temps, raconte Frédéric Tiberghien, président de Chronopost, *je traite ensemble le quotidien et la vision de l'avenir. Il faut toujours faire prévaloir le long terme, même si cela coûte plus cher et si c'est plus difficile. »*

Car tous savent qu'il n'y a pas de positions acquises durablement et que tout leader doit se préparer à être contesté. *« Le leader est celui qui doit innover le plus,* confirme Jean-Louis Beffa. *Pour moi, un critère de performance essentiel des managers du groupe est le pourcentage des produits nouveaux dans le chiffre d'affaires des activités dont ils sont responsables. »*

Derrière les opportunités, beaucoup d'incertitudes

Les opportunités sont nombreuses, mais les écueils aussi. L'avenir est particulièrement incertain et difficile à décrypter : « *Du fait de la réalisation du marché unique et des nouvelles technologies de l'information et de la communication, l'entreprise vit une mutation accélérée dont on ne connaît pas encore l'issue* », déclare Frédéric Tiberghien.

Or nous n'aimons pas ces incertitudes. La France est attachée à ses recettes éprouvées, qui ont fait d'elle une grande nation de découvertes scientifiques... avec un goût modéré pour les changements importants. C'est le jugement que portent les dirigeants sur notre pays : une nation valorisant l'innovation mais détestant la rupture.

« *Il y a en France une tension entre d'une part une culture technologique forte – un art de l'ingénieur sans doute plus valorisé que nulle part ailleurs et qui constitue un atout très fort pour l'innovation – et d'autre part un goût pour le lissage des fluctuations, une certaine réticence à l'égard des phénomènes de rupture,* analyse ainsi Jean-Claude Trichet, gouverneur de la Banque de France. *Il faut instaurer davantage de flexibilité et surtout éviter de figer des intuitions. L'exemple du minitel est à ce titre exemplaire du savoir-faire français, de la force de concrétisation d'une intuition mais aussi de sa déconnection d'avec la réalité de la demande. Or c'est le marché qui doit devenir le pilote et derrière le marché, les individus.* »

La difficulté des ruptures

Il faudra pourtant rompre avec l'existant. Nos dirigeants ont conscience que si leurs entreprises tergiversent ou avancent à petits pas, elles paieront sans doute un prix plus important pour se mettre à niveau ou pour survivre.

Alors pourquoi hésiter ? Pour de « bonnes » comme pour de « mauvaises » raisons. Les bonnes raisons tiennent à la complexité réelle de l'environnement et à la difficulté du pilotage stratégique dans un tel contexte. Les mauvaises raisons sont, elles, liées à des particularismes du management à la française, aux hiérarchies de valeurs, à un attachement excessif aux statuts, à une ouverture insuffisante qui confèrent à notre nation ce positionnement rare et paradoxal : être à la fois un grand pays d'innovation avec des élites souvent visionnaires, et un pays « conservateur » dans ses démarches, au point que des vagues successives de nouvelles technologies pourraient nous submerger et que nous y consentirions tous passivement.

L'emploi dans l'équation de l'entreprise

L'arbitrage entre les gains de productivité procurés par les nouvelles technologies et le coût social qui en résulte tourne aussi de plus en plus souvent en faveur du second. La grande distribution, malgré son utilisation très complète des nouvelles technologies, aurait abandonné la plupart de ses projets de caisses automatiques susceptibles de se substituer aux caissières. Les banques françaises ont massivement investi dans les nouvelles technologies mais ne sont pas allées jusqu'au bout de cette logique de rationalisation : elles demeurent en sur-effectifs.

Beaucoup de dirigeants s'insurgent. *« On ne peut pas aller contre l'évolution des coûts de main-d'œuvre ni la mondialisation de l'économie,* explique Bernard Charlès, directeur général de Dassault Systèmes. *Le téléphone ou le traitement de texte ont-ils supprimé des emplois ? Je ne sais pas si quelqu'un peut prendre position là-dessus. Plutôt que de se faire peur sur ce qui pourrait arriver, faisons le bilan de ce qui nous faisait peur il y a quelque temps ! »*

« Il faut supprimer cette image des hautes technologies dévoreuses d'emplois, ajoute Kléber Beauvillain, président de Hewlett Packard France. *On en crée des milliers par ailleurs, pour ne parler que de ceux créés chez Hewlett Packard et dans les sociétés de services. »*

Que les technologies soient créatrices ou destructrices d'emplois, les dirigeants se doivent d'intégrer le contexte économique et social dans leurs décisions. *« Le (...) sujet, à court terme, est de refuser de continuer à aggraver le chômage. Car nous nous sentons responsables d'y avoir apporté notre écot indirectement en supprimant ces vingt dernières années 100 000 emplois sur 150 000, même avec des retraites anticipées et des reclassements »*, déclare

Francis Mer. Protection de l'entreprise ou protection de l'emploi ? Ces arbitrages sont aujourd'hui d'une rare difficulté.

Le sens de l'entreprise en question

Les nouvelles technologies renvoient en fait à la question même du sens de l'entreprise. Peut-elle n'être régie que par l'intérêt immédiat ? Peut-on se satisfaire de cette micro-optimisation ?

Ces questions sont soulevées par bon nombre des dirigeants que nous avons rencontrés. « *Quel est le sens de tout cela ? C'est le malaise de base de notre civilisation actuelle* », poursuit Francis Mer. Et de proposer sa réponse : « *La valeur fondatrice (...) est de permettre aux hommes de s'assumer eux-mêmes, donc d'être libres et responsables.* »

Les hommes... Beaucoup de dirigeants réfléchissent en effet aux attentes des individus par rapport à l'entreprise. Lieu de travail ou espace d'expression du lien social ? A quoi sert-elle en dernier ressort ? Voici un autre terme de la complexité et peut-être le plus profond, une dimension que certains dirigeants comme Frédéric Tiberghien mettent au premier plan de leurs préoccupations : « *Je suis très préoccupé par le consensus social dans l'entreprise. Dans un monde où les solidarités s'affaiblissent, l'entreprise peut fonctionner seulement s'il reste un minimum d'intérêts convergents.* »

Comment s'agencera ce « minimum d'intérêts convergents » ? Les entreprises d'aujourd'hui satisfont-elles cette attente légitime ?

Bloqués dans la rationalité ?

Les contraintes réglementaires, le problème de l'emploi, les attentes des individus sont donc autant de paramètres que l'entreprise devra prendre en compte dans la conduite de sa mutation. A condition qu'ils ne deviennent pas le prétexte de son immobilisme. Car changer fait surtout peur. Ces craintes sont légitimes : les tendances que décrivent ce livre sont porteuses de transformations profondes, par essence déstabilisantes.

Beaucoup de nos réticences ne sont que le reflet de nos attitudes. Attitude face aux nouvelles technologies, attitude face à l'inconnu et au risque, attitude face aux situations acquises... En France, nos comportements sont-ils bien adaptés ?

Nous sommes probablement trop attachés à nos outils d'analyse, diagnostiquent les dirigeants que nous avons interrogés. La France excelle dans l'exercice de la rationalité. Il n'est pas nécessaire de décrire la force que nous confèrent ce goût et ce talent pour le raisonnement. Par contre on peut s'interroger sur la place à lui accorder dans un environnement incertain. Et si la rationalité n'était pas capable de rendre compte de toute la réalité ?

« *Le fondamentalisme cartésien est dépassé,* estime d'ailleurs le sociologue Michel Crozier. *Il était trop linéaire et causal. Il empêche de comprendre les déterminants systémiques et donc de raisonner dans le complexe.* » Ce goût français pour la rationalité est stigmatisé par Pierre Simon : « *Les Français sont cartésiens et ne se laissent pas facilement guider par leur intuition. Ils n'aiment pas l'imprévu.* »

« *La gestion n'est pas une somme de techniques,* analyse Jean-Louis Beffa. *Certains managers sont intuitifs et très bons. D'autres sont plus influencés par la rationalité. Je ne crois pas pourtant que la complexité de l'environnement rende caduc l'exercice de la rationalité. Mais il est évident qu'un raisonnement ne résout pas tout ; il y a la motivation des hommes, le charisme, l'intuition...* »

Jean-Pierre Gérault, directeur général de Rank Xerox France, revisite lui aussi les talents d'un manager moderne : « *Qu'attend-on d'un manager aujourd'hui ? Le QI a moins d'importance que le QE (quotient émotionnel) : le décisionnaire doit être capable de convaincre, de fédérer, d'agir et d'avoir une vision.* »

Le management de la solution idéale

De plus la difficulté tient moins aujourd'hui à trouver la solution des problèmes qu'à bien les formuler. « *C'est bien la solution mais quel est le problème ?* », disait Woody Allen, semant ainsi le doute chez tous les dépositaires de solutions universelles ! Or notre culture est celle de l'exercice dont il existe une seule solution à la fois exacte et « esthétiquement » satisfaisante. Cette approche contamine toutes nos démarches dans lesquelles prévaut systématiquement une présomption de solution. *« En France, on considère qu'on a résolu un problème quand on en a assez parlé »*, écrit Christian Saint-Etienne, professeur à Dauphine (*L'Express*, 24 novembre 1994).

Les dirigeants sentent bien que décider en univers incertain, c'est surtout renoncer à décider avec tous les éléments d'information en main. *« La technologie évolue vite, très vite,* explique Bernard Vergnes, président de Microsoft Europe. *L'esprit français est cartésien, il aime bien appréhender complètement les situations. Aujourd'hui, on n'a pas le temps de penser à 100 %. Il faut faire des choix avec 60 % de l'information. »*

La nécessité de s'adapter à cette nouvelle façon de penser et de diriger est comprise, mais encore mal acceptée. Décider en toute « incompétence », c'est se faire violence ! En fait beaucoup de cadres et de dirigeants français sont, comme le reste des collaborateurs de l'entreprise, excessivement attachés à leur statut, focalisés sur la maîtrise de l'information et des enjeux de pouvoir, et insuffisamment ouverts sur l'extérieur...

Pour penser et aimer le changement, les dirigeants constatent qu'il sera nécessaire de remettre en question les pratiques culturelles qui, dans l'entreprise, entretiennent les conservatismes.

La solitude de l'entrepreneur

« La France souffre de monolithisme et de frilosité. Dans notre pays la bataille est permanente entre les élites établies et les entrepreneurs », nous déclare sans ambages Jean-Marie Dru, président de BDDP Conseils. C'est un élément de diagnostic récurrent de notre pays : nous ne valorisons pas les comportements atypiques. Cela commence par les discriminations fondées sur les parcours académiques qui « collent » aux individus durant toute leur vie professionnelle.

L'emprise des élites sur les grandes entreprises françaises

L'ouvrage de M. Bauer et B. Bertin-Mourot (L'Accès au sommet des grandes entreprises françaises, Boyden research center on leadership, 1993) montre l'emprise des élites venant de l'Etat par rapport à la promotion naturelle managériale. D'après une étude réalisée sur les 200 premières entreprises françaises, un patron sur deux est à la fois issu d'un grand corps et de la haute administration ou d'un cabinet ministériel. Un dirigeant sur cinq émane du management de l'entreprise. En Allemagne, 8 % des dirigeants sont issus de l'Etat contre près de 50 % en France et 66 % viennent de l'entreprise contre 20 % en France.

Le rejet de l'atypisme se poursuit avec le créateur d'entreprise, « *soupçonné en permanence* », comme en témoigne Jean Schmitt, fondateur et président de SLP (élue meilleure entreprise technologique en 1995) : « *S'il réussit, c'est un escroc. S'il rate, c'est un minable. Personne ne respecte vraiment les créateurs dans ce pays.* »

Norbert Alter, sociologue des organisations, renchérit : « *En France on ne sait pas traiter intelligemment la déviance (...) Tant qu'on ne valorisera pas plus qu'on ne le fait les différences, un modèle unique et canonique de réussite sociale continuera de prévaloir et ne permettra pas de faire émerger une société polychromatique et créative.* »

Notre pays donne également trop d'importance aux statuts et aux enjeux de l'information. Patron, chef de service, contremaître, exécutants... Tout se passe comme si la place dans la hiérarchie était en soi une valeur, un point de repère et impliquait une règle de comportement vis-à-vis d'autrui. Les individus se battent pour maîtriser l'accès à l'information là où ils devraient travailler à sa diffusion et à sa fluidité.

Il n'est pas difficile d'imaginer combien ce type de réflexe nuit aux mouvements de décloisonnement et de communication qu'appellent les nouvelles organisations : « *Aujourd'hui le patron n'est plus maître de la diffusion de l'information. Cette dernière est de plus en plus horizontale. Cela fait peur à certains grands patrons qui refusent des systèmes de messagerie dans leurs entreprises* », affirme Bernard Vergnes.

S'ouvrir à d'autres cultures

Enfin, nous sommes encore beaucoup trop repliés sur nous-mêmes. La dimension internationale fait défaut à trop d'entreprises françaises. Il y a moins de Français présents dans certains MBA aux États-Unis que d'Espagnols ou de Grecs ! Compte tenu des médiocres performances de nos compatriotes dans l'apprentissage des langues étrangères, le tableau de notre ouverture sur le monde est peu glorieux. Or il y a tant à apprendre de l'échange pour échapper au monolithisme de la pensée...

Chez Danone, la découverte d'autres cultures est devenue une priorité stratégique. « *Nous internationalisons non seulement le business mais aussi la manière de raisonner*, explique Franck Riboud, le président. *Nous sommes seulement au début du brassage* » précise Lionel Zinsou, directeur général de Danone. « *L'un des signes que toutes les frontières mentales seront tombées sera, par exemple, lorsqu'un Latino-américain dirigera une affaire d'Europe centrale pour le compte de Danone. Nous exposons de jeunes cadres chinois ou brésiliens à la culture du groupe en les faisant travailler dans des affaires européennes. C'est un effort de dix ans si on veut le faire intensément. Nestlé a cent ans d'avance sur nous. Pour eux ce brassage des hommes est familier, pour nous c'est une politique volontariste.* »

L'international est aussi une façon plus immédiate de prendre en compte ce que « les autres » font. Une façon d'aller au-devant des pratiques développées par les concurrents qui, dans un contexte de globalisation, n'ont pas vocation à rester à nos portes. « *À Washington les journalistes de l'AFP nagent dans le cybernautisme depuis plusieurs années*, se réjouit Jean Miot. *Les premières grandes expériences sur Internet sont parties de Washington avec le World's Sports Report dans un premier temps, avec l'Olympic Report aujourd'hui, et d'autres produits en cours de conception. À Paris nous nous y sommes mis plus tardivement et plus lentement, mais avec autant de passion.* »

L'ouverture c'est aussi accepter d'apprendre l'expérience des autres. Quand la Bourse de Paris a dû être transformée, « *le directeur général de l'époque a pris le temps d'aller étudier les systèmes voisins, en particulier à Londres. Des stades d'observation, de compréhension, de voyages d'études ont précédé la prise de décision pour rassembler un maximum d'informations* », raconte Dominique Brutin, directeur des systèmes d'information de la Bourse de Paris.

Le risque, ce mal-aimé...

Très ancrés dans la culture française, les comportements frileux sont doucement en train d'évoluer. A l'exception peut-être de notre attitude face au risque. Le risque est pour une majorité une raison de « ne pas y aller ». Les dirigeants de jeunes entreprises en font la douloureuse expérience lorsqu'ils doivent trouver des financements. « *En France, même dans le cas de start-up, les investisseurs passent plus de temps à vérifier vos comptes sur les trois exercices précédents qu'à évaluer le véritable potentiel technologique de l'entreprise !*, témoigne Jean Schmitt. *Les mécanismes d'investissement et de capitalisation financière sont calamiteux. Rien n'est structuré, aucune méthode d'analyse sérieuse n'est appliquée. Par exemple, les critères qu'on retient pour analyser l'entrée sur le Nouveau Marché ne sont pas forcément pertinents. Il faudrait les élargir à d'autres paramètres : valeur de l'immatériel, des technologies, évaluation des ressources et potentialités d'innovation...* »

La question du rapport au risque se situe, en France, au carrefour d'une réticence au changement et d'un processus de décision fondé sur une rationalité excessive.

Les banquiers français sont-ils de petits joueurs ?

« *En matière technologique, la France a peur de l'échec. On n'y investit qu'en étant sûr de réussir*, juge Philippe Chérèque. *Premier exemple : les transactions les plus volumineuses de la Bourse française se sont faites à l'occasion des privatisations. Les cotations étaient de 10 à 15 % inférieures à la valeur du marché, et on les revendait trois mois plus tard avec un bénéfice certain ! Deuxième exemple : les banquiers européens de façon générale n'investissent que sur un petit nombre de « coups » sur lesquels ils ont dépensé une énergie colossale pour « être sûrs de réussir ». Les banquiers américains investissent sur dix « coups » en même temps, sachant que neuf ne seront pas rentables mais qu'au dixième ils toucheront le jackpot.* »

Les États-Unis sont souvent cités comme la référence de ce parti-pris du risque. L'exemple d'Internet est révélateur : « *Il y a aux États-Unis autour d'Internet un véritable bouillonnement : en 1995, dans le périmètre de la Silicon Valley, une création d'entreprise par semaine était financée par des venture capitalists,* remarque Denis Payre, directeur général de Business Objects. *Il s'agit dans tous les cas d'entreprises sans revenus et parfois sans produits, mais qui développent déjà une forte capitalisation boursière tant elles apparaissent porteuses d'avenir et de revenus futurs.* »

La fin annoncée de la planification

Comment tenir les commandes d'une entreprise dans un environnement incertain ? Les anciens repères sont-ils fiables ou faut-il élargir le champ d'analyse ? Y a-t-il, pour les dirigeants, de nouveaux impératifs stratégiques, de nouvelles compétences à développer dans leur organisation ?

Dans un environnement instable, la stratégie est réhabilitée... mais ses outils sont remis en question. Tous les dirigeants que nous avons rencontrés cherchent désormais à voir par-delà les instruments classiques de l'analyse stratégique.

« *Demander aux gens de Saint-Gobain un plan sur trois ans qui est une somme de prévisions, n'est pas aujourd'hui un processus intéressant pour gérer le global d'un groupe,* note Jean-Louis Beffa. *Il vaut mieux mettre au point un modèle de simulation des comptes du groupe plutôt que faire la somme des plans des sociétés filiales qui peuvent servir à d'autres types de débat. Vous bâtissez plusieurs scénarios et vous dégagez une nouvelle façon de gérer certains aspects de la planification stratégique, comme la liaison entre stratégie et contrainte financière.* »

Les outils d'analyse comme la planification ou le benchmarking (échange d'informations avec ses concurrents pour se comparer les uns aux autres) pourraient suffire dans un environnement stable. Dans un environnement incertain, ils doivent être remis à leur place, confrontés entre eux, croisés constamment et complétés.

« Le monde aujourd'hui change tout le temps, la gestion des alliances est un tourbillon permanent, les services supplémentaires offerts grâce aux nouvelles technologies et la découverte d'autres marchés (en particulier l'Asie) sont autant de plongées dans l'inconnu, pense Philippe Chérèque. *De fait, on ne peut plus faire de réel plan à long terme, on ne peut que se mettre en position de réagir à des opportunités. Nous écrivons tous les ans un dossier qui décrit notre « plan stratégique pour trois ans » ; mais six mois après sa sortie, le contexte a déjà changé. Il ne sert en réalité qu'à donner à l'entreprise une valeur théorique pour d'éventuels investisseurs. »*

Ce sont les stratégies de rupture ou de changement des règles du jeu qui semblent devenir pertinentes pour les dirigeants que nous avons interrogés. Il est nécessaire de penser en termes de dépassement des modèles existants, qu'il s'agisse de production, de concurrence ou de jeux d'acteurs. Même si le risque est de faire le mauvais choix...

La stratégie du parieur

« Il faut admettre que le monde est « surprise » et être capable d'appréhender l'irrationnel et l'imprévu, affirme Francis Olivier, président de Sidel. *Mais les réflexes sont toujours les mêmes et il n'y a pas à proprement parler de nouveaux concepts de management révolutionnaires. »*

Si les réflexes d'un dirigeant sont peut-être les mêmes en univers incertain, faire un pari sur l'avenir prend néanmoins de plus en plus de sens. D'un jeu stratégique fermé on passe à un jeu stratégique ouvert. Plus rien n'est écrit d'avance, et les règles sont faites pour être transgressées... en pariant que cela marchera !

« Hérésie absolue pour le stratège classique, comme le notent Michel Zarka et Bruno Jarrosson , *le pari est à l'opposé de la décision objective. Toute la pensée stratégique visait à nous arracher au pari pour atteindre le nirvâna de la décision certaine (...). (Le pari) réhabilite la stratégie. »*

Le joueur, la norme et la pizza

« Si l'entreprise garde une volonté hégémonique, elle se pose la question de l'extension de ses propres pôles d'excellence à l'ensemble du marché. Comment disqualifier, sortir du marché ceux qui n'ont pas fait les mêmes paris ?

Le tout n'est pas de vendre des pizzas en les livrant à domicile en trente minutes; il faut ensuite faire en sorte que ce mode de consommation de la pizza devienne la norme du marché.

Autrement dit, on ne cherche plus à être le meilleur dans un jeu donné, mais à faire en sorte que les autres participent au jeu où l'on est soi-même le meilleur. Plus on approche de cet idéal, plus on gagne. La perspective stratégique se trouve ainsi renversée.

On voit donc que le fin du fin de la stratégie n'est pas de s'adapter au changement initié par d'autres mais d'être le changement et d'obliger les autres à s'adapter. Il ne s'agit plus de viser l'excellence dans tous les domaines mais de choisir un axe particulier d'excellence et de l'exploiter suffisamment brillamment pour l'imposer aux autres. »

Zarka et Jarrosson, *La Stratégie réinventée.*

Le client était roi, il devient tout-puissant

La relation avec le client se trouve au centre des préoccupations des dirigeants que nous avons interrogés. *« Il faut très vite que je fasse évoluer le groupe vers l'introduction des nouvelles technologies dans la gestion des relations clients,* confie Jean-Louis Beffa. *Je considère cela comme un chantier majeur. »*

Pour Jean Miot, développer une réponse adaptée aux besoins du futur sera une condition de survie : *« La presse est soumise à une pression de plus en plus forte en termes d'efficacité et de performance. Le cyberlecteur veut disposer d'un choix toujours plus grand dans la gamme des informations proposées. Il attend l'arrivée d'informations de plus en plus accessibles, économiques, rapides, ouvertes, interactives, utiles selon ses propres critères, avec des possibilités d'échanges immédiats entre les auteurs et la communauté de lecteurs. Ce faisceau d'exigences va conditionner l'évolution de l'AFP. »*

Quelles que soient les entreprises, l'effort nécessaire qu'elles auront à consentir pour s'adapter sera immense. *« La caractéris-*

tique du système d'information en gestation sera de permettre à n'importe quel client de connaître ce que les producteurs fournissent dans n'importe quel endroit du monde et de dire : je le veux, pronostique Francis Mer. *Cela provoque une tension terrible dans toutes les entreprises. Le consommateur-client a pris le pouvoir par le biais du système d'information.* »

Tous constatent chaque jour ce renforcement du pouvoir du consommateur. « *Cet extraordinaire phénomène d'accélération va rendre le consommateur de plus en plus exigeant,* prévoit également Gilbert Trigano, président d'honneur du Club Méditerranée. *Il ne se donne plus le temps du recul. Comme il juge les choses dans l'instant, l'entreprise est tenue de faire un sans-faute permanent* »

Mais si le diagnostic est clair, les démarches à mettre en œuvre pour répondre à ces attentes restent autant de chantiers à ouvrir : « *Le grand handicap stratégique des assureurs de masse est de ne pas connaître leurs clients,* reconnaît Jean-Claude Seys, président de MAAF Assurances. *Pour mieux les appréhender, j'ai fait appel à des sociologues, des statisticiens et même des psychotechniciens qui ont été incapables de transformer notre savoir empirique en savoir plus systématique. Le marketing téléphonique reste la meilleure source de connaissance du client. C'est un dialogue guidé par l'informatique.* »

Ce dialogue avec le client sera d'autant plus difficile que les entreprises partent de loin ! Beaucoup restent dominées par une logique de production, leur centre de gravité étant très largement du côté de l'usine. « *La plupart des chefs d'entreprises sont ingénieurs ou spécialisés dans la fabrication. Ils n'ont pas perçu que le pouvoir passerait à l'aval, vers celui qui contrôle le client. Il faut investir aujourd'hui dans cette interface avec le client* », constate ainsi Frédéric Tiberghien.

La technologie doit entrer au conseil d'administration

Nouvelles relations avec le client, nouveau jeu concurrentiel, nouvelles opportunités : le potentiel de changement des technologies de l'information est clairement perçu par les dirigeants que nous avons rencontrés. Certains les ont explicitement intégrées dans leurs stratégies. Mais la règle est loin d'être générale. Méconnaissance des technologies ou des expériences réussies ailleurs ? Ou désintérêt pour la question ?

En France, beaucoup de dirigeants d'entreprises ne voient dans les nouvelles technologies qu'un moyen pour conduire des politiques de rationalisation ou de *reengineering*. Logiques pertinentes mais bien en-deçà de ce que les nouvelles technologies peuvent offrir. Il est vrai qu'elles ne sont pas un phénomène simple : les terminologies sont hermétiques, l'évolution est permanente, la sophistication extrême. Les sauts technologiques ont des retombées économiques incertaines et les analyses de retour sur investissement deviennent d'une rare complexité.

« *Le paradoxe d'une France par ailleurs innovante*, résume encore Philippe Chérèque, *c'est que les dirigeants des entreprises françaises en général n'ont pas fait l'effort de s'instruire en informatique. Ils ont donné leur confiance à des directeurs informatiques qui n'avaient pas d'autre compétence que de savoir parler le vocabulaire technique devant leur président.* »

Réduites à de la technique, les nouvelles technologies se retrouvent maintenues à distance des lieux de décision stratégique.

« Sur le thème de l'investissement en informatique, les comités de direction de l'entreprise concluent trop souvent : – *Il faut que cela marche et ne coûte pas trop cher !*, analyse François Sallot des Noyers, directeur général adjoint de La Savoisienne. *En fait, c'est plus un problème d'appétence et de confiance en soi que de compétence. Sur un sujet technique, des dirigeants croient qu'ils vont comprendre et aboutir à la bonne décision; d'autres au contraire se bloquent en disant que c'est incompréhensible et qu'ils ne souhaitent en définitive pas s'en mêler. C'est un frein extraordinaire dans l'assurance qui est encore largement une activité de main-d'œuvre alors qu'elle ne traite que de l'information. La formation des assureurs est plutôt juridique et administrative, et ils ont beaucoup de mal à considérer leur métier en termes de flux d'informations.* »

Pourtant il ne s'agit, finalement, que de bien identifier ce que peuvent changer les nouvelles technologies dans la pratique du métier et le fonctionnement interne de l'entreprise. Avec méthode. *« L'entreprise doit d'abord définir sa stratégie et donc être claire sur ce qu'elle souhaite : offre, marchés, alliances...* conseille Philippe Chérèque. *Ensuite elle doit savoir comment les technologies transforment ses partenaires, ses fournisseurs et ses clients. Elle peut alors répertorier les technologies dont elle a elle-même besoin. »*

Fort heureusement, les comportements changent progressivement. Comme nous l'explique Jean-Pierre Doumenc, secrétaire général du groupe Schneider : *« Ce qui est sûr, c'est que nous n'évaluons plus les investissements informatiques de la même manière qu'il y a 10 ans. La productivité et la réduction des coûts sont pris en considération mais d'autres paramètres importants interviennent également comme l'innovation et la relation avec le client. Nos critères de choix ont évolué. »*

Viser juste... pour éviter de se tromper

Expérimenter l'apport des nouvelles technologies est probablement une méthode efficace pour éviter de se tromper. Les exemples d'échecs en la matière ne sont pas rares. Sans maîtrise de la complexité technologique, on risque d'engager pour rien des investissements atteignant parfois 10 % du chiffre d'affaires !

« Le New York Stock Exchange (NYSE) a investi 1 milliard de dollars dans une informatisation très lourde. Il fallait y laisser une apparence de gestion manuelle. Mais le virtuel est déjà derrière le factuel et le système pourra basculer définitivement dès que nécessaire. A Toronto, en revanche, 180 millions de dollars de logiciels furent mis à la poubelle ! », raconte Dominique Brutin. Dans ce secteur, les décisions sur les technologies sont clairement stratégiques...

Il est difficile pour les dirigeants d'être en retard, mais il leur faut aussi éviter d'être en avance ! *« Une radio de la bande FM, dont nous détenons 25 %, a opté pour le numérique dès le début,* raconte ainsi François Sallot des Noyers. *Le pilotage de la station est entièrement fait sur la base des technologies numériques. Elle a peut-être fait ce choix trop tôt puisque nous avions prévu à l'époque que les auditeurs seraient équipés en récepteurs numériques vers 1996. Il semble que ce renouvellement soit reporté pour 2000-2002. Cela illustre la difficulté des décisions technologiques : il faut s'efforcer d'être ni trop en avance ni trop en retard.* »

Décider le bon investissement au bon moment : tout un art pour les managers, en ces temps troublés d'incertitude. « *Pour la place financière de Paris, le tournant a été pris à partir de 1986, au bon moment et adroitement. Depuis, la France s'est placée dans le peloton de tête de l'informatisation des marchés* », constate a posteriori Dominique Brutin.

Préparer la mutation technologique

Pour éviter de se tromper et utiliser les nouvelles technologies au maximum de leur potentiel, les entreprises ne pourront plus ne s'en remettre qu'aux experts. Les enjeux sont devenus trop importants ; ils dépassent la simple optimisation de fonctionnements existants. L'exercice d'une veille technologique répartie dans toute l'organisation et tirée par une vision commune deviendra primordial. Un réflexe difficile à acquérir. Il implique là encore une interaction entre les acteurs de la décision stratégique et ceux de l'innovation, pour que cette dernière soit enfin comprise comme un paramètre de la stratégie.

Quelques dirigeants, comme celui de Saint-Gobain, ont évoqué cette priorité : « *L'élément fondamental du dispositif est d'avoir dans l'entreprise un système qui permet une connaissance de ce qu'est la mutation technologique, et de l'intégrer rapidement dans le système de gestion global de la mutation de l'entreprise.* » Au-delà, Jean-Louis Beffa explique combien il est difficile d'exploiter cette veille technologique et de la transformer en opportunités pour son entreprise : « *Le véritable problème de la gestion de la mutation technologique est la transformation d'un système de repérage par guetteurs en un système engrangé sur le « core business » de la société. Nous avons des guetteurs intégrés dans un service dit de marketing industriel prospectif, qui sort tous les quinze jours une revue de presse mondiale sur la technologie.* »

« *L'organisation change en fonction des priorités,* témoigne aussi Frédéric Tiberghien. *A l'intérieur de la direction des systèmes d'information nous avons isolé le département Productique qui travaille sur les aspects de veille technologique, sur la structuration des outils de production autour de l'exploitation des systèmes d'information. Ses membres sont immergés dans l'exploitation mais ils ont en même temps un regard global, ils imaginent les outils du futur. Nous réfléchissons sur tous les sujets en même temps : le choix d'architecture de demain, la notion de back-up (rapprocher suffisamment nos sites pour les activer en travaillant en réseau), la méthodologie.* »

Les blocages de l'organisation hiérarchique

Avec les nouvelles compétences qu'elles devront développer, les organisations ne seront plus jamais comme avant. Et la conduite de leur transformation sera un immense défi pour nos dirigeants. Ils auront à « casser » ce qui subsiste de la prédominance de l'organisation hiérarchique. Car tout se passe comme si on ne parvenait pas à se dégager de modèles d'organisation du travail pourtant très généralement remis en cause aujourd'hui.

« *Les théories de l'organisation scientifique du travail ont beau avoir été abandonnées intellectuellement, elles restent sous-jacentes à la logique dominante,* pense ainsi le sociologue Michel Crozier. *On continue à raisonner comme si une seule rationalité pouvait exister, dont une bonne organisation des tâches et des circuits de décision pouvait assurer la mise en œuvre. Certes on admet que l'adaptation de l'individu au modèle sera influencée par des problèmes de relations humaines qu'on a le devoir de résoudre. Mais on n'arrive pas à concevoir que l'action humaine au sein de l'entreprise, comme toute organisation, ne se comprend que dans son contexte de relations d'influence et de pouvoir. C'est la structuration de ce contexte qui induit les mécanismes conditionnant le succès ou l'échec des efforts de renouveau.* »

Cette prise de conscience se renforce mais la dynamique reste insuffisante : « *La « méritocratie » est insuffisamment développée ; il faut sensibiliser les gens à la richesse qu'ils contribuent à créer dans leur carrière. La France doit trouver son propre modèle face aux grandes corporations anglo-saxonnes* », constate encore Dominique Brutin.

Tous nos dirigeants en conviennent sans en tirer pourtant toutes les conséquences : le modèle hiérarchique est un obstacle majeur à la transformation de l'entreprise et au développement de nouvelles compétences. Les nouvelles technologies vont en effet remettre en cause l'organisation verticale. « *En France il est clair que la technologie est source de démocratisation. Elle crée une relation moins hiérarchique. Ce qui nous fait peut-être peur à nous, dirigeants* », remarque Bernard Vergnes.

L'encadrement intermédiaire est sans doute le plus affecté par le déclin du modèle de management dont il était quasiment le rouage essentiel. « *Le top management achète vite, il comprend rapidement l'avantage pour l'entreprise. Le « terrain », lui, achète immédiatement car il ressent l'élévation possible des compétences. Seul le middle management refuse de s'impliquer car il pressent le déclin de son pouvoir* », explique Jean Schmitt.

L'individu est-il prêt à l'exercice de la liberté ?

Avec ou sans la participation de l'encadrement intermédiaire, la « démocratisation » de l'entreprise grâce aux nouvelles technologies est, comme tout processus d'émancipation, source à la fois d'efficacité collective et d'interrogations sur les nouvelles responsabilités des individus. « *Les gens avaient appris à obéir ; demain il va leur falloir apprendre à décider en utilisant les nouvelles technologies pour satisfaire leurs besoins d'information* », pense encore le président de SLP.

Les nouvelles technologies nous placent véritablement face à nos responsabilités. L'autonomie et la responsabilité auront un prix : « *Les nouvelles technologies de l'information et de la communication vont bouleverser le paysage (...). Le côté positif, c'est que l'individu sera beaucoup plus impliqué dans les décisions de l'entreprise. L'inconvénient : on ne pourra plus « se planquer » : l'infor-*

mation va tout suivre à la trace et tout dysfonctionnement sera immédiatement repéré », continue Jean Schmitt.

Beaucoup de nos dirigeants estiment très difficile à mettre en œuvre cette nouvelle liberté en entreprise. Il y a en effet dans toute organisation des règles qui à la fois contraignent et protègent, restreignent le champ des possibles et aménagent des zones de confort. « *L'homme a peur de la liberté et de la responsabilité croissantes qu'on lui donne à travers les systèmes d'information. Il a peur d'être libre car il a peur de lui-même* », déclare Francis Mer. « *Le problème sera la mutation humaine vers davantage d'autonomie* », diagnostique également Jean-Claude Seys. *Il faut faire en sorte que les hommes trouvent l'équilibre dans leur comportement envers leurs supérieurs et leurs subordonnés, pour donner à chacun l'espace d'autonomie et de liberté* ».

Comment changer ?

Que faut-il retirer de tous ces témoignages ? Les dirigeants interrogés mesurent avec beaucoup de lucidité le potentiel d'opportunités de cette nouvelle ère de l'information. Mais la difficulté et la profondeur des changements à conduire ne leur échappent pas pour autant. Ils conservent la maîtrise de certains des paramètres : investissements, alliances, évolution des compétences, motivation des hommes, flexibilité de l'organisation. Mais beaucoup d'éléments ne dépendent pas d'eux : contexte économique et réglementaire, compétences disponibles sur le marché du travail, infrastructures nationales.

Changer ? Beaucoup savent que le temps est venu où notre pays ne peut plus se retrancher derrière toutes les raisons du monde pour ne rien faire... même les bonnes. Notre époque est à un stade où l'agenda du changement s'impose de lui-même. Cet impératif ne s'accommode plus de spéculations sur ce qu'il aurait fallu faire. Aussi complexe que soit l'environnement, aussi profondes que soient les transformations induites par les nouvelles technologies, les enjeux de l'ère de la communication appellent les entreprises à se mettre en mouvement.

INVENTER LE TRAVAIL QUI VA AVEC

Bénéficier pleinement du potentiel des nouvelles technologies ? Oui, mais à condition d'avoir « l'entreprise qui va avec ». Intégrer les technologies dans l'entreprise, c'est s'attaquer d'abord aux futures situations de travail.

En révolutionnant l'information et la communication, les nouvelles technologies se rapprochent en effet singulièrement de l'activité humaine. Elles influencent les rôles, la culture, les jeux de pouvoir. Leur intégration dans le quotidien professionnel des individus n'en devient que plus complexe.

Quels outils pour quel travail demain ? Comment concevoir la contribution de l'outil lorsqu'on ne connaît pas la future situation de travail, qui risque d'ailleurs de se modifier à son contact ? Comment dès lors faire les bons choix ?

Les relations traditionnelles entre travail et systèmes d'information vivent leurs dernières heures. Il ne s'agira plus de calquer une technologie sur des fonctions existantes, mais d'anticiper le travail de demain en étudiant de front la technologie, les rôles et les compétences. D'utilisateurs de systèmes conçus « pour eux », les acteurs de l'entreprise deviendront co-concepteurs de leur situation de travail.

Ces enjeux réclament des méthodes radicalement novatrices. Voir, imaginer et mettre en scène le travail du futur seront les seules façons de se représenter la réalité vivante de l'entreprise, son fonctionnement et ses valeurs. Et de la reconstruire avec les nouvelles technologies.

La dure journée de Jean-Marc, télécommercial chez Micropower

Huit heures du matin. Jean-Marc prend le petit déjeuner avec ses enfants. Il savoure ce moment de détente dans sa maison située en pleine forêt, achetée en 2002 à son retour de Belgique. Trois ans ont passé depuis, pendant lesquels Jean-Marc est devenu « télécommercial » chez Micropower, une PME fabriquant des microprocesseurs pour les équipementiers du secteur de la grande distribution.

Pour Jean-Marc, bien choisir son « chez soi » était une priorité. Maintenant qu'il ne travaille plus au siège de Micropower, finis les bouchons du matin ! Sa maison se trouve dans un hameau, quelque part entre Chartres et Orléans. Grâce à une desserte locale par aérotrain, 20 minutes suffisent à Jean-Marc pour rejoindre le nouvel aéroport de Francair. Et l'autoroute, à quelques kilomètres à peine, lui permet de se rendre à ses rendez-vous dans toute la région Ile-de-France Ouest.

Que ferait-on sans Victor ?

Jean-Marc a installé son bureau au dernier étage, plein sud, face à la forêt où passent nonchalamment grands cervidés et sangliers. C'est un espace agréable, parfaitement isolé, qui n'empiète pas sur les autres parties de la maison consacrées aux loisirs et à la vie de famille. C'était d'ailleurs la seule solution compte tenu des enfants. Au moins maintenant, « lorsque papa est en haut, tout le monde sait qu'il travaille et qu'il ne faut pas le déranger ! »

Avant de commencer sa journée, Jean-Marc accompagne souvent ses enfants à l'école. Ensuite, il écoute sa messagerie. Depuis que Micropower a mis à la disposition de tous ses commerciaux des portables à téléphone intégré, les messages sont interprétés par la mémoire intelligente de l'ordinateur et classés par types de missions. Victor – c'est le surnom qu'a donné Jean-Marc à son « agent de tri » – sélectionne immédiatement les messages d'alerte. Ce matin, parmi 14 messages reçus, il lui propose en priorité celui de Bernard Auber qui se plaint du manque de fiabilité des paiements effectués avec les « self scanners » installés par Micropower. Jean-Marc le contacte et ils conviennent d'un déjeuner le jour même.

L'agenda électronique aussitôt remis à jour, les autres messages, moins urgents, sont traités à partir de son ordinateur portable. « Ce portable, c'est mon bureau volant, songe Jean-Marc. Sans lui... »

Les dossiers défilent : requêtes des clients, envois de devis automatisés, historique des problèmes de paiement, consultations en direct de l'état des stocks... Jean-Marc se rappelle fièrement qu'il a choisi lui-même les applications intégrées : l'agenda, un logiciel de prise de notes vocales en temps réel, le téléphone, l'émission et la réception de fax et l'antenne satellite miniaturisée. Il y a également introduit des éléments personnels comme la photo scannerisée de ses deux enfants qui apparaît à chaque nouvelle connexion, ou un système permettant à son épouse de lui laisser des messages vocaux.

« Devenez le partenaire de mes autres clients ! »

Après une heure de travail sur sa base de gestion-clients, Jean-Marc se rend à son premier rendez-vous avec un prospect important : Gilbert Tardeix, de l'entreprise Elitechno. Grâce à une gestion informatisée de ses rendez-vous aux heures à faible trafic routier, ses trajets en voiture sont rarement stressants. Sauf aujourd'hui où des travaux probablement décidés au dernier moment provoquent un bouchon en rase campagne. Pestant contre son ordinateur qui vient, un peu tard, de lui livrer l'information, il en profite pour dicter, par l'intermédiaire du Voiceprint, les termes d'une remise exceptionnelle qu'il a décidé d'accorder à un client, avant que son indispensable portable ne s'occupe du reste : mise en page, adressage, formule de politesse appropriée, émission par télécopie, archivage, mise à jour des bases de données au siège, planification dans l'agenda du rappel pour la confirmation.

Responsable d'une des équipes de conception de produits chez Elitechno, Gilbert Tardeix reçoit Jean-Marc chaleureusement.
« J'ai découvert vos réalisations sur Internet. Très impressionnant... Evidemment, sur site, on doit mieux se rendre compte.
- Nous programmerons une visite ensemble, répond Jean-Marc. Mais quelles sont les applications qui vous intéressent ?
- Allons droit au but. Je souhaiterais établir avec votre société un

partenariat pour commercialiser une machine de couponning électronique chez nos clients distributeurs. Vous fourniriez le « cœur intelligent » de la machine. Elle serait directement utilisée par les consommateurs pour calculer des promotions personnalisées. Vous savez faire, j'imagine ? »

Jean-Marc se connecte à la base d'assistance de Micropower pour établir un premier diagnostic de faisabilité du projet.

Marcus, un des techniciens disponibles, apparaît à l'écran. Dialogue à trois : « Je vois bien. L'approche est OK. On travaille sur un truc de ce genre avec Transtel International, un client qui cherche à dynamiser ce projet. »

Devant l'intérêt croissant de Tardeix, Jean-Marc prend les choses en main.
« Si vous devenez partenaire du réseau Micropower, vous pourrez avoir accès à la technologie de Transtel International. Chaque membre du réseau peut en effet valoriser, y compris financièrement, une technologie qu'il a déjà développée.
- C'est formidable, cette idée.
- Oh vous savez, nous ne sommes pas les seuls. Beaucoup de PME de la high tech travaillent de cette façon aujourd'hui. Et dans toute l'Europe des 24. »

Reconnaissance digitale et osso-bucco
Jean-Marc et Tardeix se mettent d'accord sur le principe d'une mise à disposition, par Micropower, de deux techniciens travaillant pendant la phase de conception avec les équipes d'études d'Elitechno. Comme toujours dans ces cas-là, Jean-Marc devra rapidement prévoir et animer une réunion de lancement avec tous les intervenants. Prochaine étape : mettre au point un système tarifaire tenant compte, d'une part, de l'apport de Transtel International et du réseau Micropower au projet d'Elitechno, d'autre part, du chiffre d'affaires réalisable par Elitechno chez ses clients distributeurs. Ce rôle d'ingénieur d'affaires et d'animateur d'équipes plaît décidément de plus en plus à Jean-Marc.

Sur le chemin de Chez Mario, une trattoria où il doit déjeuner avec Auber – un nouveau client qu'il a décroché il y a 4 mois –, notre télécommercial prend connaissance d'une synthèse de commentaires transmis par le terrain sur la fiabilité des caisses enregistreuses équipées de « self scanners ». De nombreuses erreurs sur l'identité des clients ont été observées malgré la généralisation récente d'un système de reconnaissance digitale. Diagnostic : micro processeurs défectueux.

Auber l'attend. A peine la commande passée, Jean-Marc compare avec lui, le portable grand ouvert sur la table, les taux de défaillance relevés par le système de télésurveillance à ceux initialement prévus dans le contrat. Guère brillant. Notamment pour les caisses des distributeurs de la région Nord. Jean-Marc s'engage à atteindre sous un mois les objectifs fixés dans le contrat initial. Pendant qu'Auber, un peu plus détendu, attaque un osso-bucco pas du tout virtuel, Jean-Marc propose de revoir le contrat en fonction des résultats : la rémunération de Micropower diminuera jusqu'à obtention du niveau de performance prévu. Banco. « Etre partenaires oblige à trouver en commun des solutions », conclut-il en souriant.

Chouchouter les clients, surtout les plus rentables

Un dernier rendez-vous de « revue qualité » avec son plus ancien partenaire – visite de routine, certes, mais toujours utile pour entretenir la coopération avec son client – et Jean-Marc est de retour chez lui, juste à temps pour le goûter des enfants. Il lui reste une heure avant la visioconférence qu'il doit donner sur la préparation d'un « événement clients ». Il se donne 30 minutes pour jouer au Starsoccer avec ses enfants avant de mettre au point son agenda de la semaine suivante.

Mais une chute du petit dernier chamboule cette belle organisation. L'agenda passera plus tard. Dommage, Jean-Marc, en homme organisé, aime cette séance un peu introspective à laquelle il se livre chaque jour. Et qui a son importance. C'est là qu'il visualise ses tableaux de bord sur la rentabilité globale de ses clients. Actualisés en permanence, ils servent de base à sa rémunération et lui indiquent les clients qu'il doit chouchouter. Les rendez-vous de « revue qualité » seront organisés prioritairement avec eux ; les indicateurs de performance : service, délai ou coûts y seront regardés à la loupe. C'est aussi à ce moment qu'il met au point ses « contacts prospects », ses réunions d'équipe, sans oublier ses activités personnelles pour lesquelles il se donne des plages de liberté : l'Association de défense des ours des Pyrénées, son dada, un jogging ou une balade en forêt avec ses enfants... Et une bonne dose d'improvisation : sa femme a souvent été agréablement surprise par des sorties au théâtre en pleine semaine...

Jean-Marc attrape en catastrophe la visioconférence en renouant sa cravate. Il s'agit de faire le point à un mois d'un « événement clients » qui permettra à ces derniers de visiter la grande surface de l'an 2020. Les espaces virtuels, les démonstrations Micropower ainsi que le partenariat avec les membres du réseau doivent apparaître clairement. L'écran de Jean-Marc se divise en deux. D'un côté le responsable du marketing qui anime la réunion et de l'autre, les collègues de Jean-Marc. La logistique signale qu'un espace de démonstration ne peut être disponible. Le responsable du marketing s'empourpre. Suit une longue discussion difficilement audible, la télétransmission des voix se brouillant lorsque tout le monde veut parler en même temps.

Deux chefs d'orchestre pour une symphonie

Jean-Marc finit par trouver une solution. Il propose également d'associer Tardeix et d'intégrer la maquette de la machine à couponing à l'intérieur de l'espace virtuel. La feuille de route de chacun définie, un prochain rendez-vous est fixé. Il est 17 h 45. Jean-Marc traite quelques dossiers clients sur son portable en songeant que ces téléconférences sont finalement très utiles quand on sait à quel point le marketing et la logistique se détestent. Au moins ils n'en viendront pas aux mains !

C'est l'heure d'attraper son avion pour Strasbourg. Demain, séminaire de formation en Alsace. Et dans l'avion, Jean-Marc trouvera cette fameuse demi-heure pour mettre au point son agenda !

En lisant la presse à bord, il tombe par hasard sur un article concernant le marché des microprocesseurs en Europe Centrale. Des informations utiles au moment où Micropower envisage de se développer à l'étranger. Jean-Marc branche aussitôt son « convertor » qui transcrit automatiquement le texte lu à haute voix à la base de données « Informations générales Micropower ». Pourvu qu'il ne soit pas trop enroué après le coup de froid de la semaine dernière...

Ce séminaire d'équipe à Strasbourg, Jean-Marc l'attendait depuis deux mois. Il apprécie l'ambiance de ces journées en milieu de semaine. Rencontres avec les collègues, discussions animées... Complétant les réunions hebdomadaires, ces séminaires ont pour vocation le meilleur partage du savoir-faire et une plus forte participation des commerciaux aux grandes orientations de Micropower en matière d'investissements. Au programme de ce soir : une symphonie de Beethoven dirigée successivement par deux chefs d'orchestre différents. Peu mélomane, Jean-Marc a toujours éprouvé des difficultés à apprécier la musique classique, trop conventionnelle à ses yeux et laissant peu de place à l'improvisation. Il est donc surpris de constater combien il est facile de faire passer deux émotions différentes à partir d'une même partition. Il comprend alors mieux le rapport entre cette soirée d'introduction et le programme du lendemain : « Comment développer, sur la base d'offres standardisées, des contrats de partenariat originaux en misant sur la personnalité, la motivation et les jeux de pouvoir de nos prospects ? » La direction de Micropower ne manque pas d'imagination !

Intégrer les nouvelles technologies dans l'entreprise

Une journée comme celle de Jean-Marc deviendra-t-elle réalité ? Peu importe. Cette scène imaginaire a surtout l'intérêt de mettre l'accent sur les problématiques d'investissement dans les nouvelles technologies.

Comment travaillera-t-on demain ? Que faut-il automatiser et avec quel degré de sophistication ? Quelle doit être la répartition des rôles entre l'homme et la machine ? Faut-il choisir la technologie qui optimisera le travail ou, à l'inverse, repenser le travail en fonction des technologies en émergence ?

Beaucoup de dirigeants d'entreprises se posent ces questions. Andersen Consulting organise des séminaires d'une journée où des équipes dirigeantes européennes expérimentent, en grandeur réelle, le fonctionnement d'une entreprise ayant cherché à tirer le parti maximum des nouvelles technologies de communication. Ce programme, baptisé Davinci, a demandé 6 mois de préparation, un investissement de 50 millions de francs et la participation d'Intel, Bay Networks, MCI Corporation, SAP AG, AT&T Global Information Solutions, Compaq, Hewlett Packard, Intergraph et Sequent Computer Systems.

D'ores et déjà, 200 dirigeants ont participé à ce programme. Tous ont été très surpris : « *Je ne pensais pas que l'on pouvait fonctionner de cette manière aujourd'hui. La qualité du travail, la motivation et l'enrichissement des tâches sont très prometteurs. Le potentiel d'efficacité est énorme.* » A noter que les technologies présentées sont déjà toutes opérationnelles ; simplement, très peu d'entreprises les utilisent simultanément ! « *Mon entreprise n'est pas encore prête à fonctionner de cette manière* », explique-t-on. « *Les changements de compétences et d'habitudes qui paraissent nécessaires sont très significatifs.* » Ou encore : « *Demain, je pourrais avoir l'outil mais malheureusement je n'aurai pas l'entreprise qui va avec.* »

Intégrer les nouvelles technologies dans l'entreprise n'est pas un problème simple. Et beaucoup s'y échinent depuis longtemps, comme en témoigne une étude récente, dont les résultats sont suffisamment désastreux pour qu'elle ait été baptisée… Chaos Report !

Le formidable gâchis des projets informatiques

Menée en 1995 par le Standish Group auprès de 365 directeurs de systèmes d'information américains, elle dévoile des chiffres incroyables : 31 % des projets informatiques sont annulés avant même d'avoir été achevés ! Cette même année, 81 milliards de dollars auraient été dépensés par les entreprises et les administrations pour des projets d'applications finalement abandonnés...

Le directeur des services informatiques d'un hôpital américain explique ainsi l'échec d'un nouveau système : « *Notre problème principal a toujours été de faire un arbitrage entre les différentes priorités. Nous venons d'entamer une réorganisation. Et cela va mobiliser toutes nos ressources. Cependant, il est difficile d'expliquer aux patrons qu'il est impossible que le temps consacré à cette réorganisation le soit aussi au projet informatique et que nous avons besoin de six mois supplémentaires !»* Un de ses confrères renchérit : *« Transformations, changements ; voilà les vrais tueurs ! »*

Ces témoignages montrent à quel point la complexité des problèmes est sous-évaluée. Un changement d'organisation et la mise en place d'un nouveau système d'information sont des projets étroitement dépendants l'un de l'autre. Il ne s'agit plus de mener le premier, puis le second, mais les deux de front, pour renforcer leur contribution au succès de l'entreprise.

Beaucoup de projets d'intégration de nouvelles technologies manquent singulièrement de réflexion sur les changements qu'elles provoquent. La place de l'outil dans le travail, le rôle des individus dans l'entreprise sont insuffisamment analysés. D'ailleurs, 60 % des directeurs de systèmes d'information interrogés estiment que les échecs qu'ils rencontrent sont dus à une prise en compte insuffisante des besoins et à un manque d'implication des utilisateurs.

Le débat homme/machine : les leçons du passé

A leur décharge, force est de constater que l'évolution des technologies d'information et de communication bouleverse les pratiques existantes en matière d'informatisation.

Au début de leur histoire, les technologies de l'information et de la communication ont été appréhendées par analogie avec les machines de l'ère industrielle.
Récemment encore, les entreprises cherchaient à distinguer ce qui était « automatisable » de ce qui ne l'était pas. A l'instar de la machine qui, dans l'usine, prend en charge certaines tâches du travail, l'informatique était comprise comme un moyen de faire plus et plus vite que l'homme auquel elle se substituait.
Cette logique a été appliquée en premier lieu dans les activités de support : administration, comptabilité, tenue des stocks... Les fonctions de l'entreprise ont fait l'objet de démarches d'informa-

tisation calquées sur les automatisations déployées dans l'industrie. L'analogie n'était d'ailleurs pas dénuée de sens : le caractère répétitif de certaines tâches justifiait un traitement standard. L'automatisation était ainsi soumise à une logique économique d'arbitrage homme/système sur le modèle de l'arbitrage homme/machine, la décision d'investissement résultant d'une mise en équation des coûts comparés du travail et de l'informatisation.

La portée de l'informatisation et l'étendue des tâches relayées par le système d'information dépendaient de la frontière entre ce qui paraissait automatisable et ce qui, souvent pour des raisons uniquement techniques, ne pouvait être pris en charge par le système : une logique de remplacement de l'homme par la technologie plutôt que l'inverse.

Remettre la machine à sa place

Cette mise en équation des coûts du travail et de l'investissement informatique a très longtemps tourné au seul avantage de la machine. La démarche était même un temps devenue systématique : il est plus efficient « économiquement » de substituer une machine à des hommes.

Mais à l'instar des évolutions observées dans le domaine industriel cette certitude est dorénavant battue en brèche. L'outil est-il *in fine* moins cher que l'homme qu'il pourrait remplacer, si l'on considère non seulement son coût direct mais aussi les dysfonctionnements qu'il peut engendrer dans l'entreprise ? Est-il plus fiable, plus disponible ? Vingt ans d'expériences ont relativisé les choix extrêmes.

L'usine Fiat de Cassino : l'échec du tout-robotique [1]

Malgré ses 450 robots pilotés par ordinateur, l'usine Fiat de Cassino (Italie) n'a jamais atteint ses objectifs de productivité... et encore moins ses objectifs de qualité. Car si les robots coûtaient moins cher en production, les frais de maintenance ont explosé et la qualité de service a largement diminué. Un exemple qui a servi de leçon : la part de l'automatisation a reculé chez la plupart des constructeurs automobiles européens. Chez Renault, le degré d'automatisation de l'atelier tôlerie est ainsi passé de près de 95 % pour la Safrane à 65 % environ pour la Laguna.

Les 20 années d'histoire de l'informatique transactionnelle ont entamé cette certitude et introduit dans cette équation de nouveaux paramètres : coûts parfois considérables de la maintenance, de la non qualité, de la perte de souplesse ou des capacités d'adaptation qui grèvent l'investissement initial. La sophistication du matériel accroît en outre l'écart entre la performance nominale d'un matériel informatique, d'un logiciel, et le niveau réel de son utilisation. L'éviction de l'homme n'est plus « économiquement » acquise. L'automatisation et l'informatisation ne sont pas la panacée.

La seule considération de l'économiquement pertinent et du techniquement possible a vécu. La validité de l'équation économique de l'automatisation est revue au fur et à mesure que se précisent les paramètres de l'investissement. La transformation de la notion de travail par les technologies de l'information rend progressivement caduques les approches de substitution de la machine ou du système à l'individu.

L'homme au centre

En effet, trois niveaux d'informatiques différentes cœxistent dans la révolution technologique actuelle : l'informatique qui automatise les processus de gestion avec des fonctions de calcul et de transaction, celle qui supporte les communications et gère les réseaux, celle enfin qui manipule la connaissance en faisant appel aux sciences cognitives, au travail coopératif et aux approches décisionnelles.

Dans le cadre classique de l'informatique de gestion, le système gère les opérations courantes : la production s'oppose à la création et le répétitif à l'aléatoire. Mais de plus en plus l'informatique aidera et complétera l'échange d'informations, le partage des savoirs, la transmission d'expertise et la prise de décision. Or l'homme est au centre de ces fonctions. D'où la nécessité d'avoir un outil qui s'intègre efficacement à son travail, et surtout enrichisse sa propre valeur. Cette capacité d'intégration fera partie intégrante de l'évaluation des performances du couple homme-machine et de leur osmose, redéfinissant les critères d'évaluation du retour sur investissement.

Valoriser le sens du travail

L'histoire des systèmes d'information a fait mûrir l'idée selon laquelle l'informatisation n'est pas qu'une affaire de coûts : l'analyse de la valeur des tâches à automatiser ou à informatiser devient fondamentale. Juger de la valeur d'une activité pour décider de son éventuelle prise en charge par une machine ou un système ne consiste plus à distinguer ce qui serait dans la vocation humaine (les tâches « nobles », les choses de l'esprit) de ce qui serait « inférieur » (la production, le standardisable...). C'est, dans leur globalité, la place et l'épanouissement de l'homme dans son travail qui sont à reconsidérer.

Sur ce point, les analyses d'Yves Clot, psychologue du travail et ergonome, et des équipes du CNAM sont très précieuses. Paradoxalement, beaucoup de tâches prétendument « inférieures » resteront sans doute exécutées par des êtres humains. Parce que beaucoup d'entreprises ont déjà compris que le « tout robotique » est une grande illusion. Parce que l'exécution d'une tâche simple est souvent la meilleure façon de former quelqu'un d'inexpérimenté, avant de le faire progresser vers des missions plus complexes. Parce que plus prosaïquement une tâche simple, si elle s'inscrit dans un travail suffisamment varié, est pour beaucoup d'entre nous une parenthèse, une respiration qui favorise le recul et la réflexion. Parce qu'enfin le sens accordé à telle ou telle activité dépend surtout des individus.

Un nécessaire dosage

La grille de lecture qui croise l'avantage économique et le sens perçu de l'activité remet l'homme au centre du débat sur l'informatisation.

Une activité à laquelle l'homme prête du sens et dont l'automatisation entraînerait peu d'avantages économiques reste naturellement hors du champ de l'informatisation.

Les tâches nécrosées – celles pour lesquelles l'homme recherche déjà naturellement, même sans outil, un certain automatisme – font l'objet d'une prise en charge par la machine la plus complète possible.

**LA DÉCISION D'INFORMATISATION :
UN DOSAGE HOMME/OUTIL**

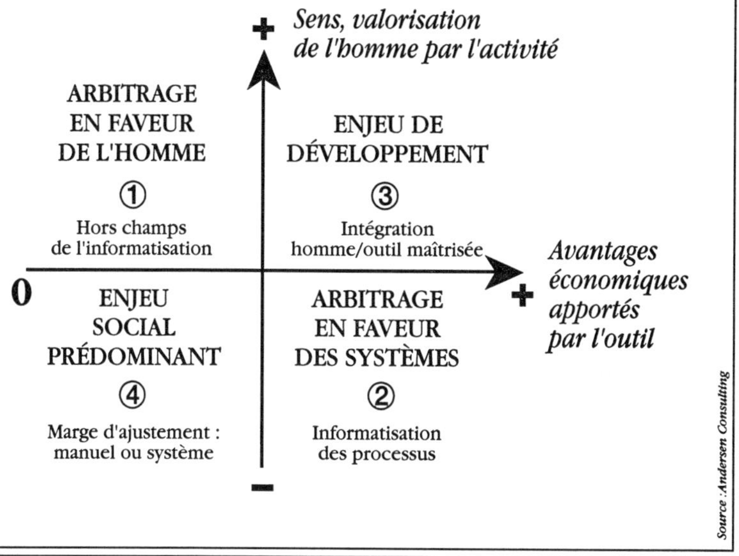

En revanche, les tâches qui ont beaucoup de sens, mais où l'aide de l'outil peut être décisive sur le plan économique, nécessitent une attention toute particulière lors de la prise de décision d'informatisation et des phases de conception des situations de travail. D'autant plus que l'essentiel des activités concernées par les nouvelles technologies de l'information entrent dans ce cas de figure. En normalisant les activités, leur arrivée peut-elle brider la créativité individuelle ? Les dirigeants devront comprendre en profondeur ce qui représente la richesse et la capacité d'innovation d'un service, voire de toute l'entreprise, avant de décider d'une informatisation !

Meteor : le métro sans conducteur n'aura jamais autant besoin des êtres humains

Meteor, la 14e ligne du métro parisien sera « automatique » ou plus exactement « sans conducteur », précise Yves Clot dans *Le Travail sans l'homme ?*[2] L'intervention humaine y sera importante : des « régulateurs » se trouvant dans le poste de commande central assumeront en effet les mêmes fonctions que le conducteur. *« Les voilà en situation, surtout en cas d'incident, de devoir « parler » aux usagers par téléaffichage et par télésonorisation. Les voilà aussi en position d'être l'une des composantes du collectif de travail incorporant le personnel présent sur le terrain, au contact direct des voyageurs, lesquels, de fait, sont appelés également à jouer un rôle dans la gestion des incidents. Si l'on ajoute à cette description le fait que, au-delà de 15 minutes, tout le personnel devra se montrer capable de « reprendre le train en manuel » pour conserver la disponibilité et la qualité de service en temps réel, on mesure à quel point il est juste d'affirmer, comme le faisait notre interlocuteur de la RATP, que « chaque agent doit pouvoir conduire » ce nouveau métro. »*

Similaire est la question posée par une tâche dont la valeur perçue est faible et dont l'avantage à l'automatiser est peu déterminant. Faut-il dans ce cas prendre le risque de conséquences à court terme sur l'emploi ? Probablement pas.

Ce type d'analyse modifie notablement la façon de prendre une décision d'informatisation. Réactivité accrue de l'entreprise, potentiel de créativité libéré chez les opérationnels, flexibilité dans les situations de travail, intégration continue des progrès technologiques, contribution à la politique sociale : autant de critères à considérer en complément de la donnée brute de la productivité dégagée, autant de critères qui contribueront à repositionner, au sein de l'entreprise digitale, la technologie à un niveau stratégique.

De nouvelles dimensions pour les décisions d'investissement

Au-delà d'une efficacité économique supplémentaire, les nouvelles technologies de l'information sont également une source d'accroissement de la valeur ajoutée des entreprises. Elles constituent un avantage stratégique potentiel. Dans les précédents chapitres nous avons vu comment Internet, par exemple, permet de lancer un produit sans passer par un canal de distribution existant. Une technologie comme l'ECR, l'Efficient Consumer Response de la grande distribution, autorise les entreprises à ajuster en temps réel leurs commandes et les niveaux de stocks. Ces nouvelles capacités rendent caduc lors des décisions d'investissement le traditionnel arbitrage entre le montant de l'investissement et les réductions de coûts qu'il permet de réaliser.

Mais surtout ces technologies sont porteuses de nouvelles façons de travailler collectivement. Elles contribuent à redessiner l'entreprise : outils de communication en réseau, de partage de l'information et du savoir, de travail en équipes multidisciplinaires et disséminées. Les décisions d'investissement sur les nouvelles technologies expriment une volonté d'accélérer vers les nouvelles formes de travail et l'entreprise de demain.

Créer son propre travail

Comment concrétiser ce potentiel des nouvelles technologies à façonner l'entreprise digitale ?

Comment réussir une articulation homme/machine qui soit valorisée et entièrement maîtrisée par les individus concernés ? Comment s'assurer que le futur outil sera au service de la réalité du travail de demain et pas seulement du rêve de ses concepteurs ?

La situation de travail au cœur de la réflexion

La multiplication des rôles et l'éclatement de la traditionnelle fonction rend en effet le travail de plus en plus complexe. Selon Pierre Rabardel, psychologue du travail et ergonome, spécialiste des relations homme/machine : « *On connaît souvent bien les processus mais mal le travail. Les bonnes intentions des entreprises échouent sur une connaissance imparfaite de ce qu'est justement cette continuité du travail. Dans la mesure où comprendre le travail est complexe, on choisit le plus souvent de l'approcher par les processus qui sont plus faciles à appréhender.* »

L'essence et la finalité de la situation de travail, sa signification pour les équipes et les individus, sa place dans les modes d'organisation et de fonctionnement, ses critères d'efficacité, sont très fréquemment mal connus. Cette méconnaissance est à l'origine de mauvais choix technologiques et d'erreurs grossières dans la conception des outils, risquant ainsi de dénaturer le travail, de rendre incohérentes les différentes activités et de limiter les possibilités de développement des compétences de chacun.

L'approche fonctionnelle, qui décortique analytiquement les processus, va céder la place à une approche par situation : elle s'attache à identifier la réalité des situations de travail, à comprendre les savoir-faire et leur mode d'acquisition, le lieu et le contexte dans lesquels ils s'inscrivent, les liens entre acteurs, le sentiment de fierté et le sens qui y sont rattachés... Bref, une approche globale, intégrante, et non analytique ou parcellisante.

LES ÉLÉMENTS DE LA PERFORMANCE DE L'HOMME DANS SA SITUATION DE TRAVAIL

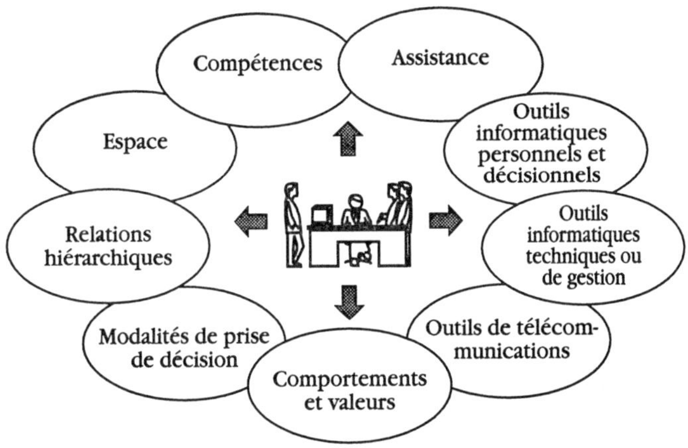

Source : Andersen Consulting

Formaliser la situation de travail, exercice impossible ?
Comment se représenter la situation de travail future pour en appréhender toute la complexité ?

Un premier réflexe consisterait à décrire ses différents constituants : la fiche de mission des collaborateurs concernés, la liste des compétences nécessaires, les fonctionnalités des systèmes d'information utilisés dans cette situation, le manuel des procédures, etc.

Ceux qui ont déjà pratiqué cet exercice savent avec quelle pauvreté il restitue la réalité du terrain. Combien de manuels de procédures n'ont jamais été ouverts par les intéressés ? La seule lecture du mode d'emploi d'un magnétoscope nous laisse déjà songeurs !

Ce mode de description par segmentation présente en effet de sérieux inconvénients. Car chacun des composants identifiés n'a d'intérêt que dans ses interactions avec les autres. Les individus jugent toujours un changement globalement et c'est d'ailleurs ainsi qu'ils le reçoivent. Ils ne cherchent pas à analyser comment un nouvel outil peut les aider à mieux rechercher ou à traiter l'information, mais plutôt à comprendre comment leur travail quotidien va s'en trouver modifié. Ils essaient d'imaginer l'évolution de leur métier, de leur rôle et de leur vie dans l'entreprise. Or cet avenir-là entre difficilement dans une bible de savoir-faire !

Réinvestir le domaine du visuel, du sensoriel et de l'émotionnel

Un individu au travail représente une réalité vivante qui s'accommode mal de formalisme. Les mots, les concepts, les schémas de flux d'information, ou autres « modèles de données » qui formalisent un système d'information, ne suffisent pas à décrire cette complexité que montrent si bien les sciences de la vie et de la nature. Et plus l'outil se rapproche de la vie, plus le formaliser devient un exercice frustrant et réducteur.

Les mots ont beaucoup de désavantages : de nombreuses guerres sont sémantiques, comme disait l'un des généraux de Napoléon. Les individus se battent souvent sur des mots, derrière lesquels ils mettent des contenus très différents, en fonction de leurs expériences et surtout de leurs points de vue sur les problèmes. Ecoutons la fameuse histoire des trois aveugles qui rencontrent un éléphant. « C'est grand et c'est rugueux comme un tapis » dit l'un, attrapant l'oreille de l'animal. « Non, c'est un grand tuyau » affirme le second en tenant la trompe. Et le troisième, s'agrippant à une patte : « C'est puissant et dur comme la colonne d'un temple. » Ces trois aveugles sont-ils très différents des responsables de production, de marketing et de recherche d'une entreprise ? [3]

L'une des manières de lutter contre l'ambiguïté du formalisme écrit est de le compléter avec des images, des sensations, du mouvement, des émotions. Afin de mobiliser l'homme tout entier, avec non seulement sa tête mais aussi, selon la formule de Jean-Marie Descarpentries, « son cœur et ses tripes ». Et afin de lui représenter, d'une manière vivante voire spectaculaire, comment il travaillera demain. Pourquoi notre future façon de travailler serait-elle conçue par notre seul cerveau gauche, siège du rationnel, alors que nous réagissons la plupart du temps avec notre cerveau droit, siège de nos émotions ?

Notre conscience du monde est multimédia

Faut-il rappeler que notre mémoire et notre imagination, notre façon même de percevoir le monde sont aussi multimédias ? ! » Selon Roger Mucchielli, spécialiste de l'apprentissage des adultes, nous retenons en moyenne : 10 % de ce que nous lisons, 20 % de ce que nous entendons, 30 % de ce que nous voyons, 50 % de ce que nous voyons et entendons, 80 % de ce que nous disons, et... 90 % de ce que nous disons et faisons au même moment.

Nous proposons de retenir la leçon... et de mettre l'homme en position d'acteur et mieux même de créateur de son travail de demain en lui faisant imaginer et jouer les situations de travail et les scènes de sa vie future. Des scènes vivantes...

Des scènes vivantes comme au cinéma ou au théâtre, qui matérialisent simplement la complexité de la situation de travail : l'ensemble des processus, des rôles, des compétences, l'influence des systèmes d'information, de l'environnement de travail, des relations avec les autres, mais aussi les émotions, les dysfonctionnements, les incidents ou le stress ! Voilà bien l'antidote aux volumineux dossiers d'analyse fonctionnelle dont la véritable signification n'est souvent comprise que bien trop tard, lorsque l'outil se retrouve dans les mains des « utilisateurs ». Ces situations mises en scène deviennent un langage commun, et permettent enfin aux « utilisateurs » (ce mot devenant obsolète !) de concevoir et de choisir la forme future de leur travail.

Utopie ? Pas du tout. Les technologies de mise en scène existent et sont utilisées par des entreprises qui ont compris le potentiel d'environnements de travail performants, articulant au mieux l'homme et les technologies de l'information.

Simuler pour imaginer le futur

Ce nouveau rôle de co-créateur transforme le dialogue avec les concepteurs d'outils mais ne le rend pas simple pour autant. Malgré la faculté des opérationnels à trouver des solutions pragmatiques aux problèmes quotidiens de l'entreprise, ces derniers sont souvent très mal à l'aise pour imaginer et exprimer leurs besoins. Comme le dit Michel Crozier : *« Les individus ne savent pas vraiment ce qu'ils veulent; ils savent ce dont ils ne veulent pas. »* Ajoutons qu'ils savent reconnaître ce qu'ils veulent quand on le leur montre ! Constatation que nous avons tous pu faire, quand il s'est agit, par exemple, de décrire la maison de nos rêves, les vacances idéales ou... la situation de travail parfaite.

La simulation au secours de l'acheteur de Volvo

Volvo est réputé pour son offre pléthorique d'options. Au traditionnel choix de moteurs, de couleurs de carrosserie et de revêtements intérieurs s'ajoutent la forme des jantes, les coloris du tableau de bord et de ses matériaux, la forme du volant ou du levier de vitesse... Un véritable casse-tête pour le futur client !

Afin d'assister celui-ci dans le choix du véhicule de ses rêves, Volvo met à sa disposition un logiciel lui permettant de personnaliser par touches successives son véhicule et de visualiser la combinaison de tous les paramètres ; il peut ainsi comparer l'accord des différents agencements et avoir le plaisir de découvrir par avance sa nouvelle voiture. Le meilleur moyen de réconcilier Madame et Monsieur, au moment du choix !

Un opérationnel, quel que soit son niveau, est plus habitué à gérer les situations caractéristiques de son travail qu'à conceptualiser les fonctionnalités attendues d'un système d'information : mieux vaut le mettre en position de réagir par rapport à une représentation concrète de son futur travail.

Faites lire à votre entourage le récit de la journée imaginaire de notre télécommercial. Personne n'y verra la même chose : certains seront enthousiasmés, d'autres effrayés ou consternés ! Mais tous réagiront et prendront position.

Les techniques de simulation ont cette vertu : elles font réagir ceux qui y participent. Ces réactions sont très fructueuses parce qu'elles marquent les esprits, ouvrent des horizons nouveaux, dissipent certains blocages et rendent les utilisateurs co-auteurs de leurs méthodes de travail.

Se concentrer sur les moments de vérité

La réalité future ne sera bien sûr pas appréhendée dans ses moindres détails. L'exhaustivité, si elle peut paraître rassurante, est en fait dangereuse : viser une impossible perfection ne donne que des prétextes pour repousser sans cesse les décisions nécessaires.

Il ne s'agit pas de simuler la totalité des situations de travail futures, mais de se concentrer sur l'essentiel, ces « moments de vérité », comme les appelait Jan Carlzon, le président de SAS, qui mettent le mieux en scène les points clés du changement. Les acteurs de l'entreprise complètent par eux-mêmes en procédant par analogie. Un peu comme au cinéma, lorsque le spectateur reconstitue l'ensemble de l'histoire à partir de la succession des scènes ; ou comme dans ces tableaux impressionnistes, qui transmettent des ambiances, des formes et des lumières en faisant travailler les sens et l'imaginaire.

Dans les « simulateurs du futur » ou « laboratoires d'évaluation » se jouent les situations les plus difficiles, celles qui induisent de nouveaux comportements. Les scènes de vie sont ainsi construites et validées, et les moments importants à améliorer rapidement repérés.

EDF GDF SERVICES : l'accueil client en simulateur

EDF GDF SERVICES a fait appel à Andersen Consulting pour le remplacement de son système informatique de gestion clientèle et commerciale. Un enjeu énorme : « Quand on s'engage sur la qua-

lité de service et qu'on s'appelle EDF GDF SERVICES, cela concerne 28 millions de clients. On n'a pas droit à l'erreur pour remplacer une application informatique vieille de 20 ans », explique l'un des responsables du projet Optimia.

Le nouveau système informatique devait permettre de traiter les demandes des clients au téléphone en 3 minutes en moyenne, tout en faisant de ces 3 minutes un moment de forte valeur ajoutée : connaissance fine des besoins, conseil en temps réel, suivi de la relation commerciale, professionnalisme.

Dès qu'un premier prototype du futur logiciel a été disponible, une phase de mise en situation avec des évaluateurs volontaires, représentatifs du terrain a été menée dans un simulateur. Il s'agissait de reproduire la situation de travail des agents d'accueil : nouveau logiciel, téléphone, succession de vrais clients et de faux clients posant des problèmes inattendus...

Les concepteurs informatiques, pédagogues, ergonomes, architectes techniques, et responsables des plateaux d'accueil des clients se sont retrouvés derrière une vitre sans tain. Ils ont ainsi observé, enregistré et disséqué en temps réel les incidents du logiciel, les hésitations de l'évaluateur, les erreurs, les pertes de temps. Lors du « débriefing » des trois premières séances, 250 améliorations ont été suggérées... par les évaluateurs eux-mêmes !

Une approche par zooms successifs

Comme dans tout dialogue, le cycle de conception et de développement d'un système d'information s'organise désormais en étapes itératives. L'objectif est de converger vers la réalité la plus performante, en procédant par zooms successifs avec tous ceux qui contribuent à construire des situations de travail. Des prototypes peuvent ainsi être rapidement développés pour être critiqués et enrichis. Ce sont des maquettes de situation et pas seulement des embryons de système : car l'objet à réussir n'est pas un système, mais un travail efficace !

Ces phases de conception récurrentes correspondent d'ailleurs à la réalité d'un travail en évolution permanente, qui exige une conception initiale débouchant de plus en plus vite sur une phase de maintenance continue. Cette accélération est largement facilitée par la révolution qu'a vécue l'informatique ces dix dernières années.

L'informatique centralisée, celle des grands systèmes, maintenait l'utilisateur dans le respect passif des procédures. L'explosion de la micro-informatique lui a redonné le pouvoir en le rendant plus autonome et beaucoup plus exigeant. Les architectures client/serveur ont permis de concilier la capacité de traitement et la sécurité des données de l'informatique centralisée avec la flexibilité, l'interactivité et surtout la simplicité des micro-ordinateurs et des réseaux. Elle permettent aussi d'adapter la partie immergée (traitements centraux, données communes...) aux attentes d'ergonomie et d'interface de l'utilisateur, sans remettre en cause l'ensemble des traitements.

Le Rapid Application Development (RAD), par exemple, a été mis au point aux États-Unis au début des années quatre-vingt-dix et permet à la fois de réduire le temps de conception et de mieux maîtriser la complexité des situations de travail. La méthode consiste en une succession d'ateliers de plusieurs journées où les utilisateurs vont s'exprimer, puis faire évoluer directement avec l'informaticien les prototypes des différents modules.

Dans le cas de systèmes d'information à base de progiciel, la méthode RAD et le laboratoire d'évaluation permettent de mieux réussir le mariage de l'outil standard et des spécificités de l'organisation. Le progiciel devient le point de départ de la réflexion sur les méthodes de travail. Le laboratoire d'évaluation permet de vérifier que les objectifs de performance et de valeur ajoutée sont réellement atteints.

L'intérêt de telles méthodes réside dans la capacité des développeurs à fournir aux opérationnels des outils informatiques en temps quasi réel. Le juste-à-temps fait son entrée dans la conception des systèmes d'information !

La technologie mise en concurrence

Ces nouvelles méthodes de développement présentent également l'avantage de promouvoir la constitution d'équipes pluridisciplinaires. Derrière la glace sans tain du laboratoire d'évaluation se trouvent des responsables opérationnels, des formateurs, des concepteurs de systèmes, des architectes de lieux de travail, des ergonomes... La confrontation de leurs points de vue établit une saine émulation entre les différentes améliorations possibles : sophistication du système d'information, renforcement de l'assistance à fournir, changement des modes d'organisation et de fixation d'objectifs, accès facilité à l'expertise, développement des compétences... Autant de solutions dont l'efficacité et le coût doivent être mesurés, mais qui, pour certaines, identifient les vrais leviers de la qualité et fournissent d'excellentes alternatives à la technologie elle-même.

Jouer sur le bon levier est en effet essentiel. Il suffira parfois d'optimiser l'environnement plutôt que d'investir dans la technologie. C'est tout le principe du « trim tab » d'un pétrolier. Pour virer, le tanker doit bien entendu utiliser son gouvernail, mais sa dimension impose un gouvernail à sa mesure. Les moteurs nécessaires pour l'actionner auraient été d'une puissance considérable si le génie des ingénieurs n'avait imaginé de placer à son bout un petit gouvernail, le trim tab, qui, en fonctionnant en sens inverse, aide le grand gouvernail à pivoter sur lui-même !

De l'utilité des « bouts de ficelle »

Une entreprise de service souhaitait mieux connaître les caractéristiques de sa clientèle afin de lui proposer éventuellement des prestations de conseil simple en temps réel. Elle a d'abord envisagé d'équiper les techniciens d'intervention en portables destinés à saisir chez le client les informations disponibles. Cette solution supposait une évolution profonde de leur métier et risquait de provoquer de fortes réticences...

L'idée du portable fut provisoirement abandonnée mais il fut décidé d'ajouter, sur la feuille d'intervention technique, un espace où inscrire quelques données majeures qui seraient traitées en fin de journée par des équipes d'administration. Un programme de formation a été lancé pour mettre en valeur l'intérêt de ces données ; un système de motivation fut mis à l'étude.

L'entreprise a ainsi évité un investissement technologique lourd, qui risquait fort d'être rejeté, pour des moyens complémentaires beaucoup plus souples : procédures manuelles, formation, motivation, collaboration des métiers. Une démarche pragmatique pour avancer tout de suite.

Le dialogue qui s'instaure autour de la simulation des situations de travail permet à la future équipe de mettre au point, avec une série de micro-décisions, le bon dosage entre la machine, l'homme et son environnement. La créativité des équipes de terrain pourra s'exprimer sur des projets concrets, entraînant des économies qui se chiffrent parfois en millions de francs.

Au-delà, les échanges sur la situation de travail future favorisent la cohésion de l'équipe et préfigurent également la collaboration entre ses participants. Futur et présent deviennent alors de plus en plus difficiles à distinguer…

Changer d'attitude

Une fois le dialogue rétabli, il reste tout de même une question de taille : par quel miracle nos utilisateurs-acteurs imagineraient-ils autre chose que les scènes qu'ils vivent aujourd'hui ? Comment convaincre des vendeurs que leur métier changera radicalement s'ils sont intégrés à un call center ? Ils penseront sans doute qu'il s'agit toujours de vente... mais par téléphone !

Développer la volonté d'entreprendre

Beaucoup d'individus ont tendance à sous-estimer l'ampleur des changements qui les attendent dans leur travail ou à refuser de reconnaître les insuffisances de leur situation présente, lorsqu'ils ne se montrent pas franchement sceptiques sur la faisabilité de projets en rupture avec l'existant.

Comme l'explique Jean-Marie Dru, président de BDDP Conseils : *« Les produits nouveaux ont toujours de mauvaises appréciations au cours des tests organisés auprès de consommateurs ; si vous leur demandez d'en inventer, ils ont du mal à contribuer à de telles réflexions. Le consommateur n'est jamais un accélérateur du changement. »*

Dans ces conditions, comment concilier les objectifs de performance assignés au responsable du projet et la nécessaire implication des opérationnels dans la création de leur travail futur ? Cette problématique n'est pas très différente de l'accompagnement nécessaire pour reconvertir des opérateurs de production en créateurs d'entreprise. Ouvrir les esprits sur l'extérieur, renforcer la confiance en soi, aider à prendre conscience du besoin de changement et donner le goût de celui-ci... En un mot apprendre à changer et à innover.

Visualisation, expérimentation, théâtre d'entreprise, test en grandeur nature sont quelques-unes des pratiques qui favorisent ce changement d'attitude et aident les équipes de première ligne à réellement innover et inventer leur futur travail.

Dans les Disneyland de la rupture

Changer de point de vue permet fréquemment de dépasser les blocages. Surtout lorsque d'observateur, l'individu devient acteur. Ainsi le tourisme industriel est-il l'une des techniques privilégiées pour élargir la vision des problèmes, stimuler un groupe et lui donner une ambition commune. L'idée consiste à lui faire visiter un milieu professionnel différent de celui dans lequel il travaille, mais proche de ses préoccupations : une entreprise, un site de production existants... ou imaginaires.

Le groupe y mesure le décalage des comportements et des savoir-faire. Des différences qui suscitent des surprises, des prises de conscience et des... « fulgurations ». Prendre du recul par rapport à son univers quotidien stimule en effet la créativité. Les individus comprennent soudain ce que toutes les explications du monde n'ont pas réussi à leur démontrer. Un peu comme lorsqu'au détour d'une conversation ou d'un geste banal, nous redécouvrons quelqu'un faisant pourtant partie de nos proches.

Quand les adultes mettent les doigts dans les prises

En 1984, le docteur Caron a fait construire une « maison géante » pour expliquer aux parents comment mieux prévenir les accidents domestiques, première cause de mortalité infantile. Elle a été exposée ces dix dernières années dans plus de 200 villes et continue de tourner.

Les adultes déambulent dans la maison où de gros points rouges indiquent les endroits dangereux. Comme les enfants, ils se comportent en explorateurs, se glissant à l'intérieur des machines à laver géantes ou se hissant sur le rebord des baignoires qui leur arrivent au menton pour voir leur contenu ! Tous, à un moment donné, touchent un point rouge qui aurait au moins valu une hospitalisation à un enfant dans la vie réelle.

Pour que la visite de sa maison ne devienne pas qu'un jeu, le docteur Caron a fait poser une série de questions sur la prévention des accidents domestiques précédées de celle-ci : « Connaissez-vous la maison géante ? » 75 % des personnes qui ont répondu « oui » ont changé leurs habitudes dans leur domicile : elles ont principalement protégé les fenêtres, masqué les prises électriques et, surtout, évoqué le sujet avec leurs enfants.

C'est dans cet esprit qu'Andersen Consulting a créé des espaces et des « machines à voyager ». L'objectif : aider ses clients à se projeter dans le futur et à y trouver de nouvelles sources d'inspiration. SmartStore à Londres, par exemple, met en scène la distribution des années à venir avec son organisation, sa technologie et son adaptation aux nouvelles habitudes de consommation. Des ateliers y font vivre les possibilités du futur : visite du magasin et de l'entrepôt, utilisation de bornes multimédias, et même cuisine de demain ! Davinci, que nous avons déjà évoqué, est une autre façon de se représenter l'impact des nouvelles technologies, cette fois dans le fonctionnement quotidien d'une entreprise.

La visite de ces « Disneyland de la rupture » suscitent toujours beaucoup de réactions. Voir les choses par soi-même est en effet très différent d'une explication théorique. Ce ne sont pas seulement les concepteurs qu'il faut y convier, mais bien l'ensemble des participants à la réinvention du travail, à commencer par les dirigeants d'entreprise.

De l'expérimentation aux certitudes

Se représenter l'avenir permet également d'acquérir davantage de certitudes. Quand une idée est fondamentalement nouvelle, il est très difficile d'y voir clair et de choisir les bonnes options. Le moindre doute de la part des futurs utilisateurs sur un système d'information radicalement novateur, par exemple, peut bloquer tout le processus d'appropriation et de créativité.

Les expérimentations sont dans ce cas la meilleure méthode pour traiter ce qui est encore flou : elles pourront être directement intégrées dans le cycle de conception et de développement des futures situations de travail.

Le pari créatif à la SNECMA

La SNECMA a réorganisé l'ensemble de ses lignes de production en les regroupant par produit plutôt que par technologie. Tous les métiers concernés – production, qualité, maintenance, méthodes – ont participé à des expérimentations visant à redéfinir le rôle de chacun dans la nouvelle organisation.
Objectif : réduire les coûts sans incidence sur la qualité.
Mot d'ordre : cassez les frontières, recherchez la transversalité et innovez sur les solutions.

Les résultats furent surprenants. Les préparateurs méthodes, par exemple, se sont transformés en chefs de projet outillage, économisant 20 % des coûts, réduisant fortement les délais de mise à disposition de l'outillage et spécifiant au passage leurs besoins en systèmes de contrôle de gestion.

L'expérimentation est utilisée par les entreprises dans des domaines très divers. Elle est en effet une solution à la complexité croissante des problèmes. « *Il faut se préparer aux grandes mutations à venir en expérimentant beaucoup,* croit par exemple Frédéric Tiberghien, président de Chronopost. *Je suis un grand adepte de l'expérimentation limitée, qui consiste à mettre les opérationnels en première ligne quand nous réformons. Par exemple la réflexion sur le temps de travail n'avançait pas : j'ai nommé une personne que j'ai sortie de la structure pour travailler sur le sujet. En 6 mois, elle a produit un rapport riche de pistes incroyables à partir de réunions réalisées sur le terrain. Beaucoup d'idées s'esquissent ainsi.* »

Dans un environnement mouvant, dans lequel il n'est pas possible d'envisager une seule option tactique, l'expérimentation devient un mode de gestion pertinent du « désordre » et de la complexité. Elle enrichit rapidement l'expérience acquise, les démarches et les solutions, d'autant plus que différentes initiatives peuvent se dérouler en parallèle. Mais elle est encore problématique en France, où une majorité d'entreprises la conçoivent souvent comme un test grandeur nature d'un projet déjà ficelé, dont il ne resterait à régler que les détails – lorsqu'elles acceptent simplement de prendre le temps nécessaire ! « *L'expérimentation n'est pas dans la logique française, nous sommes portés vers la pensée unique, totale,* déclare ainsi Gilbert Trigano, président d'honneur du Club Méditerranée. *Il est vrai qu'il faut pouvoir expérimenter.* »

Le théâtre pour se remettre en cause

Expérimenter c'est aussi se remettre en question. Un exercice où les individus sont rarement lucides, car ils font très rarement ce qu'ils pensent ou disent faire. Or connaître parfaitement la situation de départ est essentiel lorsqu'un changement important est envisagé : comment progresser si l'on ne sait pas d'où l'on part ?

Les entreprises appliquent de nombreuses techniques pour aider leurs collaborateurs à prendre conscience de leur situation présente : autodiagnostic, comparaisons inter-services... Les jeux de rôles ou le théâtre d'entreprise sont probablement les plus spectaculaires et les plus mobilisatrices.

La scène un peu étrange qui suit s'est déroulée chez Renault en 1994. Le responsable de la sécurité d'une usine constate des vols fréquents dans ses stocks. Il convoque le contremaître qui gère les équipes de ronde. Pendant que celui-ci lui explique que les chaussures des rondiers sont très bruyantes et alertent les voleurs, le responsable élabore sa propre hypothèse : les rondiers sont incapables de se déplacer en silence ! Il convoque immédiatement le correspondant formation de l'usine et lui commande un stage de « déplacement silencieux ». Le correspondant répercute au siège. Un mois plus tard, une ballerine russe apprend à quelques rondiers à faire des entrechats !

Cette scène a été jouée par des acteurs professionnels devant l'ensemble des collaborateurs de la fonction formation (service central de formation, correspondants de la formation dans les unités locales, consultants et prestataires, opérationnels). Son but : faire comprendre avec humour l'ampleur des dysfonctionnements. Les demandeurs spécifiaient mal leurs besoins, le service déformait leur demande et sous-traitait à un prestataire sans s'assurer de la compétence de celui-ci, le prestataire proposait un produit standard pour répondre à un besoin sur mesure, etc.

Cette mise en situation a fait réagir chacun des membres de l'assistance. La direction a pu alors proposer le lancement d'une démarche qualité fondée sur une meilleure écoute de l'ensemble des collaborateurs, tous concernés par le ridicule de la situation à laquelle ils venaient d'assister ensemble. Deux ans après la convention, les comportements étaient métamorphosés...

Jouer des dysfonctionnements devant l'ensemble des personnes concernées, c'est leur présenter un miroir suffisamment déformé pour qu'ils puissent y contempler leur reflet sans le confondre avec la réalité. Et tous, surtout, se trouvent du même côté ! Le théâtre d'entreprise fait ainsi passer un diagnostic de manière puissante et surtout non conflictuelle. A l'instar de Renault, le Crédit Lyonnais ou Belgacom, l'opérateur des Télécoms belges, l'ont utilisé à grande échelle.

La répétition générale avant la première

Les techniques de visualisation et de représentation favorisent des remises en cause sans douleur. Jouer un rôle ou se voir joué permettent en effet de se juger soi-même. Une répétition générale avant le démarrage d'un nouveau système informatique ou d'un nouveau service client peut y contribuer. Elle est surtout un moyen de vérifier à peu de frais leur degré de finalisation.

Combien de projets ont échoué faute d'une préparation suffisamment soignée de leur démarrage ? « Le diable se cache dans les détails », dit un proverbe allemand. Les projets sont complexes : ils mêlent nouvelle organisation et nouveaux outils, formation et management, impliquent des acteurs dispersés, demandent de gérer un nombre incalculable de détails et de cas particuliers.Il devient impossible de mettre ces projets en orbite du premier coup... surtout lorsque le client se retrouve directement confronté au résultat lors de la première. Jusqu'à la veille de l'ouverture d'Eurodisney, les Américains peaufinaient les décors et le rôle du moindre figurant...

Test en grandeur réelle pour Eurostar

Le plus spectaculaire test en grandeur réelle a été conduit pour le lancement d'Eurostar. « Eurostar était vraiment un système totalement nouveau pour la SNCF », explique Claude Havart, responsable de la gare Paris-Nord. « Des procédures comme l'enregistrement des passagers et les contrôles en douane n'avaient jamais encore été appliqués au monde ferroviaire. Nous avions bien émis des hypothèses sur la façon dont les voyageurs allaient se comporter durant leur passage dans le terminal d'embarquement, mais nous n'avions aucune certitude en la matière. »

Six mois avant le lancement, une simulation de l'embarquement est organisée en grandeur réelle. 800 figurants, soit la capacité d'un Eurostar, sont convoqués dans le terminal de la gare du Nord. Comme sur le tournage d'un film, ils jouent quatre fois la scène du départ dans la journée, pour tester différents scénarios en cas de panne des systèmes d'information.

Les scripts des 800 figurants recrutés à l'ANPE reproduisent très fidèlement le microcosme des passagers d'un train : personnes handicapées, enfants, groupes, voyageurs avec ou sans bagage, retardataires, le petit chien interdit sur la ligne... L'échantillonnage des billets est lui aussi varié : périmés, avec ou sans piste magnétique, individuels et de groupe, en français, flamand ou anglais... Des observateurs bien placés notent tous les problèmes et 6 caméras filment l'ensemble.

Les équipes d'accueil et d'enregistrement des passagers étaient particulièrement stressées avant l'essai : à la fin de la journée, elles sont prêtes pour leur nouveau métier. Tous leurs membres sont ravis d'avoir expérimenté leur futur travail et demandent : « Quand recommençons-nous ? ». Ils prennent à cœur leur rôle dans le projet, s'approprient les problèmes, proposent des solutions. Et se montrent décontractés et particulièrement efficaces le jour du lancement, le 14 novembre 1994.

Devant le côté novateur de la démarche, une partie de l'encadrement était réservée sur l'intérêt de la simulation. Tous perçoivent désormais son efficacité : 80 dysfonctionnements ont été identifiés. « Cet essai à blanc nous a fait gagner 4 mois, explique Daniel Michaud, de la mission Eurostar. Il nous a permis de concrétiser nos impressions de départ et d'étayer nos dossiers pour convaincre la direction générale de la SNCF de financer les modifications, sans attendre de voir comment se comporteraient les clients après la mise en service. »

L'intérêt de la répétition générale est de faire comprendre aux acteurs comment modifier éventuellement leurs pratiques. Elle aide également les équipes de conception à prévoir toutes les difficultés qui pourraient surgir au démarrage. C'est enfin un moyen d'anticiper le moment où l'ensemble des pièces du puzzle se rassemblent et d'appréhender dans sa complexité la globalité de la solution proposée.

Adapter la technologie en flux tendus

Les techniques de visualisation favorisent considérablement la prise en compte, dans sa globalité, de la situation de travail. Mais elles ne suffisent pas pour maîtriser au quotidien l'assemblage du puzzle. Donner la capacité aux acteurs concernés de résoudre les difficultés au fur et à mesure qu'elles apparaissent est aussi une façon de résoudre la complexité.

L'utilisation à plein rendement de la technologie est aujourd'hui trop importante pour se fier à d'éventuelles séances de formation ou de remise à jour des connaissances. Sur des projets de grande ampleur, cette formation arrive toujours trop tôt ou trop tard.

L'ensemble de l'outil doit être pensé pour guider l'individu et optimiser sa manière de s'en servir. Les aides en ligne, l'enseignement assisté par ordinateur, l'hypertexte sont des exemples de ces fonctionnalités d'assistance intégrées dès le départ dans le système. Mais ces techniques ont nettement progressé avec l'« Integrated Performance Support » (IPS), ou développement multimédia de supports à la performance intégrés au système.

Révolution chez North West Water grâce à l'IPS

North West Water, la quatrième entreprise de distribution d'eau et de traitement des eaux usagées dans le monde, a été récemment privatisée. Elle vit actuellement une grande période de changement d'activité et de technologie. L'entreprise a réalisé un prototype de système IPS pour la gestion des interventions sur le réseau de distribution d'eau. Le système, appelé Learning manager, offre six modes de support à la performance personnalisés : le Coordinateur, le Coach, le Formateur, le Documentaliste, l'Historien et l'Assistant.

Le coordinateur guide l'utilisateur dans ses opérations, en particulier en fournissant l'enchaînement des actions et les arbres de décisions clés.

Le coach propose à la demande ou en fonction des besoins que l'utilisateur anticipe des modules de formation sous forme de travaux guidés ou de tests libres sur des points particuliers. Pour être adapté à l'utilisateur, le système gère également l'historique de formation.

Le documentaliste met à la disposition de l'utilisateur une base d'informations de référence adaptées à son activité : procédures, contraintes légales, informations locales spécifiques (par exemple, les jours de marché ayant un impact sur la planification de la maintenance dans telle ville).

L'historien fournit aux utilisateurs et à l'encadrement un retour sur les résultats et sur les performances d'une équipe, sur la base d'indicateurs prédéfinis (ponctualité, qualité de service...). Il enregistre le mode d'utilisation des différents supports de Learning manager par les employés.

L'assistant indique tout changement de procédure ou toute nouvelle orientation ayant un impact spécifique sur l'employé, en fonction de son activité.

Imaginons qu'un employé du département Relation clientèle reçoive un appel d'un client pour une baisse de pression d'eau. Il s'adresse au coordinateur qui va le guider pas à pas pour traiter cet appel. Puis le système transmet automatiquement la demande d'intervention à un contrôleur qui va déterminer la cause de cette baisse de pression. Quand le contrôleur se connecte au système, son assistant lui indique tout changement de procédure récent pour le contrôle des baisses de pression. Si le format du bordereau d'intervention a changé, le coach l'aide à le remplir. Assisté par son coordinateur, le contrôleur diagnostique que le conduit doit être remplacé directement chez le client et transmet la demande d'intervention au planificateur.

Imaginons un planificateur nouvellement promu : le coach lui propose directement une formation pratique de base sur la planification de ce type d'intervention. Après avoir effectué cette formation pratique, le planificateur voit son historique de formation mis à jour, puis il effectue la planification. Le système lui propose un enchaînement de fonctions guidé là où le planificateur expérimenté aurait eu un enchaînement accéléré. Equipé d'un portable, l'employé chargé de l'intervention sur site pourra avoir recours à une assistance à distance et remplir directement son compte rendu d'intervention qui sera suivi par le contrôleur...

Avec l'IPS, le formateur est véritablement dans le système. Grâce à une analyse des opérations réalisées par l'utilisateur, il permet non seulement de former à la demande, mais il anticipe également les besoins et conseille dans l'amélioration des performances. C'est enfin la machine qui s'adapte à l'homme...

Dans l'articulation entre l'homme et la machine, prévoir le support à la performance de l'utilisateur, aller au-delà du système pour optimiser différents leviers deviendra essentiel. On le devine, de tels progrès dans l'interface homme/machine changent radicalement le métier des concepteurs de systèmes informatiques.

Les méthodes de conception traditionnelles les empêchaient de prendre en compte la réalité du terrain. Qu'il s'agisse du recueil des besoins ou de la formation au nouveau système, la rencontre entre le concepteur et l'utilisateur tournait souvent au dialogue de sourds. Le futur utilisateur reprochait au système son manque d'adaptation à ses problèmes quotidiens, le concepteur tentait vainement d'expliquer ses compétences et ses approches... et la difficulté de son métier !

Il faudra toujours des concepteurs. Mais il faudra surtout des « constructeurs de situations de travail ». Un nouveau métier qui consistera à répondre, de façon réactive, à l'évolution des besoins des opérationnels. A faire, au travers de l'amélioration permanente de l'outil, le service après-vente du système d'information, avec un seul objectif, la performance globale, et un processus, l'adaptation continue.

Construire les situations de travail de demain consistera un peu à jouer le cinéaste en entreprise, à faire simuler les acteurs, à les aider à donner tout leur potentiel : un métier passionnant ! Et fort différent de celui de concepteur : il exigera une nouvelle culture et de fortes capacités de communication. Car l'expertise de ces spécialistes ne consistera pas seulement à traduire les besoins des opérationnels en solutions fonctionnelles, conçues in vitro, mais à faire vivre une démarche de co-conception. Ils consacreront également une partie de leur temps à répondre aux questions des équipes de première ligne, à diffuser les meilleures pratiques, faciliter les initiatives, les qualifier et les valoriser. Le meilleur moyen de sortir de l'abstraction pour intégrer les technologies dans l'entreprise, c'est de partir du concret !

NOTES

1 D'après *Après la crise – l'entreprise post-taylorienne*, Éditions d'Organisation, 1995.

2 *Le Travail sans l'homme ?*, Yves Clot, Éditions La Découverte, 1995.

3 D'après *La Cinquième Discipline*, Peter Senge et Alain Gauthier, F1RST, 1991.

EMBARQUEMENT IMMÉDIAT

« Le changement est une porte
qui s'ouvre de l'intérieur. »
Jacques Chaize

Ce qui fait le rythme du progrès c'est l'homme : c'est lui qui au final impose le temps nécessaire au changement.

Aller vers l'entreprise digitale revient à demander des changements individuels particulièrement sensibles. Des changements qui font intervenir toute l'organisation, car l'ensemble du personnel est concerné par l'entrée de l'entreprise dans l'ère de la communication.

Les méthodes traditionnelles de conduite de projets ne sont plus adaptées à des défis de cette envergure. Il faut en inventer de nouvelles pour intégrer le facteur humain à un niveau sans précédent, permettant au plus grand nombre de participer activement à la co-création de son futur.

La co-création est l'émergence d'un nouveau paradigme de conduite de projet dans lequel l'apprentissage organisationnel, l'ingénierie sociale, la systémique, le marketing, la distribution du changement et la dynamisation de réseaux tiennent une place essentielle.

Le « comment changer » va devenir une compétence et un nouveau mode de management, notamment pour l'encadrement intermédiaire. Son rôle était fréquemment remis en question par l'évolution des organisations. Les nouvelles démarches de changement lui offrent l'opportunité de retrouver une mission à forte valeur ajoutée.

Facteur humain !.. Quel facteur humain ?

Pour renforcer sa compétitivité et mieux répondre aux attentes de ses clients, une grande banque française décide de modifier les méthodes commerciales de son réseau en utilisant les nouvelles technologies. L'objectif est d'inciter les agences à prendre désormais l'initiative des contacts avec les clients. Ces initiatives sont encouragées par un système informatique détectant, à partir de leurs comptes ou d'informations données en entretien, des événements qui jalonnent la vie des clients : âges clés, forts mouvements de crédits, échéances de prêts, projets immobiliers. Le système met tous les matins à la disposition des chargés de clientèle une liste de personnes à appeler pour leur proposer un rendez-vous.

Si le principe de ce « marketing événementiel » est simple, ses conséquences sur l'ensemble du réseau commercial sont complexes.

Très à l'aise au téléphone pour répondre aux appels des clients, les conseillers de clientèle le sont en effet beaucoup moins pour solliciter un rendez-vous.

Les directeurs d'agence, sensés orienter chaque matin les efforts de leurs troupes, craignent de ne pas savoir apporter l'aide nécessaire aux conseillers et d'être perçus comme des surveillants et des « releveurs de compteurs ».

Habitué à dynamiser la force de vente par des campagnes d'actions promotionnelles, l'encadrement se rend compte de la nécessité de planifier et d'organiser différemment le temps consacré au commercial pour mener de front l'accueil des clients se présentant spontanément à l'agence, les entretiens avec les clients démarchés et les appels nécessaires pour obtenir ces rendez-vous. Ce mode de management demande proactivité, continuité et régularité à une population habituée à réagir aux « coups de colliers » et aux sprints ponctuels.

Autant de conséquences qui touchent aux rôles, aux comportements et aux compétences des acteurs de l'ensemble du réseau commercial, provoquant de multiples résistances.

Ceux qui disent aimer changer sont des menteurs

Car tout changement est difficile. Les individus aiment la variété, le changement… mais ils n'aiment pas changer ! Pour le consultant dont le métier est de voyager sans cesse, de travailler dans des environnements très différents, de rencontrer en permanence des gens nouveaux, changer véritablement serait… de rester tranquille.

Dans une organisation, un projet de changement est un corps étranger qu'elle doit s'approprier et faire vivre. Naturellement elle va tenter de rester dans son état initial : cette propriété, l'homéostasie des systèmes biologiques, s'applique également à l'entreprise.

Résister au changement est donc un phénomène naturel. C'est même un excellent signe : sans résistance, il ne se passe rien d'important ! Les freins sont la preuve que les acteurs commencent à se poser des questions sur l'opportunité de changer. Les vraies remises en cause se font rarement avec le sourire. Trop de responsables considèrent d'ailleurs qu'un changement sans vagues est une opération réussie.

Le but n'est pas de rendre le changement confortable, mais de le réussir !

Le changement, une question de perception

Vivre un changement important est une expérience personnelle pénible. Cela exige d'abandonner ses repères pour un futur aux contours encore imprécis, d'accepter de perdre pour un temps le contrôle de la situation, ou du moins le contrôle que l'on croit en avoir. Les psychologues ont identifié ce phénomène et lui ont donné un nom : la vallée du désespoir.

Dans un changement profond, si tout commence par une certaine curiosité, très vite la peur prend le dessus : peur de ne pas être à la hauteur, de ne pas trouver sa place, de l'effort à consentir pour évoluer. Cette prévention s'accroît au fur et à mesure que se concrétise l'ampleur du changement et le prix à payer pour retrouver un sentiment de confort dans la nouvelle situation. Pour certains, c'est le moment où l'écart semble impossible à combler entre ce qu'ils savent faire et ce qu'ils croient qu'on attend d'eux.

LA VALLÉE DU DESESPOIR

La perception du changement… change avec le temps

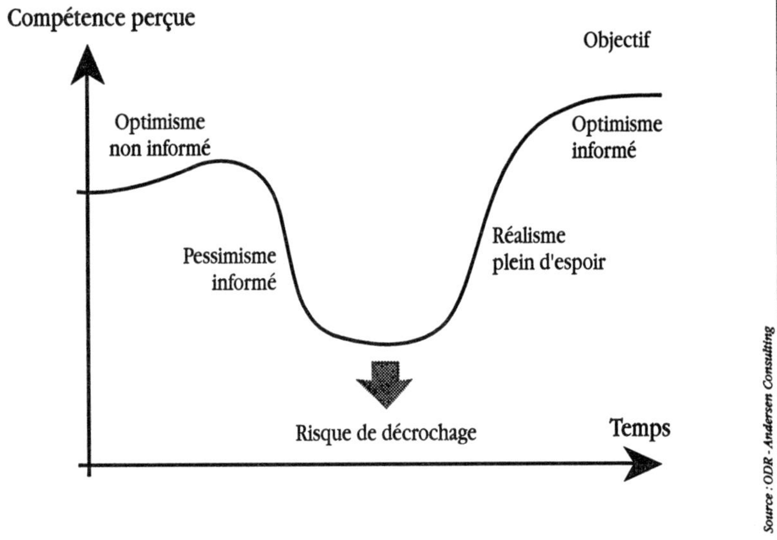

Leur perception de leur niveau de compétence plonge ; c'est le doute, voire la dépression. Ils s'excluent alors du processus de changement. D'autres remontent la pente, apprennent, découvrent et intègrent progressivement la nouvelle donne, trouvant de nouveaux repères.

Ce rapport des individus au changement est éminemment subjectif. La vitesse avec laquelle ils traversent la « vallée du désespoir » dépend de la perception qu'ils ont de leur incompétence face à la nouveauté et du temps qu'ils mettront à retrouver un sentiment de sécurité. Le temps nécessaire pour absorber un changement profond a été mesuré par de nombreux spécialistes : il est de l'ordre de 12 à 18 mois, qu'il s'agisse d'ailleurs de changements professionnels ou personnels.

Cette constatation est plutôt une bonne nouvelle. Si la résistance au changement est autant affaire de perception que de réalité, elle peut sûrement être atténuée par des démarches appropriées ! Intégrer le facteur humain, voilà la question…

Les démarches classiques renvoyées dos à dos

Comment les entreprises s'y prennent-elles d'habitude pour introduire un changement important ? En règle générale, elles lancent des projets. Une équipe est constituée et rattachée à la direction générale. Son objectif est de développer une ou des solutions : une nouvelle organisation, un système de gestion, de nouvelles infrastructures, des règles de fonctionnement, qu'elle mettra au moins 1 à 2 ans à concevoir et développer avec le concours d'utilisateurs représentatifs, avant de les livrer sur le terrain, sans oublier la formation et l'assistance au démarrage indispensables.

Développer une solution de cette manière part d'un principe : étant la bonne, elle sera forcément acceptée. Mais en mettant ainsi, aux deux extrémités de la chaîne, conception et mise en œuvre, concepteurs proches du management et opérationnels proches du terrain, rien ne prépare les équipes en première ligne aux changements de leurs habitudes. Lorsqu'ils réalisent les impacts de ces solutions sur ce qui est sensible pour eux, leurs rôles et leurs relations de travail, ils rejettent en bloc la nouveauté ou tout du moins tentent de freiner et minimiser le changement. Avec les conséquences qu'un tel blocage, alors que tous les investissements sont déjà faits, signifie en termes de coûts… et de confiance dans le management. Prendre insuffisamment en compte le facteur humain bloque le changement.

Ceux qui sont appelés très improprement les « utilisateurs » ne peuvent le rester dans le cas de changements profonds. Ils doivent sortir du statut de spectateurs passifs en bout de chaîne, qui s'ennuient en stage de formation, pour s'approprier le changement et en devenir acteurs au même titre que les équipes de projet.

Voilà la réponse, se dira-t-on ! Pour faire passer le changement dans l'entreprise, vive les démarches participatives ! C'est s'exposer malheureusement à bien des déceptions. Ainsi le responsable d'un projet important de regroupement de deux établissements publics souhaite faire participer le plus possible les personnes concernées. Jouant la transparence et la franchise, il communique dès l'amont ses intentions et appelle au dialogue. En l'absence délibérée de plan pré-établi, les débats font rapidement apparaître les problèmes et bien peu d'avantages. La résistance s'organise plus vite que les réponses attendues et le projet, pourtant stratégique, finit dans un marais !

Michel Crozier a dénoncé, à juste titre, ces démarches ascendantes « humanistes » qui tentent de faire construire le changement par le personnel de l'entreprise et qui finissent mal, oubliant les impératifs économiques et, surtout, les stratégies personnelles des individus. Car chaque acteur mobilise ses propres moyens pour atteindre ses propres buts. Il n'y a pas de but commun a priori ; tout le problème est justement d'en construire un qui réconcilie l'ensemble des forces en présence. Prendre trop en compte le facteur humain finit aussi par paralyser le changement !

L'exigence de la vitesse

Comment sortir de ce dilemme ? Peut-être faudrait-il conserver les démarches-solutions, mais aller beaucoup plus lentement pour laisser aux individus le temps d'accomplir leurs changements personnels et de passer par leur vallée du désespoir... Mais c'est malheureusement impossible !

Car la vitesse est cruciale. Réussir une transformation, c'est l'accélérer et non la ralentir. Sans vitesse, le futur nous rattrape et les raisons de résister ne font qu'augmenter, créant un cercle vicieux paralysant.

A la veille de généraliser un système d'administration commerciale et de comptabilité dans plus de 200 sites, un grand opérateur public effectue une première mise en place sur un site pilote. Faute d'une bonne intégration des aspects informatiques, organisationnels et humains, le projet mobilise des moyens considérables pour que le système démarre. Spectateurs de ces difficultés, les autres sites deviennent méfiants et exigent des moyens équivalents pour leur propre démarrage. Les premières vagues de déploiement multiplient les problèmes et font entrer les besoins d'accompagnement dans une spirale inflationniste. Il est alors impossible de généraliser le changement autrement que site par site, et compte tenu des moyens disponibles, une équipe d'assistance entame un « tour de France », mettant chaque site sur le chemin critique du planning d'ensemble.

Il aura fallu 12 ans au total pour renouveler l'ensemble du système sur tout le territoire, pendant lesquels la direction du projet a dû gérer la coexistence de plusieurs modes d'organisation et de versions logicielles. Ces retards et la gestion de ces difficultés ont coûté des centaines de millions de francs et provoqué une grave crise de confiance de toute l'entreprise dans ses capacités à changer.

Faute de vitesse, le facteur humain finit là encore par paralyser le changement !

La co-création, un défi pour l'encadrement intermédiaire

Faire participer en évitant l'écueil de la co-gestion, mener des projets descendants qui tiennent compte des changements auxquels devront s'adapter les individus, accélérer sans aller trop vite tout en n'allant pas trop lentement... Mener une transformation ressemble fort à un exercice de haute voltige.

Plus un changement est profond, plus il exige la participation amont, volontaire et active des acteurs qui joueront un rôle direct ou indirect dans le succès. C'est le défi lancé au management des entreprises qui veulent se transformer.

De plus en plus d'acteurs doivent participer à l'innovation, dès le début des projets de changement. L'embarquement commence demain... et pour tout le monde ! Nous appelons cette nouvelle démarche de conduite de projet la co-création.

L'homme a besoin de créer et il accepte mal qu'on le fasse à sa place. Reconnaître ce besoin identitaire, et lui laisser pour le concrétiser des marges de liberté, c'est s'appuyer sur une fonction noble, libératrice et motivante pour construire le changement : c'est le rendre acteur de son avenir.

Changer, une question d'équilibre

La co-création vise à réconcilier les points forts des deux approches classiques, descendante et montante, « cascade » et « geyser », en déployant une ingénierie spécifique. Elle propose un équilibre entre l'énergie et les moyens consacrés à la création des solutions, c'est-à-dire l'offre de changement, et ceux consacrés au développement d'une véritable demande de la part des équipes en première ligne et de leur management.

Comme dans tout marché qui cherche à équilibrer des attentes a priori contradictoires – et le changement est une forme de marché – une offre décalée par rapport à la demande ou l'inverse est la garantie de déboires économiques. Toute la démarche de co-création est conçue pour développer une dynamique d'accélération capable de réduire les délais de changement et de synchroniser offre et demande.

La Roue du changement : un modèle pour l'ingénierie de co-création

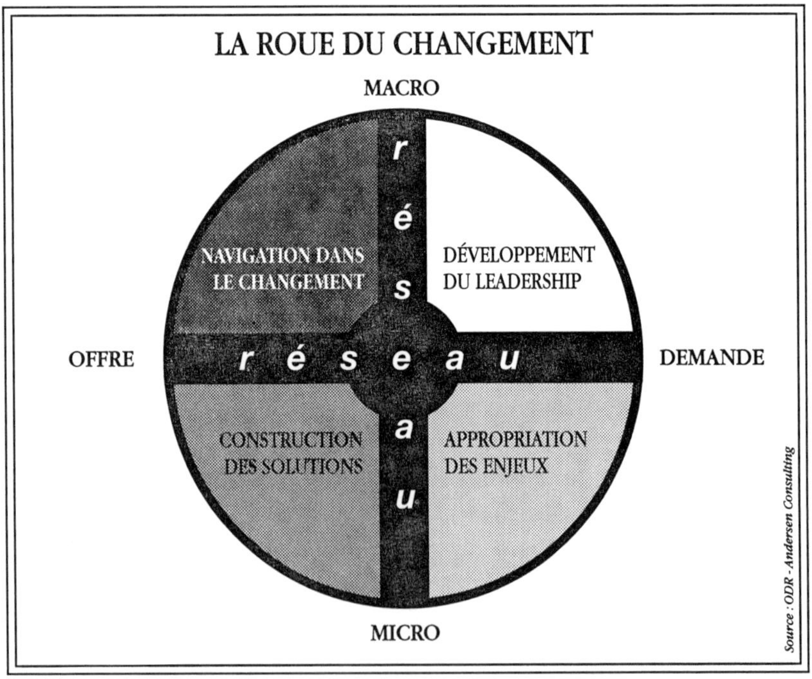

Le modèle de la Roue du changement s'articule autour de deux grands axes. Le premier, horizontal, représente la confrontation du

point de vue du concepteur (l'offre) et des attentes des opérationnels (la demande). Le second, vertical, symbolise la ligne hiérarchique, de son comité de direction (vision macro) à la première ligne (vision micro). Le croisement des deux axes forme une roue composée de quatre quadrants, qui permettent de classer l'ensemble des actions à mener et les outils méthodologiques correspondants.

Beaucoup de programmes de changement se concentrent sur le quadrant inférieur gauche, celui qui concerne les équipes de conception des solutions. Ils négligent trop les autres dimensions. Notre culture occidentale nous amène en effet à surinvestir dans les solutions et à sous-estimer l'effort nécessaire pour les ancrer dans la réalité du terrain et pour générer la demande de changement.

Le quadrant inférieur droit représente l'ensemble des actions facilitant l'assimilation de la complexité par les acteurs de première ligne. Expérimentations, projets d'apprentissage, simulations et mises en situation, enrichissement des emplois, etc., trouvent ici leur place.

La volonté de changement de tous les leaders jouant un rôle dans le succès ou l'échec des programmes de changement est une ressource essentielle. Le quadrant supérieur droit regroupe toutes les actions conduisant à ce sponsoring des projets : séminaires de direction, actions de lobbying, événements de création de culture projet...

Enfin, le quadrant supérieur gauche s'adresse aux « navigateurs » du changement, ceux qui mettent en synergie les différents projets et assurent un management de programme cohérent. Il regroupe l'ensemble des techniques faisant converger le voyage vers la cible : stratégie de changement, définition des étapes, rythme et orchestration des actions, mesure du succès, maîtrise des risques.

Le réseau d'activation du changement décrit plus loin représente les acteurs qui aident à la recherche d'un équilibre entre les différents points de vue.

Masse visible, masse cachée... masse critique

Les projets n'oublient jamais la direction générale ni les équipes en première ligne : celles-ci sont comparables, dans un vocabulaire d'astrophysicien, à la « masse visible » du changement.

L'avenir de l'univers dépend de sa masse cachée

La théorie généralement admise sur la naissance de l'univers nous enseigne que la masse cachée fera la différence. Depuis le Big Bang l'univers est en expansion. Si la masse cachée est supérieure à une certaine valeur, l'expansion de l'univers s'arrêtera puis l'univers se recontractera : ce sera le Big Crunch. Si à l'inverse elle est inférieure à cette valeur, l'univers continuera indéfiniment son expansion.

L'encadrement intermédiaire, souvent ignoré, risque de se comporter comme une « masse cachée » trop importante, qui ramène sans cesse l'entreprise à son état initial. Il a pourtant l'opportunité de tenir un rôle clé dans le processus de transformation. Il est indispensable pour créer la « masse critique » nécessaire au basculement de l'entreprise dans le changement.

Un rôle contesté, mais essentiel

L'encadrement intermédiaire est le point de rencontre de l'ensemble des contradictions de la structure. Il lui faut s'approprier la vision de la direction générale, la « vendre » aux équipes en première ligne, tout en gérant les réactions des clients et les difficultés du quotidien : il représente un véritable microcosme des paramètres à prendre en compte pour des décisions porteuses de sens.

S'il n'est pas mobilisé, le changement risque fort de se perdre dans les strates de l'entreprise, de tomber dans de multiples « trous noirs » ! L'encadrement intermédiaire est en effet souvent considéré comme le pire ennemi du changement. Il ne chercherait qu'à maintenir le statu quo, refuserait de déléguer et ne craindrait qu'une chose : perdre son autorité.

Il est vrai que l'ampleur des mutations que vont vivre les entreprises renforce quelques réactions d'auto-défense. Mais elles sont essentiellement dues à un sentiment d'incompétence par rapport à l'avenir, à une compréhension insuffisante des enjeux et du rôle nouveau qui est attendu de sa part et à une difficulté de répondre aux attentes des opérationnels en situation de changement.

Seul l'encadrement intermédiaire peut assurer la pérennité du changement en accompagnant ses équipes dans l'utilisation des solutions, en les mettant en situation progressive de décider elles-mêmes les évolutions de comportements nécessaires, en facilitant l'apprentissage de la complexité. Pour jouer ce rôle, il demande un accompagnement spécifique : tout d'abord faire l'apprentissage de capacités d'animation, de coaching et d'écoute vis-à-vis de ses équipes ; acquérir ensuite davantage de maîtrise de l'ensemble des paramètres complexes concourrant à la performance économique et à la qualité ; enfin, faire évoluer son mode de management en favorisant l'incitation à la prise d'initiatives et la reconnaissance du droit à l'erreur.

L'évolution du rôle du management intermédiaire

Le management intermédiaire aura donc un formidable pari à relever : s'adapter à une culture du mouvement, du changement permanent, devenir promoteur de la co-création.

Les mots clés du changement de rôle de l'encadrement intermédiaire	**Hier : diriger**	**Aujourd'hui : animer**
légitimité	exhaustivité des compétences techniques	maîtrise des enjeux économiques
relation	position hiérarchique et autorité sur des subordonnés	influence sur une équipe
priorités	allouer et gérer les moyens dont il dispose	atteindre les résultats contribuant aux enjeux globaux de l'entreprise
gardien	de l'ordre et de la stabilité dans un modèle de fonctionnement préétabli	de l'adéquation des compétences et des outils aux besoins de performance d'une organisation en mouvement

conflit	l'étouffe et l'élimine	le gère comme une tension positive pour atteindre les résultats
risques	les évite et les minimise systématiquement	les accepte et les appréhende comme un paramètre du changement
valeur ajoutée	répartition du travail et descente de l'information	coaching individuel, circulation et capitalisation collective des meilleures pratiques

A une époque de réduction du nombre de niveaux hiérarchiques, de réduction des effectifs de ceux qui ont trop souvent été appelés les « petits chefs », notamment parce qu'ils relayaient un mode de management très descendant, cette perspective est particulièrement bienvenue.
La possibilité de retrouver une mission à valeur ajoutée et un rôle clef entre le top management et les équipes de première ligne éclaire enfin l'horizon d'une population qui était jusqu'alors la grande perdante des transformations de nos organisations.

Partager un impératif à changer... maintenant !

La co-création est sous-tendue par un ensemble de principes d'action qui prennent tout leur sens dans l'apprentissage de ce nouveau rôle. Ils définissent un nouveau paradigme de la gestion de projet. Ces principes sont pour la plupart paradoxaux et contre nature. Pris séparément, aucun d'entre eux n'est applicable. Exagérés, ils peuvent se retourner contre l'intention initiale. En aucun cas ils ne peuvent servir à modéliser le problème du changement. Considérons-les plutôt comme des guides pour l'action en environnement complexe.

La plate-forme en feu

En juillet 1988, au large de l'Ecosse, une explosion anéantissait une plate-forme pétrolière et faisait près de 200 victimes. Un des rares rescapés, Andy Mochan, raconte que, réveillé par la défla-

gration, il se précipita vers le bord de la plate-forme et se jeta sans hésiter d'une hauteur de 15 étages, dans une mer en flammes et une eau glacée qui lui octroyaient à peine 15 minutes de survie. Cette décision était en totale contradiction avec l'intense formation à la sécurité qu'avait reçue Andy et qui lui intimait l'ordre de ne jamais quitter la plate-forme, quoi qu'il arrive. Interviewé après son sauvetage, il déclara qu'en ouvrant la porte de sa cabine, il eut instantanément la conviction que le choix était simple : sauter, ou brûler vif ! Et il préféra une mort probable à une mort certaine... [1]
Pour qu'une entreprise se mette en mouvement, elle doit ressentir collectivement le caractère impératif du changement.

Les personnes ont toujours tendance à remettre au lendemain les changements qu'elles savent indispensables, à partir du moment où ils leur demandent un effort d'adaptation et d'évolution important. « Pourquoi se lancer dans une douloureuse remise en question alors qu'il est possible d'améliorer, ça et là, les dysfonctionnements qui empêchent d'être parfaitement efficaces ? » Cette question souvent entendue résume bien le problème : dans tous les cas de transformation en profondeur, lorsqu'il s'agit de larguer les amarres, de quitter le confort de la situation présente, ce n'est pas la promesse de lendemains qui chantent qui fait bouger.

Les individus n'entreprennent pas un changement personnel difficile pour devenir leaders d'un marché nouveau et mirifique, autant qu'hypothétique. Combien de programmes de mobilisation ont été lancés autour d'un objectif idéal, ne rencontrant qu'un intérêt poli des intéressés ?

Signaux forts, signaux faibles
Pour se mettre en mouvement, l'entreprise a besoin de signaux forts. Il est beaucoup plus difficile, pour une équipe de direction, de communiquer avec des signaux faibles : la menace potentielle d'un concurrent lointain, la perte progressive de parts de marché, la montée des ruptures d'activité dans les usines... Personne n'aime les problèmes et chacun s'arrange, en créant ses propres mécanismes d'auto-défense, pour négliger les signes annoncia-

teurs de problèmes graves. *« Je vois le bien, je l'approuve, mais je continue à faire le mal. »*, disait Sénèque.

La grenouille et les signaux faibles

Comment faire cuire une grenouille ?
Première technique : faire bouillir de l'eau et la plonger dedans. Avec sa détente caractéristique, la grenouille bondit hors de l'eau instantanément. Elle réagit bien aux signaux forts.
Deuxième technique : plonger la grenouille dans l'eau froide et la mettre sur le feu. Elle nagera, sentira la température monter doucement mais n'éprouvera pas le besoin de réagir tout de suite. Quand elle voudra le faire, il sera trop tard. Ramollie par la chaleur, elle n'en aura plus la force. La grenouille réagit mal aux signaux faibles ! Et nous ?

Les opportunités que l'entreprise ne perçoit pas aujourd'hui ou celles qu'elle risque de rater dans le futur sont encore plus difficiles à faire comprendre. Le potentiel des nouvelles technologies est un signal particulièrement faible. Mais les changements qu'elles entraînent suscitent, eux, de fortes résistances !

Pourtant ces signaux faibles annoncent les « plates-formes en feu » de demain. Les opérationnels et les équipes dirigeantes n'ont pas la même perception des événements, surtout lorsqu'ils viennent de l'extérieur. Comment faire comprendre à la première ligne que l'entreprise réclame déjà une réorganisation alors que les résultats sont bons ? Comment modifier en profondeur la gamme de produits alors que les commerciaux engrangent contrats sur contrats ?

Mettre en scène les plates-formes en feu du futur

Les signaux faibles doivent devenir des signaux forts. Toutes les méthodes sont bonnes : faire une analyse prospective des résultats et de leurs conséquences probables sur l'emploi, la rémunération ou les conditions de travail ; expliquer ce qui risque d'arriver concrètement à chaque catégorie de personnel ; raconter ce qu'ont vécu d'autres entreprises sur les mêmes marchés ou dans des situations similaires… Toutes consistent à montrer les écueils vers lesquels l'entreprise se dirige.

Ainsi la direction de l'activité « pagers » de Motorola a appliqué ce principe d'amplification des signaux faibles. Dans le milieu des années quatre-vingts, l'entreprise avait d'excellents résultats commerciaux et financiers. Seule ombre au tableau, le taux de fidélisation de ses clients, majoritairement des entreprises, s'effritait lentement, augurant de sérieuses difficultés si le problème n'était pas traité. L'équipe de direction lança alors une grande enquête auprès de la clientèle dont les résultats changèrent brutalement la perception qu'avaient les commerciaux de la situation. Les clients admettaient la supériorité des produits Motorola mais déploraient l'arrogance et l'indisponibilité des commerciaux, ainsi que les déficiences du service après-vente. Les conclusions furent communiquées en toute transparence à l'ensemble du personnel. La prise de conscience aboutit à la refonte rapide du service à la clientèle. Le taux de fidélisation augmenta de manière spectaculaire.

Mettre en scène les « plates-formes en feu » du futur est nécessaire non seulement pour initier le mouvement, mais également pour résister dans la tourmente. Quand les difficultés du changement se dressent sur la route de l'entreprise et que tout le monde se demande si tout cela vaut vraiment la peine, vers quoi revient-on toujours ? Vers les raisons du changement. C'est toujours l'impératif de changer qui donne le courage de continuer dans les turbulences et qui forge la détermination à avancer.

Les individus se prennent-ils enfin en main lorsqu'ils comprennent que tout ira bientôt très mal ? Malheureusement non. Car ce « bientôt » doit être particulièrement précis. Combien remettent au lendemain ce qu'ils peuvent faire le jour même ? L'impératif doit se doubler de l'urgence. Et cette urgence se démontre. Un rétro-planning, par exemple, prouve très efficacement pourquoi la transformation a déjà pris du retard.

La peur peut débloquer les résistances. Mais elle peut aussi annihiler les capacités des individus à trouver des solutions. C'est pourquoi il est essentiel d'expliquer que si l'entreprise est en danger, les remèdes, fort heureusement, existent !

Toute la difficulté d'une transformation réside dans ce délicat exercice d'équilibre entre l'impératif de changement et la vision de l'avenir vers laquelle se dirige toute l'organisation. Avec le temps, les promesses se concrétisent, elles prennent force, substance et crédibilité. Leur pouvoir d'attraction peut alors jouer un rôle plus puissant que l'impératif de changement.

Engager toute l'entreprise dans l'action

« Où en êtes-vous sur ce projet de refonte de logistique ?
- C'est encore trop tôt pour en parler.
- Oui, mais j'ai entendu dire que le cycle commande-livraison doit passer de trois semaines à deux jours. De là à ce qu'on nous impose la concentration de nos trois dépôts sur un seul site...
- Vous savez, il s'agit surtout de la création d'un nouveau service de prévision et d'ordonnancement. Il faudrait embaucher de nouvelles compétences.
- Dites donc, la prévision, on en fait déjà...
- Oui, mais nous voulons aller beaucoup plus loin et créer une vraie fonction d'expertise, avec des compétences super-pointues !
- Ça fait longtemps que nous nous sommes réorganisés pour isoler les fonctions d'ordonnancement, de contrôle et d'expertise. Qu'est-ce que notre service va devenir dans votre nouveau schéma ?
- Je ne sais pas encore, la direction générale nous a demandé de réfléchir très librement. Les conséquences sociales, ce sera dans un deuxième temps !
- Si ça se trouve, vous allez décider de tout sous-traiter... C'est sûrement pour ça que je n'ai pas été associé à ce groupe de travail... Pourtant ça m'aurait passionné. »

Les peurs sont solubles dans l'action

Ce dialogue, caractéristique des peurs et révélateur des incompréhensions que peuvent engendrer les points de vue des différents acteurs, est classique !

Mauvais rêves ou réalité, tant que l'on n'est pas dans l'action, l'ensemble des possibles reste ouvert. Plus l'action sur le terrain est retardée, plus le risque est grand de laisser enfler des attentes démesurées, des rumeurs insinuantes et des malentendus entre les opérationnels et les équipes de projet. « *L'avenir ne peut s'anticiper que sous la forme du danger absolu,* prévient Jacques Derrida. *Il est ce qui rompt absolument avec la normalité constituée et ne peut donc s'annoncer, se présenter que sous l'espèce de la monstruosité.* »

Les idées, les concepts, les mots font souvent bien plus peur que la réalité. Beaucoup de combats sont des guerres sémantiques, des problèmes de langage et de compréhension. Comme le dit Michel Crozier : « *Il faut développer une culture de l'action.* » Plonger dans le réel, affronter les premières difficultés, chercher à les surmonter est la meilleure façon de s'affranchir de ses craintes. C'est en se mettant en mouvement que l'entreprise vaincra sa peur de changer. Ceci est une bonne nouvelle aussi pour les équipes projet : personne n'a jamais imaginé un seul instant qu'elles détenaient seules toutes les solutions aux problèmes posés... Plus les collaborateurs du terrain seront impliqués tôt dans les projets, plus on aura de contributions susceptibles de cerner les vrais besoins : une clé décisive pour concevoir les « bonnes solutions »... au bon moment.

Le changement, un voyage personnel

Il n'y a pas de délai de réflexion pour initier le changement. Il y a seulement un délai d'apprentissage, un délai de route. Une transformation collective ne peut en effet aller plus vite que le « voyage personnel » des individus pour se l'approprier.

« *Le plus difficile, c'est de désapprendre,* explique Chris Parker, consultant auprès de directions générales. *C'est un voyage émotionnel qui consiste à laisser partir son passé avec dignité. Or le passé, pour chacun d'entre nous, a été la source de nos succès. Ce passé, il faudra l'abandonner, c'est une étape incontournable avant de construire autre chose.* »

Le meilleur moyen de désapprendre, c'est encore de créer quelque chose d'autre, qui viendra se substituer à ce que l'on connaît. Chacun devra donc participer à l'élaboration de son nouveau rôle et de ses nouvelles compétences. C'est cette implication active qui permettra d'atteindre progressivement l'objectif : les gens ne s'opposent pas au changement, mais à ceux qui les font changer !

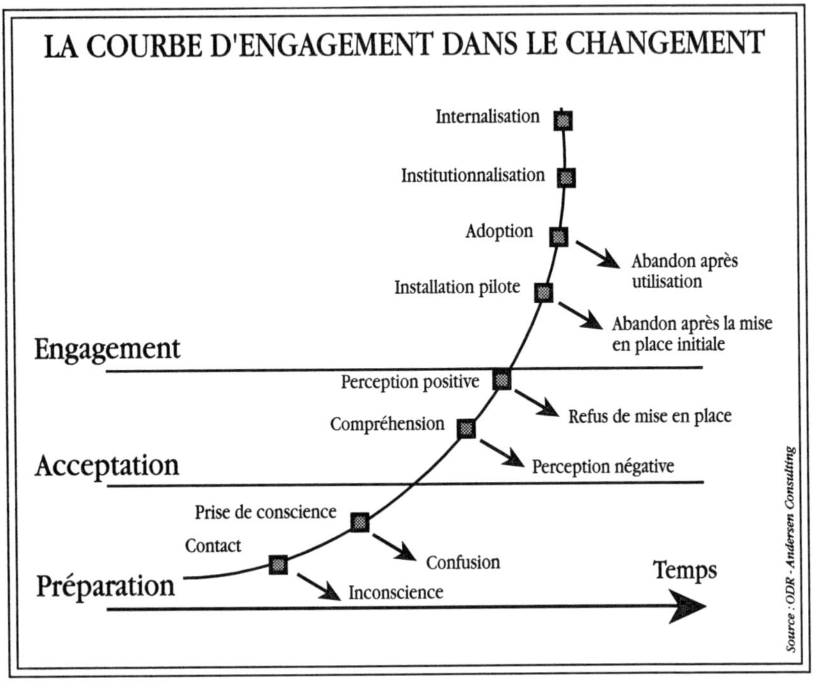

L'apprentissage commence demain

Ces nouvelles façons de faire ne se décrètent pas. Elles ne s'apprennent pas non plus dans les stages. Elles s'expérimentent, se construisent par essai-erreur. Encore faut-il créer un environnement favorable à leur épanouissement et donner aux acteurs le temps d'y travailler, de franchir les différentes étapes, de voir les conséquences de leurs décisions.

Apprendre : aider à rebondir sur la réalité

« La plupart des gens ont une vision négative de la réalité. Ce sont des pressions qu'il faut bien supporter, des crises contre lesquelles il faut réagir, ou des limites qu'il faut respecter. A l'opposé, la vision est un rêve ou une illusion qui, en tout cas, est hors d'atteinte. Bien au contraire, les sculpteurs, peintres ou compositeurs tra-

vaillent dans le cadre de contraintes. S'il suffisait de claquer des doigts pour transformer sa vision en réalité, il n'y aurait aucun processus créatif. Dès lors, comment un dirigeant peut-il aider ses employés à concevoir la réalité comme une source de créativité plutôt que d'obstacles ? Tout son rôle de pédagogue découle de cette mission. » [2]

L'encadrement intermédiaire a un rôle clé dans ce processus d'apprentissage. Lui seul peut mettre au point, à l'intention des opérationnels, une pédagogie qui s'appuie sur la réalité du terrain. Une étude récente montre d'ailleurs qu'une très grande majorité d'employés préfèrent qu'un changement affectant leur quotidien soit annoncé et conduit par leur encadrement direct.

Concrétiser rapidement le changement sur le terrain

Comment procéder ? Dès le démarrage du programme global de changement, la détermination d'une première échéance rapprochée de progrès concrets met l'organisation sous tension. L'atteinte de ces objectifs à court terme déclenche le lancement de projets locaux menés par l'encadrement intermédiaire. La nature des objectifs et des projets qui en découlent n'est pas choisie seulement en vertu de son intérêt opérationnel mais aussi pour son potentiel d'apprentissage de nouveaux rôles.

Ces projets sont également l'occasion de déterminer la contribution des acteurs en première ligne et de clarifier les contraintes et les zones de liberté dans lesquelles va s'exercer la créativité de l'équipe. Ils servent aussi à expérimenter des solutions. Ils permettent surtout de cristalliser le changement et avec lui, d'identifier les vrais blocages qui méritent d'être remontés à la direction générale.

La maîtrise devient patron de PME

Un équipementier du secteur aéronautique souhaitait transformer ses lignes de production en « mini-PME », où les ouvriers et la maîtrise seraient responsabilisés sur les taux de déchets, la qualité, les coûts, le contrôle de gestion et la maintenance.
Superviseurs techniques, les agents de maîtrise devaient devenir

des patrons de micro-entreprises, responsables des enjeux économiques et industriels et capables de les faire partager à l'ensemble de leurs équipes.
Ils ont d'abord dû s'exercer à maîtriser leur nouveau rôle. Dans ce but, la direction leur a confié un premier projet concret sur la réduction des déchets, avec l'aide et le soutien de coachs. Ce projet a joué un rôle essentiel pour les aider à s'approprier leur métier, en leur faisant franchir quatre étapes : acquérir une vraie compréhension du projet et de ses enjeux, être capable de le traduire à leurs équipes, découvrir dans l'action les premières difficultés et les résoudre, savoir réagir aux aléas de la production en prenant seuls les bonnes décisions.

En lançant leur propre projet de changement à leur échelle, les opérationnels suivent le même parcours que la direction générale lorsqu'elle a décidé la transformation de l'entreprise : ils comprennent ses enjeux, ils perçoivent ses impératifs, ils apprennent à identifier ses conséquences. Un facteur clé de succès, car cette appropriation des enjeux fera émerger des idées, qui alimenteront les équipes de conception.

Pour stimuler la créativité des équipes, la première étape de changement visée dans ces projets locaux doit être suffisamment crédible, importante et visible. Les opérationnels en retireront alors une fierté légitime et un premier succès sera à leur portée : la sanction positive est indispensable lorsqu'il s'agit de construire de nouvelles compétences, car elle redonne la confiance et l'énergie nécessaires à la prochaine étape.

La valorisation de ces réussites peut accroître de manière spectaculaire la capacité d'action des équipes, désormais sensibilisées au changement : un effet de levier indispensable à l'atteinte des objectifs d'ensemble du programme.

Accélérer et converger vers une cible floue

Faut-il se jeter à corps perdu dans le changement ? Comment lancer le signal du départ sans savoir précisément où l'on va ?

Prédire l'avenir, c'est déjà se tromper. Au début de toute transformation importante, la cible est inévitablement floue. Elle doit le rester suffisamment longtemps pour laisser un certain degré de liberté aux individus et ne pas retarder la décision d'agir. C'est un des principes essentiels d'une démarche de co-création.

Faut-il pour autant se lancer à l'aveuglette ? Certes non. Rares sont les entreprises qui n'ont pas une vision générale de leur avenir. Connaître en gros le cap suffit pour embarquer ; inutile de maîtriser les détails de la cartographie du parcours ! Car il y a davantage de risques à attendre d'improbables certitudes, qu'à avancer et à corriger le cap si nécessaire. Seules les difficultés font comprendre les vrais problèmes. Comme le dit Yves Dubreuil, le patron du projet Twingo, *« il vaut mieux avoir vaguement raison, que tort avec précision »*. Le voyage éclaire le but et le but éclaire le voyage !

Christophe Colomb connaissait-il précisément la route qu'il allait suivre ? Sa plus grande difficulté ne fut pas d'affronter les tempêtes, mais les mutineries de son équipage, inquiet de ce qui l'attendait. Le principal défi du changement est justement de gérer les doutes, les incertitudes, les refus des différents acteurs.

La culture française a tendance à insister plus que d'autres sur la définition exhaustive de la cible, avant le démarrage dans l'action. Orgueil intellectuel que de vouloir appréhender le futur avec précision ?

Faire le tri entre le clair et l'obscur

Certaines options paraissent évidentes. Elles sont confiées au terrain pour une application immédiate. D'autres sont des idées intéressantes mais en rupture avec la culture dominante : elles font l'objet d'expérimentations structurées de la part des équipes en première ligne, durent plus longtemps et demandent une évaluation formelle. D'autres enfin sont beaucoup plus complexes : elles demandent des études approfondies.

Il s'agit de définir des rythmes et horizons d'action différents et de revoir régulièrement quels sujets accélérer, freiner ou remettre en question : des projets « à discernement continu » selon l'expression d'un directeur général d'une grande caisse de retraite et de prévoyance en pleine transformation.

Le paradoxe de la Twingo

Avec un tel programme, la mise au point des solutions risque de durer trop longtemps ! Sauf si tous ces chantiers sont conduits en parallèle, en menant de front le simple et le complexe, le court, le moyen et le long terme. Reliées entre elles, animées par une volonté commune, ces actions s'enrichiront mutuellement et permettront de raccourcir considérablement les délais.

Les projets industriels sont les premiers à avoir appliqué le concurrent engineering, qui fait collaborer ensemble, dès le début, tous les acteurs influençant le résultat final. Le fameux exemple de la Twingo l'a même rendu célèbre : en travaillant ensemble dès le début de la conception, le design, le marketing, la production et la qualité ont abaissé les délais de lancement de la Twingo de 7 à 4 ans, tout en respectant les contraintes drastiques de coûts et de qualité !

> **Mais qui a câblé ce cerveau ?**
>
> Le traitement d'une impulsion élémentaire du cerveau est mille fois plus lent que le calcul élémentaire d'un ordinateur. Et pourtant notre esprit est incomparablement plus puissant que la machine. La raison ? Le traitement massif en parallèle. D'un point de vue de « câbleur » notre cerveau semble une gabegie de circuits et d'interconnexions redondants. Mais quel résultat !

Le monde du vivant pratique également le « massivement parallèle » à notre plus grand profit. Maintenant repris dans le management, il s'applique aussi à la conduite du changement. Il permet non seulement d'avancer beaucoup plus vite, mais également de fournir des résultats de bien meilleure qualité. Encore un paradoxe ?

Apologie du parallélisme

Lorsque les différents services d'une entreprise, des études à l'après-vente, interviennent successivement sur un nouveau projet, les objectifs sont souvent déformés à chaque étape. Chacun cherche à régler à son niveau la globalité du problème, en prenant des options pour les autres, créant ainsi des contraintes pour l'aval, ou remettant en cause des options prises en amont.

Mettre les actions en parallèle permet d'obtenir une compréhension commune de toutes les contraintes dès le début du projet. Ainsi leurs importances relatives sont mieux appréciées et partagées, et les arbitrages se font globalement avec l'ensemble des informations nécessaires.

L'obsession de la convergence

Faire travailler en parallèle vers une cible floue des acteurs menant des actions aux horizons différents, avec des degrés de certitudes variables... à l'évidence, un tel processus exige des ressorts de rappel puissants et un pilotage extrêmement rigoureux pour organiser la convergence vers un but commun.

Tout d'abord ce pilotage nécessite de maîtriser simultanément la refonte des outils et des systèmes, le reengineering des processus, un recensement des ressources disponibles et la construction des compétences nécessaires, un diagnostic des comportements et des modèles mentaux dominants, la définition de l'environnement de travail... : tel est le spectre, non exhaustif, des actions dont le chef de projet devra assurer la convergence.

Il devra ensuite définir un rythme adapté à chaque vague d'actions : rapide pour mobiliser et fusionner les énergies, lent pour créer des solutions en phase avec le délai de clarification de la cible, dynamique pour créer des coups d'accélérateur.

Enfin, le chef de projet orchestre un processus d'aller-retour entre une cible encore floue et des étapes qui la concrétisent, démontrent ce qui est réalisable et font passer au stade suivant de clarification de l'objectif.

Du leader charismatique au gestionnaire pointilleux

Au début du projet, on peut tout faire, mais on n'est sûr de rien. À l'arrivée, on sait presque tout, mais on n'a plus de marge de liberté pour remettre en cause les solutions déjà finalisées.

Tout le problème du chef de projet est d'optimiser cette courbe en ayant plus d'informations plus tôt pour prendre les bonnes décisions !

LA CONVERGENCE DES PROJETS

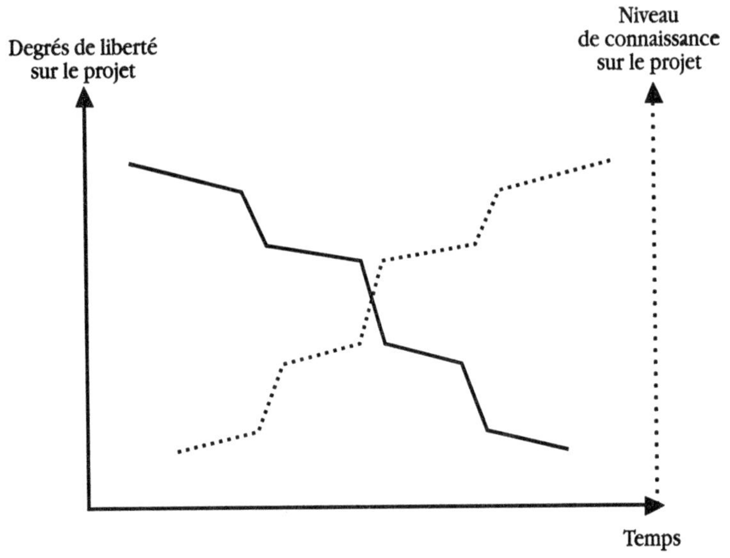

Source : Christophe Midler, L'auto qui n'existait pas

La méthode consiste d'abord à se donner du temps en amont, en acceptant de se mettre en mouvement sans prendre de décisions définitives. A ce stade, le chef de projet augmente l'efficacité de l'exploration en lançant un défi aux commerciaux, financiers, ingénieurs, pédagogues, gestionnaires, designers... Idéalement, il est le leader charismatique et visionnaire, capable d'amener le groupe à se dépasser.

Mais il organise également l'urgence en aval. Il a la responsabilité de faire aboutir les débats, même s'il reste encore des zones d'incertitudes, afin d'atteindre l'étape suivante. Le chef de projet devient un gestionnaire pointilleux, voire un pompier expéditif quand l'échéance approche ! [3]

Relever régulièrement les yeux vers la cible

Comment favoriser une progression cohérente vers la cible ? En se donnant les moyens d'en observer la globalité régulièrement. Plus le changement à construire fait appel à de nombreux paramètres, plus il faut se donner les moyens d'assembler en permanence le puzzle.

Les équipes qui travaillaient sur la Twingo avaient placé la maquette du prototype à un endroit visible par tous. Celle-ci changeait d'échelle à chaque étape, passait du plâtre au bois, puis à la résine, à mesure que la voiture prenait forme. Des mises en scène des futures situations de travail peuvent, de la même façon, aider à visualiser l'emboîtement des différentes composantes de la cible. Si ces petits films du futur restent parcellaires, ils « impressionnent » leurs spectateurs, qui comprennent tous immédiatement où ils se dirigent.

LE VOYAGE ÉCLAIRE LE BUT ET LE BUT ÉCLAIRE LE VOYAGE

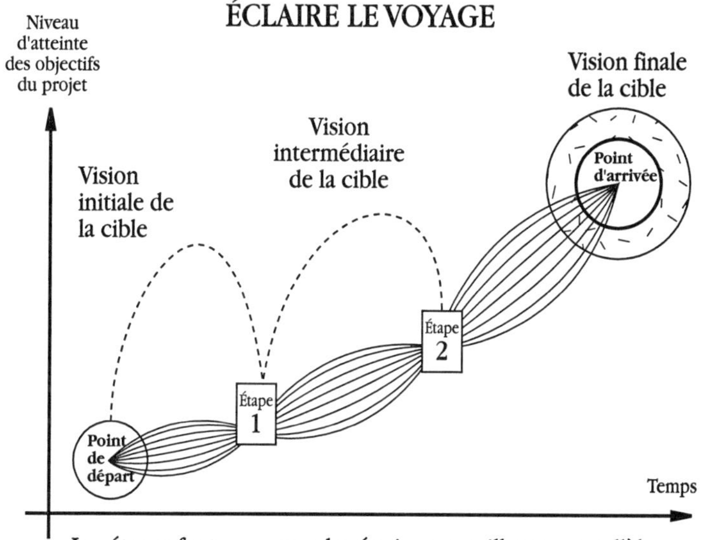

Les étapes font converger les équipes travaillant en parallèle, vers une cible qui ne se clarifie que progressivement.

Source : Andersen Consulting

Retrouver périodiquement la terre ferme

Tout ce processus prend du temps. Et le temps, nous l'avons vu, est le principal ennemi de la transformation. Combien de projets se sont ainsi engouffrés dans un tunnel de plusieurs années, n'en ressortant jamais ?

Sans étapes apportant des résultats incontestables, l'implication et le moral des leaders puis de l'ensemble de l'entreprise se trouvent peu à peu sapés. L'expérience des changements en entreprise montre que ces étapes ne peuvent être espacées de plus de 9 ou 12 mois. A l'arrivée de l'étape se rassemblent, comme les pièces d'un puzzle, les processus de gestion, les systèmes d'information, les situations opérationnelles de travail sous la forme qu'elles ont acquises à ce stade du projet. C'est là que les différentes actions du projet de changement se synchronisent, permettant à l'entreprise de continuer l'ascension avec confiance.

Se doter d'un réseau pour activer le changement

Si la co-création consiste à faire travailler en parallèle, dès le début du processus, l'ensemble des acteurs jouant un rôle dans le succès final, il est important de s'arrêter pour prendre pleinement la dimension du problème.

Il s'agit de faire coopérer, co-créer, des acteurs qui, par leurs positionnements et leurs rôles, ont des points de vue différents et souvent divergents sur les mêmes enjeux. Entre les opérationnels qui doivent mettre en pratique le changement avec toute leur ligne hiérarchique, les équipes de projet qui construisent les solutions fonctionnelles, techniques, organisationnelles, les leaders d'opinion dont l'influence peut suffire à pousser le projet ou au contraire à le déstabiliser, et les membres du comité de direction qui initient et conduisent la transformation, les intérêts, les points de vue sur l'entreprise et les capacités d'action sont souvent totalement divergents !

Comment faire travailler ensemble 100, 1 000, 10 000 ou 100 000 personnes, réparties sur différentes implantations géographiques et dont les préoccupations, les niveaux hiérarchiques, la culture et les compétences sont totalement hétérogènes ?

Vendre le changement comme un produit

Vendre des idées en rupture ou des solutions radicalement novatrices est au moins aussi difficile que de vendre des produits. Pourquoi cela exigerait-il moins de moyens ? Les entreprises du secteur de la grande distribution, les lessiviers, les laboratoires pharmaceutiques disposent de moyens impressionnants en publicité, en promotion, pour leurs études de marché, la vente et l'assistance à la vente. Sur le territoire français, Procter et Gamble a 50 « supervendeurs », 160 commerciaux... qui n'hésitent pas à déménager eux-mêmes les produits dans les grandes surfaces pour composer la nuit le linéaire idéal. Le laboratoire Hoechst Marion Roussel emploie en France 1 200 visiteurs médicaux qui, avec 6 visites par 24 heures, peuvent toucher 100 000 médecins en 12 jours !

La transformation réclame elle aussi son propre réseau de vente. Il est difficile d'imaginer un changement de grande ampleur sans se doter d'une infrastructure industrielle de distribution, de promotion, d'écoute du terrain. Et de « représentants du changement » particulièrement mobilisés.

En 1992, l'entreprise publique de télécommunications RTT change de statut et devient Belgacom, lié par un contrat de gestion à l'État belge. Troisième employeur du pays avec 26 000 salariés, l'entreprise doit se préparer à la déréglementation et à l'ouverture à la concurrence, ce qui signifie une transformation profonde de son organisation, de ses processus opérationnels et de sa culture. Difficulté majeure, seul le top management perçoit l'urgence du changement. 300 collaborateurs et 13 équipes régionales dédiés au changement sont alors mobilisés pour le « vendre ». Première victoire : la mobilisation de Belgacom trouve un écho favorable dans les journaux de consommateurs. Engagée désormais dans un processus continu d'amélioration, l'entreprise décide de conserver – parce qu'il joue un rôle précieux d'aide à aplanir les difficultés – son réseau d'agents du changement.

Toutes les entreprises n'ont pas la taille de Belgacom. Mais la plupart des organisations ont besoin d'un réseau de changement suffisamment structuré pour diffuser leur transformation, capable de centraliser les idées et de comprendre les inévitables contraintes, d'accélérer la progression de tous vers la cible, de faire accepter des compromis, de favoriser l'écoute et défendre l'ambition.

Une organisation de réseau de vente

Suffit-il de « nommer des volontaires » qui seraient les porte-paroles de la pensée du dirigeant ? Assurément non. L'architecture d'un réseau de changement est assez proche d'un réseau commercial traditionnel. Au premier niveau se trouvent les « grossistes » qui apprécient les enjeux et déclenchent les travaux pour l'ensemble d'une zone géographique. Chaque grossiste travaille avec son portefeuille de détaillants répartis dans toutes les unités locales. Ensemble ils préparent l'arrivée du changement dès le début du projet : à l'écoute des besoins et des difficultés des clients et des équipes en première ligne, ils les accompagnent dans la mise en œuvre des différentes étapes qui vont rythmer l'appropriation du changement.

UN RÉSEAU D'AGENTS DE CHANGEMENT
LE CAS EDF GDF SERVICES

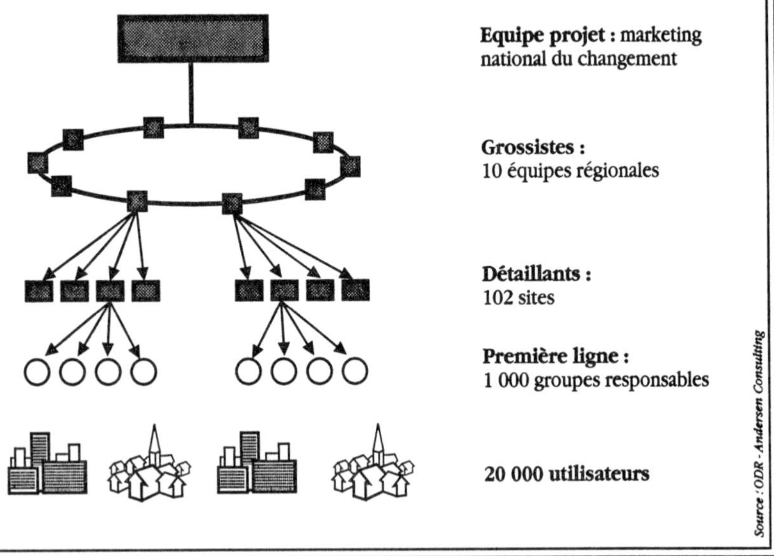

Grossiste ou détaillant, l'agent du changement est un expert qui apporte au terrain la vision globale de la transformation : pourquoi l'entreprise a-t-elle décidé d'adopter cette technologie, quel est l'enjeu de la réorganisation, sur quelles solutions la structure réfléchit-elle, quelle sera la prochaine étape, etc. En sens inverse, il communique à la direction les facteurs de démotivation et de résistance, mais repère également les suggestions d'amélioration intéressantes et les meilleures pratiques. Horizontalement enfin, il joue le rôle d'une véritable bourse d'échanges à laquelle accèdent toutes les unités locales. Il fait ainsi connaître les expériences des autres sites, favorisant le décloisonnement des structures et des compétences.

L'agent de changement, avocat ou espion ?

Notre agent de changement semble avoir le beau rôle. Il n'en est rien, et son positionnement est même extrêmement délicat. Avocat dérangeant du terrain pour le management de l'entreprise, missi dominici de la direction pour les opérationnels, espion venu d'autres services à peu près partout, l'agent de changement est impossible à situer et transgresse les frontières naturelles de l'organisation.

> L'agent du changement, par son côté « caméléon », fait penser... à un agent électoral ! Joe Klein, éditorialiste à Newsweek, décrit dans Couleurs primaires ceux qui ont fait le succès de la campagne de Clinton en 1992 : *« Ces équipes où le boy-scout côtoie le mercenaire, souvent dans le même individu ! »*

Assumer une telle carte d'identité n'est pas simple. L'agent de changement est un homme de dialogue et de conviction, a de grandes capacités d'animation, aide la hiérarchie à prendre en main la transformation, sait tenir tête ou s'adapter selon les circonstances. Il ne cesse de faire des aller-retour, du haut en bas de la structure, de région en région ! Pour être un bon agent de changement, il lui est nécessaire d'acquérir des compétences indispensables : médiation, coaching, négociation, pédagogie, marketing et communication, planification et coordination de projet, conduite d'expérimentation...

Les intérimaires du changement

Autant d'aptitudes qui relèvent de l'encadrement. Cependant, confondre un rôle hiérarchique et celui d'agent de changement dès le lancement d'un programme de transformation, est la plus sûre façon de le faire échouer ! Dans son rôle hiérarchique, l'encadrement est « l'œil qui se regarde » : absorbé par les problèmes du quotidien, il lui est difficile d'adopter une culture de projet et de se détacher du modèle de fonctionnement dominant. Il aura du mal à recruter ses détaillants ailleurs que dans la cascade de niveaux hiérarchiques, ce qui est contraire au principe d'un circuit court : l'expertise risque de se diluer à chaque niveau !

Les agents de changement doivent donc, dans un premier temps, se positionner hors de la hiérarchie existante et ne se consacrer qu'à leur mission.

Par le coaching, la pression et la vigilance apportés par l'agent de changement, l'encadrement intermédiaire pourra apprendre son nouveau rôle, acquérir de nouvelles compétences qui lui permettront de transformer la nature même de sa plus-value et de fusionner progressivement le rôle de responsable hiérarchique et d'agent de changement.

Mission : accélérateur du changement

Extrait d'un dialogue issu d'une réunion bimensuelle de réseau d'un projet de changement :

« J'ai beaucoup de mal à faire adhérer les directeurs d'agence au point quotidien sur l'activité avec leurs vendeurs, ils trouvent que c'est une perte de temps.
- As-tu essayé de leur faire simuler un entretien de debriefing hebdomadaire ? La dernière fois que je l'ai fait, les directeurs ont été incapables de m'expliquer la faiblesse du nombre de rendez-vous et du taux de succès. Ils ne savent pas si les vendeurs n'appellent pas assez les clients, si l'argumentation au téléphone est mauvaise, ou si les rendez-vous sont mal préparés. Une fois que tu leur as fait toucher du doigt cela, ils se disent qu'ils ont peut-être intérêt à faire le point tous les jours avec leurs vendeurs.
- Et quand le directeur a 12 vendeurs en direct, et quand il doit faire 150 kilomètres tous les jours pour couvrir ses points de vente, vous avez des idées !
- A Craponne-sur-Arzon, j'ai relevé une méthode de point collectif qui semble donner des résultats. Il faudrait explorer et faire une fiche de « meilleure pratique ». Chez toi, ils ont investi dans le radiotéléphone pour les voitures ? On voit qu'ils ont les moyens... eux ! »

Brouhaha général après cette remarque perfide... Ce jour-là, 10 nouvelles pratiques furent discutées, que la direction de projet enregistra, et pour lesquelles elle donna son sentiment : 4 furent validées comme généralisables, 3 mises à l'étude, et 3 rejetées après argumentation collective.

Comme les « attracteurs étranges »...
Le réseau des agents de changement peut jouer également un rôle très efficace dans la convergence des différentes actions. En communiquant de manière horizontale les solutions les plus intéressantes trouvées sur le terrain, il provoque petit à petit un « nivellement par le haut ». Les opérationnels sont stimulés par la progression des autres. D'une façon parfois surprenante, même si les options de départ sont différentes, si les vitesses de progression divergent, si certains sont enthousiastes et d'autres traînent les pieds, tous adhèrent à une famille très restreinte de solutions, parfaitement gérables pour l'ensemble de l'organisation, un peu comme ces « attracteurs étranges » dans la théorie du chaos.

Faire entrer toute l'entreprise dans une « communauté de changement » s'appuie sur une communication à caractère exceptionnel. La dimension contre-culturelle de la transformation réclame en effet un vocabulaire, des rituels, des symboles, des grand-messes : tout un mode de communication spécifique qui forge son identité et préserve sa force. Le sentiment communautaire naît de ces manifestations, qui célèbrent le chemin déjà parcouru et jouent un rôle essentiel dans la mise en convergence. « *Qui dit homme dit langage, et qui dit langage dit société* », écrit Claude Levi-Strauss dans *Tristes Tropiques.*

Les 300, 200, 100 jours de Synergie

Au début des années quatre-vingt-dix, le secteur production/transport d'EDF était organisé par filières de production. La direction décide de restructurer totalement l'organisation en annonçant la suppression des unités territoriales existantes et la création de nouvelles entités fusionnant les quatre filières traditionnelles (hors le nucléaire) : l'énergie thermique, l'énergie hydraulique, le transport et les mouvements d'énergie.

Elle fixe officiellement la date du « big bang », où près de 50 000 personnes vont changer d'organisation, et pour certains de localisation et de métier. Elle se donne un an et demi pour réussir : le pari est osé ! Elle décide alors de saisir l'opportunité du projet d'harmonisation des systèmes informatiques et comptables des quatre anciennes filières, Synergie, pour accélérer la naissance de la nouvelle organisation.

Toute la stratégie s'appuie sur une mise en tension progressive de l'entreprise orchestrée par un réseau d'agents du changement. Trois séminaires exceptionnels sont les trois « coups de gong » de ce compte à rebours jusqu'à la date fatidique.

À J–300, les 50 « grossistes » et les « détaillants du changement » montent à bord du navire, découvrent les enjeux et l'ambition. À J–200, les 500 membres du réseau de changement passent ensemble un contrat d'engagement sur le respect du calendrier et des contraintes de chacun. À J–100, les 500 se réunissent de nouveau, vérifient que les 5 000 acteurs de première ligne directement concernés sont tous sensibilisés, et lancent ensemble le programme de démarrage.

L'effet boule de neige

A leur propre niveau, nos grossistes et détaillants du changement créent leur réseau local, pour faire basculer progressivement l'ensemble de l'entreprise.

Loin d'être spontanée, cette progression est régie par des règles simples. Nos agents de changement jouent d'abord sur l'exemplarité en commençant par repérer des éclaireurs : leur succès rapide en fait des champions du changement et des modèles pour leurs pairs. Puis ils recherchent des alliés objectifs qui soutiendront le projet. Ces avocats du changement, dont l'indépendance d'esprit est reconnue, réfutent les arguments des sceptiques. Eclaireurs et avocats font alors progressivement basculer les attentistes, majoritaires dans l'entreprise, qui guettaient les signes de l'irréversibilité de la transformation avant de s'y engager. La direction générale pèse dans ces phases critiques de tout son poids.

LA MONTÉE EN PUISSANCE DU RÉSEAU SYNERGIE

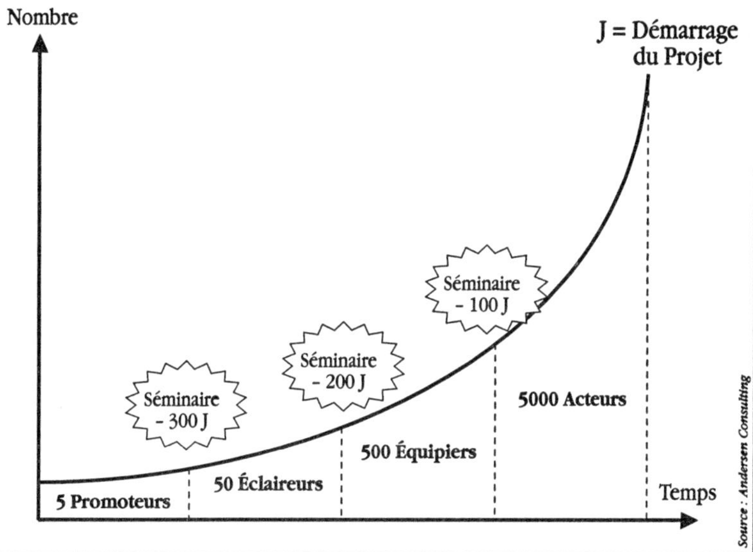

Assurer le présent ou accélérer vers l'avenir, éternel dilemme des dirigeants

Pour reprendre l'exemple du projet Synergie, la prise de conscience de l'irréversibilité du changement a été obtenue grâce à l'engagement d'un membre de la direction générale. Il utilisa lors du séminaire des 100 Jours une image forte : un extrait du film « Retour vers le futur ».

En effet, à 100 jours de la date de démarrage, le point de non-retour était atteint : plus question de reporter l'échéance, la seule solution était d'accélérer vers le futur, alors que celui-ci paraissait encore pour beaucoup incertain.

Retour vers le futur

Dans ce film, une voiture transformée en machine à voyager dans le temps parvient à franchir les siècles si elle atteint la vitesse critique de 120 km/h. Transportés au début du siècle à la suite d'une fausse manœuvre, elle et son inventeur se trouvent bloqués, faute de batterie ! Pour revenir à son époque, l'inventeur imagine de placer la voiture sur une voie ferrée désaffectée et de la faire pousser par une locomotive pour qu'elle atteignent la vitesse critique. Problème : cette voie ferrée est une impasse qui s'arrête au bord d'un précipice ! Mais cette voie sera dans le futur prolongée par un pont... D'où le suspense insoutenable : s'ils ne parviennent pas à atteindre la vitesse critique, l'inventeur et la machine resteront dans le passé et, ne pouvant plus s'arrêter, plongeront dans l'abîme...

Au jour J et à l'heure dite, le train fut à l'heure, et 50 000 personnes entrèrent dans la nouvelle organisation.

Développer et rendre visible l'engagement des leaders

Le changement doit être soutenu par des agents affectés à cette mission mais aussi par les leaders d'opinion de l'entreprise. Car les plus susceptibles de faire aboutir un projet peuvent le couler tout aussi facilement. Combien de « petites phrases » lâchées du bout des lèvres par ceux qui jouissent du respect de tous ont-elles été des phrases qui tuent ? *« Mon avis sur ce projet ? Une bonne idée, très importante pour l'entreprise ! Mais je ne suis pas bien au courant, je ne sais pas exactement ce qu'ils font ! »* Un leader d'opinion qui remet en cause un processus de transformation peut faire s'effondrer le moral des troupes. Il fournit à tous ceux qui en cherchaient d'excellentes raisons pour lever le pied.

Mettre les leaders au défi de soutenir un projet de changement relève d'un nouveau style de management. Toutes les entreprises ne souhaiteront pas nécessairement l'adopter. Il s'agit pourtant d'une mission que peut se donner l'encadrement intermédiaire, en faisant preuve de vigilance et de pro-activité. Il lui faudra s'assurer que les leaders plus éloignés du projet le soutiennent. Et pourtant, même les membres de l'équipe de pilotage, parrainant le projet, peuvent avoir des doutes ou se laisser aller, en petit comité, à des remarques assassines.

« Protégez-moi de mes amis, mes ennemis je m'en charge. »
Dresser la carte du pouvoir (appelée également power map ou carte relationnelle) de l'entreprise pour identifier ceux qui peuvent soutenir le changement ou le saborder, les intérêts de chacun et les relations qui les lient, est essentiel pour le chef de projet. Les leaders ne sont pas toujours ceux qu'on croit ! Ils peuvent se trouver à l'intérieur de l'entreprise – patrons des principales unités opérationnelles et fonctionnelles, dirigeants syndicaux – mais également à l'extérieur : clients, fournisseurs, dirigeants d'associations professionnelles ou d'associations de consommateurs.

Il reste alors à les faire adhérer et à les rendre « sponsors » du projet. Leur rôle sera de mettre à disposition des ressources clés, donner confiance au reste de l'entreprise et se porter garants de la cohérence des messages. *« Savoir où l'on veut aller, c'est très bien ; mais il faut encore montrer qu'on y va. »*, écrivait Emile Zola.

Giovanni Agnelli, lors de la mise en place de tableaux de bord de suivi de qualité chez Fiat, demandait régulièrement en conseil de direction où en était l'indicateur du taux d'étanchéité du joint d'antenne de la Uno. Un message fort envoyé à toute l'organisation !

Le soutien des leaders, un produit périssable
Seront-ils pour autant fidèles dans leur adhésion ? L'engagement d'un leader est un produit périssable. Ceux qui comptent sur un soutien sans faille risquent d'être déçus. Trahison ou inconstance ? Les « leaders » connaissent les mêmes doutes que le reste du personnel... surtout si ils ont sous-estimé l'ampleur du changement. Leur analyse des priorités stratégiques dépend naturellement de la maturité de leur réflexion, des résultats opérationnels, fonction de l'évolution de leurs relations avec d'autres leaders, des problèmes rencontrés, des réactions de la concurrence...

Que peuvent penser les leaders ?

« C'est très bien ce projet de refonte complète de la logistique de nos opérations, mais quand il a été lancé, j'avais alerté le directeur général sur le nombre de personnes que nous allions devoir reconvertir. J'avais recommandé d'inclure dans le projet un dispositif

innovant de temps partiel. Maintenant que je suis devenu directeur général adjoint et responsable à ce titre des ressources humaines, je sais que cette affaire va mal se passer et je n'ai pas l'intention de la soutenir. Il vaudrait mieux réduire son ambition, l'étaler dans le temps et voir venir. Je ne le ferai pas savoir ; j'ai besoin de l'appui du directeur général sur une affaire qui me semble beaucoup plus prioritaire et ce projet logistique est son enfant chéri.. Heureusement que le chef de projet n'est pas venu me voir, cela m'aurait forcé à être plus explicite, et je n'aime pas me découvrir dans ce genre de situations ! J'espère qu'il comprendra tout seul... »

Du lobbying rapproché au « show business »

Tout le problème est d'instaurer un dialogue continu avec les leaders. Or, dans les réunions officielles, peu disent le fond de leur pensée. Chacun joue son rôle, figé et isolé par le poids de ses responsabilités. Les pilotes du projet et les animateurs du « réseau de vente » doivent donc créer des occasions de rencontres hors du cadre habituel de communication.

Ces rencontres relèvent tout d'abord du lobbying « confidentiel » : faire le point en tête à tête avec les patrons de branches, les directeurs d'usine, les directeurs de service, les leaders d'influence... Elles permettent de détecter des évolutions ou un fléchissement de leur implication et de revoir, s'il le faut, les ambitions initiales.

A l'opposé, la création de grands événements spectaculaires, rassemblant l'ensemble de la ligne hiérarchique, est aussi une pratique efficace : puisqu'ils leur donnent l'occasion de faire passer leurs propres messages les leaders s'y associent spontanément et affichent ainsi publiquement leur volonté de changement, renforçant l'engagement de l'encadrement intermédiaire.

Show business ou management ?

Réaction d'un directeur de branche d'une grande banque à un projet de séminaire exceptionnel : « *Vous croyez vraiment qu'il faut faire un séminaire de 2 jours avec 100 personnes ? Et vous pensez vraiment que cette « vidéo-trottoir » sur ce que les gens pensent du projet ne sera pas ridicule ? En outre, l'encadrement intermédiaire ne saura jamais présenter les résultats des travaux convenablement ! Pourquoi ne pas faire plutôt un séminaire avec l'équipe de projet et l'équipe de direction et voir tout cela entre nous ?* »

Le séminaire a bien eu lieu. Les équipes et leur encadrement ont présenté leurs propositions sous forme de saynètes pour rendre leurs recommandations plus percutantes et pour être mieux compris par les autres équipes ! Du jamais vu ! Non seulement ils n'ont pas été ridicules, mais ils ont réussi à faire naître un véritable enthousiasme.

Les porteurs du projet peuvent-ils rêver de prendre l'ascendant sur les leaders qu'ils perçoivent comme défaillants et gérer le changement selon leur idée ? Certainement pas ! Il ne sert généralement à rien de donner à un programme de transformation une ambition plus forte que celle que les leaders sont prêts à assumer. « *Never work harder than your sponsor* », conseille Darryl Connor. Force est de constater que beaucoup de projets se retrouvent, avec le temps, parfois dès l'origine, en complet décalage avec la détermination des décideurs de l'entreprise.

Mais les leaders peuvent être encouragés et aidés dans leur propre détermination, notamment par le terrain lorsqu'il participe activement à concrétiser la volonté des dirigeants. Un des généraux de Napoléon, félicité en fin de bataille, rétorquait ainsi : « *Il fallait bien que je les suive puisque j'étais leur chef.* »

Andersen Consulting, une brève histoire du changement

Comme beaucoup d'entreprises, Andersen Consulting se transforme depuis sa création, à un rythme qui s'est fortement accéléré depuis quelques années. Pour nous adapter à la nouvelle donne de l'ère de la communication et progresser vers l'entreprise digitale, nous avons du nous remettre fortement en question. L'histoire d'Andersen Consulting peut illustrer un processus de transformation.

Passionnant, difficile, en perpétuel devenir et jalonné de moments critiques et de ruptures, ce voyage est celui du transformeur transformé ! Son rapide résumé semble cohérent et logique : ce n'est pas toujours ainsi qu'il a été vécu au quotidien. Les post-rationalisations ne sauraient cacher les tâtonnements, les échecs et les choix difficiles vécus au quotidien.

Le point de départ fut l'investissement massif sur le conseil et l'informatique dès l'année 1955, décision évidente aujourd'hui, mais fortement spéculative à l'époque pour un cabinet d'audit : une vraie cible floue avec toutefois des résultats concrets rapidement : c'est l'un de nos associés, Leonard Spacek, qui utilisa pour la première fois des ordinateurs dans le domaine de la gestion, pour traiter la paie de General Electric.

Les années soixante-dix et quatre-vingts : le tout solutions

Dès lors, l'exigence de compétitivité que vivent nos clients a fortement marqué l'évolution de nos services. Dans les années cinquante à soixante-dix, époque de développement économique somme toute facile, notre métier correspondait à la vente de compétences rares, vendues en régie.

Sous la pression économique des années soixante-dix s'est développée une demande de solutions « clés en mains », principalement fondées sur les systèmes d'information. Cette mutation du métier fut vécue sans trop de difficultés, mais la diversification qui semblait naturelle dans le développement et la vente de progiciels fut un échec : nous avions probablement sous-estimé la différence de compétences et de culture que cette activité exigeait.

Jusqu'au milieu des années quatre-vingts, nous avons renforcé cette capacité à délivrer des « solutions ». Nous étions essentiellement positionnés sur les domaines structurants de l'entreprise : stratégie, organisation, fonctionnement et systèmes. Nous nous sommes focalisés sur la qualité de notre expertise avec une attention toute particulière à la maîtrise du planning, des délais et des coûts. La plupart du temps nos clients se chargeaient eux-mêmes de la mise en œuvre de ces solutions sur le terrain, notamment dans ses aspects humains.

1985, Education Consulting

Progressivement, les changements entrepris par nos clients sont devenus de plus en plus ambitieux. Les problèmes posés par leur complexité et le « facteur humain » ont commencé à prendre une importance inhabituelle. Nos clients avaient de plus en plus de difficultés à tirer parti des solutions que nous élaborions avec eux, soit parce qu'elles représentaient des ruptures plus difficiles à intégrer, soit parce que les délais étaient plus courts. Beaucoup de nos consultants étaient frustrés, ne comprenant pas pourquoi des solutions qu'ils jugeaient bonnes étaient mal utilisées sur le terrain.

En 1984, lors de l'exercice annuel de vision stratégique d'Andersen Consulting, Arthur Andersen à l'époque, ces difficultés ont conduit à créer une nouvelle gamme de services pour mieux maîtriser les problèmes de mise en œuvre.

Il est intéressant de noter que cette nouvelle activité stratégique a été baptisée dans un premier temps Education Consulting. Le cadre de référence était toujours le même : si les solutions n'étaient pas acceptées, c'est que les acteurs n'étaient pas suffisamment bien formés ! Le « Push » – la solution « poussée » vers l'utilisateur – dominait toujours le « Pull » – le changement co-créé. Les modèles mentaux ont la vie dure !

1987, Change Management

L'ambition des projets de nos clients continuant à croître, les problèmes sont devenus plus aigüs et les efforts pour les résoudre plus importants et coûteux.

Une deuxième étape a été franchie. D'Education Consulting, la nouvelle division stratégique a été rebaptisée Change Management : elle traitait désormais le problème d'accompagnement et de conduite du changement de façon globale. Cette décision coïncidait avec l'évolution des théories sur l'organisation, la fin du taylorisme et les analyses de Michel Crozier. Au fur et à mesure que cette division montait en puissance, des tensions difficiles mais créatrices ont opposé les tenants de l'approche par les solutions et ceux de l'approche par le changement et les hommes.

1990, Business Integration

Personne ne détenait la vérité ! Un problème complexe se résout en le traitant simultanément autour de plusieurs axes, en suivant plusieurs points de vue. Nous sommes à l'époque du *concurrent engineering.*

Avec nos clients, nous mettons en œuvre des programmes de transformation synchronisant leur vision stratégique, la reconstruction des processus, l'utilisation appropriée des technologies de l'information et la conduite du changement.

Et l'évolution continue : le stade actuel de notre offre consiste à partager les risques et les résultats de transformations conduites en partenariat avec nos clients.

De nouveaux métiers ont ainsi émergé : la prise en charge de fonctions complètes qu'une entreprise ne souhaite pas conserver, pour mieux se consacrer au cœur de son métier. Ou l'exploitation de services multi-entreprises qui nous rendent acteur à part entière de certains secteurs, comme le transport aérien. Administration, logistique, centre de relations personnalisées : l'économie en réseau et les partenariats qui décloisonnent les entreprises sont une réalité expérimentée, récente mais robuste.

De consultants en organisation, nous sommes ainsi devenus des hommes de transformation en même temps que des industriels s'engageant sur des résultats concrets. Nous vivons quotidiennement ce glissement de la relation client-fournisseur vers un partenariat global, reprenant ou partageant des pans d'activité entre entreprises partenaires.

Les mutations de notre organisation interne

Parallèlement à l'évolution de notre métier, notre organisation atteint les limites de son fonctionnement vers la fin des années quatre-vingts.

Un premier séisme dans l'histoire d'Arthur Andersen a été la constitution en 1989 d'Andersen Consulting, une « business unit » à part entière pour bien différencier sa stratégie, son organisation, ses investissements et ses modes de fonctionnement de la base historique Arthur Andersen. Cette différenciation des activités était devenue indispensable tant la culture et les compétences étaient contrastées pour pratiquer les métiers d'audit et de conseil.

Dans le même temps, l'organisation évolua : la traditionnelle autonomie d'exploitation accordée à chaque pays, dans le cadre d'une stratégie globale, fut bouleversée. Désormais le pays s'insère dans un réseau plus large, les responsabilités d'actions sont partagées par plusieurs acteurs, certains à un niveau local, d'autres au niveau d'un groupe de pays ou international : beaucoup de tensions pour des associés qui étaient entrés dans un cabinet afin d'exercer une profession libérale et qui deviennent, tout en étant actionnaires de l'entreprise, les membres interdépendants d'une organisation mondiale.

Aujourd'hui, un consultant est affecté à un portefeuille de clients d'une même industrie. Il est rattaché à un groupe de compétences qui gère son développement professionnel. Il dispose d'un mentor qui le conseille et suit son parcours. Il fait partie d'une communauté géographique, cadre d'une animation et de rencontres informelles. Partant d'une prééminence nationale, l'organisation déploie progressivement de nouveaux axes : le marché, les compétences, et la proximité. Aucun n'est meilleur qu'un autre ; l'organisation oscille entre ces dimensions pour chercher en permanence l'équilibre. Pas facile à vivre au début !

Nos clients nous demandent fréquemment un organigramme : si les responsabilités sont clairement connues par ceux qui les portent, les relations entre les composantes du réseau sont impossibles à décrire sous forme d'organigramme !

Le caractère virtuel de cette organisation se développe chaque jour : les membres du conseil d'administration sont répartis sur toute la planète. Il n'y a pas deux membres du comité exécutif qui résident dans la même ville. Le conseil d'administration se réunit toujours dans des capitales différentes. La « gérance » est elle aussi… virtuelle. A l'exception de leur convention annuelle, les votes des 2 500 associés sont électroniques, depuis leur portable.

Ce changement ne s'est pas fait du jour au lendemain ni sans résistances, notamment dans l'utilisation des moyens technologiques. Transformer un associé de 50 ans en virtuose de la navigation électronique est un pari... presque gagné !

Transformation : une industrie en émergence

Maîtriser des projets de transformation demande des profils, des méthodes et des outils entièrement nouveaux, capables d'être portés à un niveau industriel.

Loin de changer notre culture, faite de rigueur et de méthode, nous l'avons enrichie d'une sensibilité aux mécanismes du vivant, à la complexité et au facteur humain. Car cette culture devenait également celle de nos clients. Quand une organisation a vécu le dépassement suscité par une transformation et a expérimenté des modes de fonctionnement tels qu'un réseau de changement, elle les pérennise en les inscrivant dans son organisation.

La transformation était de l'artisanat, elle sera bientôt une compétence, un métier et une industrie.

BIBLIOGRAPHIE

1 D'après Daryl Connor, *Managing at the speed of change*, Villard Books, New York, 1993.

2 Peter Senge avec Alain Gauthier, *La Cinquième Discipline*, First, 1991.

3 D'après Christophe Midler, *L'Auto qui n'existait pas*, Interéditions, 1993

FORGER DES PROJETS HAUTE RÉSOLUTION

« C'est nécessaire, donc c'est possible. »
Borghese

Oser aujourd'hui des ruptures fortes pour ne pas subir demain des crises : les équipes dirigeantes doivent trouver l'énergie pour transformer profondément leurs organisations. À défaut le changement s'impose souvent de lui-même, mais au travers d'ajustements subis, au prix humain trop élevé.

Les ruptures volontaires, qui amènent de nouveaux fonctionnements, de nouvelles compétences et changent la culture de l'entreprise, exigent détermination et ambition.

Deux conditions s'imposent pour mettre l'entreprise en mouvement : un projet mobilisateur et une forte cohésion de l'équipe dirigeante. Aucun de ces deux enjeux ne peut être considéré comme durablement acquis lors d'un projet de changement. En se confrontant en permanence à la réalité, l'équipe dirigeante élabore un projet « haute résolution », capable de lever les obstacles à la transformation.

Et au travers de l'expérience des ruptures maîtrisées, le management de l'entreprise digitale prépare l'ultime transformation : faire entrer son organisation dans le changement permanent.

Crise ou rupture

Conduire la transformation d'une entreprise en impliquant l'ensemble des acteurs pour les faire converger vers l'objectif semble une démarche naturelle. Pourtant 80 % des dirigeants privilégient une crise pour déclencher des mutations importantes. [1] Forcer ainsi l'adaptation des ressources humaines présente des risques majeurs. Les acteurs perdent leurs repères individuels et collectifs, n'ont plus de vision claire de l'avenir et sont paralysés par un sentiment d'insécurité. Ils y laissent beaucoup de leur confiance dans le management, surtout si ces crises sont artificielles. Le changement perd sa dimension positive.

Si les crises sont parfois inévitables, elles sont difficilement compatibles avec des démarches de co-création. British Airways, par exemple, est passée par deux ans de turbulences avant de pouvoir lancer un vaste programme de remobilisation de son personnel.

British Airways : de la crise à la transformation

En 1979, le gouvernement britannique annonce son intention de privatiser British Airways. La compagnie connaît alors une situation désastreuse : les pertes s'élèvent à 150 millions de livres, les clients ont une perception déplorable du service, le personnel est démotivé, la concurrence sur l'Atlantique fait rage. British Airways semble condamnée.

Le signal du changement est donné en septembre 1981 par le nouveau président, Sir John King. La bataille sera menée sur trois fronts : la stratégie, le service au client et le personnel. Dans ces trois domaines, les progrès se focaliseront sur des actions bien identifiées destinées à mesurer les progrès accomplis.

Le plan de survie passe par une rationalisation drastique. De 1981 à 1983, 150 millions de livres sont consacrées à des indemnités de licenciement. Une activité comme le fret est abandonnée, toutes les lignes non rentables sont fermées.

Début 1983, une nouvelle politique commerciale peut alors être promue pour reconquérir la clientèle. De nouveaux produits et services sont lancés pour satisfaire une catégorie jusque-là délaissée : les hommes d'affaires. La livraison des bagages, la ponctualité des vols, le service en cabine font l'objet de réformes profondes.

Le programme Putting people first consacré à la remotivation des personnels, est lancé en décembre 1983 : 40 000 personnes y participent. Le message est clair : la crise passée, les employés seront les premiers bénéficiaires des résultats de la transformation. La compagnie s'emploie également à créer une nouvelle image : nouveau logo, nouveaux uniformes...

Le programme porte ses fruits. En 1986, BA présente un profit avant impôt de 222 millions de livres. En 1987, la privatisation peut avoir lieu et la part de marché de British Airways sur l'Atlantique passe de 29 à 38 %.

Eviter les crises par les ruptures

La crise est le signe que l'entreprise s'éveille soudain d'une torpeur fatale. Trop longtemps satisfaite de modes de fonctionnement et de schémas de pensée qu'elle n'a pas voulu remettre en cause, sa capacité à changer, son intuition du marché et son sens de l'innovation sont très affaiblis. D'où ces crises, aussi brutales qu'inéluctables. Les « remèdes de cheval » qui s'imposent – restructurations massives, fermetures de sites, cessations d'activités – fragilisent les hommes et les organisations et favorisent souvent l'arrivée de nouvelles crises. Pour les entreprises qui ne parviennent plus à sortir de ce cercle vicieux, l'issue est fatale : la déréglementation du transport aérien aux États-Unis a signé l'arrêt de mort de Pan Am, la recomposition du secteur informatique a fait disparaître des leaders, et le secteur bancaire présente aujourd'hui des symptômes similaires.

Pour se maintenir en forme, les entreprises doivent s'obliger à des ruptures. Quand elles sentent leur vitalité s'affaiblir, mais aussi quand elles perçoivent les « signaux faibles » d'un changement en profondeur du marché, alors qu'elles sont encore très performantes. La rupture permet aux entreprises d'accroître leurs performances, de mieux anticiper et de s'obliger ainsi à d'autres ruptures : un cercle vertueux qui remplace avantageusement celui de la crise.

Lorsqu'il décide de diminuer de moitié le nombre de ses caisses régionales pour augmenter son niveau de rentabilité, le Crédit Agricole rompt avec un modèle à l'origine de son succès. Alors qu'il dispose du plus puissant réseau commercial des banques françaises, il lance un programme ambitieux dans le domaine de la banque à accès multiples. Devenu le premier partenaire des PME françaises, il décide de passer à la vitesse supérieure dans son développement international en rachetant Indosuez ! Le Crédit Agricole doit sa réussite à sa capacité de se remettre en cause chaque fois qu'il atteint l'apogée dans une composante essentielle de son activité. Ses dirigeants savent que le succès n'appelle pas forcément le succès !

Mettre l'entreprise en position de force

Les opportunités de ruptures sont multiples. Le déménagement d'un site industriel ou d'un siège social est une occasion idéale pour changer l'organisation et les comportements. L'évolution de la réglementation du travail – temps partiel, travail à domicile – bouleverse le mode de fonctionnement de certaines entreprises. Grâce à une stratégie informatique très innovante, Wal-Mart a repensé complètement sa logistique et obtenu un avantage décisif sur les prix. Un nouveau progiciel a aidé Bœing à fabriquer un premier 777 immédiatement commercialisable, réduisant considérablement ses coûts et révolutionnant au passage les méthodes de travail de ses ingénieurs.

Tout l'avantage d'une rupture, c'est que l'entreprise l'initie en position de force à la fois financière et morale. Elle peut demander beaucoup à son personnel et, en retour, lui faire partager les bénéfices de son succès. Elle a également une longueur d'avance sur ses concurrents et dicte les nouvelles règles du jeu. A son plus grand profit : son capital image, son expérience, la fidélisation de sa clientèle l'aideront à réussir la prochaine rupture. Enfin, l'entreprise y apprend à mobiliser l'intelligence collective, à consolider la confiance du personnel dans le management, à s'adapter en permanence.

Est-il possible de se remettre ainsi perpétuellement en question dans le contexte économique actuel ? Les marchés semblent saturés, la concurrence des pays à faibles coûts de main-d'œuvre fait rage, la pression sur les marges et les besoins de rentabilité à court terme rendent l'investissement difficile. Pourtant les exemples d'entreprises dont le succès défie de telles contraintes ne manquent pas : Prisma Presse, MBK, Mattel, Wal Mart, Vuitton, Benetton... Toutes doivent leur succès à leur agilité.

Viser suffisamment haut

La rupture est d'abord une question d'objectif. La barre doit être placée suffisamment haut. Une entreprise dont l'objectif n'est pas assez éloigné de sa situation de départ a tendance à corriger les dysfonctionnements les plus visibles puis à adopter un processus d'amélioration continue. Elle risque de rendre encore plus complexe son organisation, de nouvelles procédures se superposant à un dispositif inadapté.

A l'inverse, un objectif très ambitieux force à prendre le problème complètement différemment. *« Seul l'invraisemblable est intéressant »*, disait Karl Popper. Il n'y a pas de transformation au petit pied. Réduire des délais de livraison de 10 % est réalisable en optimisant les processus. Les diviser par deux, comme l'a fait par exemple La Redoute deux fois dans son histoire, exige une transformation en profondeur. Confrontée à un défi majeur, une entreprise est obligée de remettre en question ses modèles mentaux et de briser ses tabous. La grande distribution ne pouvait accroître sa flexibilité sans s'interroger sur ses relations avec ses fournisseurs. Persona non grata dans les entrepôts, certains d'entre eux livrent aujourd'hui directement les linéaires !

Les contraintes auxquelles font face les entreprises produisent naturellement des défis majeurs. Comme l'explique le consultant Michael Oliff, nous vivions à l'époque du « ou ». Décider consistait à choisir une alternative pour résoudre un problème. Nous vivons désormais à l'époque du « et ». Les entreprises doivent améliorer la qualité et baisser les coûts, personnaliser leurs produits et réduire les délais de production. De telles exigences stimulent les ambitions. Des points de vue extérieurs contribuent également à fixer la hauteur de la barre. Ecouter les clients mécontents, se faire aider d'un créatif ou d'un artiste pour changer de point de vue, chercher à dépasser les meilleurs sont autant de manières de se remettre en cause.

Les ruptures provoquées volontairement, quand l'entreprise est au mieux de sa forme, sont infiniment moins difficiles à réussir qu'une restructuration menée au pas de course pour éviter la catastrophe. Elles sont le meilleur des remèdes anti-crises, même si les secondes peuvent déclencher les premières, comme dans le cas de British Airways. Toutes deux participent en effet de changements contre-culturels, s'opposant en ce sens à une simple optimisation des processus ou à la reconstruction consensuelle de l'organisation, pour reprendre la distinction de Chris Parker. Mais seule la rupture nous semble un mode de management susceptible de pouvoir préparer l'entreprise aux défis de l'ère de la communication. C'est la marque des processus de transformation.

NAVIGUER ENTRE CHANGEMENT ET STABILITÉ
LE MODÈLE DE CHRIS PARKER ET MORGAN GOULD

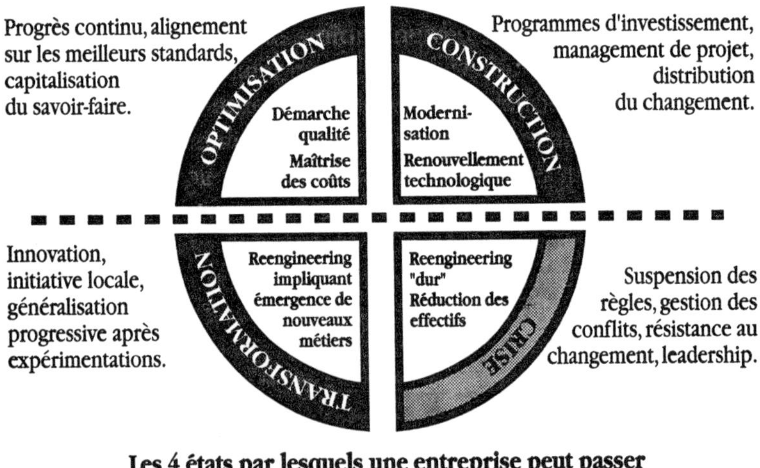

Les 4 états par lesquels une entreprise peut passer dans la conduite d'un changement

Source : I.M.D. et Andersen Consulting.

Décider en environnement complexe

Aujourd'hui, Gérard B. est en avance au bureau. L'occasion de relire les dossiers qui seront traités en comité de direction ce matin. Notamment ce projet de la division commerciale !

Gérard B. est directeur général de Business SA. Et il est de mauvaise humeur. Le comité de direction a beau avoir mis sur pied un véritable plan de bataille il y a trois mois, Business SA continue à perdre des parts de marché. Son principal concurrent, Rupture SA, voit, lui, sa réorganisation commerciale commencer à porter ses fruits. Il faudrait peut-être lancer plus vite la nouvelle gamme. Quitte à ralentir le projet de refonte du système commercial, car on ne peut tout faire à la fois !

Une note de son directeur de la stratégie lui a expliqué que l'informatique permettrait aux clients de certaines entreprises de ne plus passer de commande : un système de réapprovisionnement automatique, pris en charge par le fournisseur, remplace la commande au coup par coup. Il faudrait peut être y réfléchir rapidement. Mais cela va encore coûter une fortune.
« *Ces histoires d'informatique... Il faudrait plutôt améliorer l'offre commerciale. Et puis il doit bien y avoir un problème d'efficacité de la force de vente ! Eux, ils devraient changer de mentalité et conseiller un peu plus les clients !* pense-t-il. *En fait il faudrait peut-être faire le grand saut. Changer tout le fonctionnement. Tout ça n'est pas simple !* »

Il tente vainement de joindre son ami Jacques pour un déjeuner (« *Pourquoi le standard ne répond-il pas dans mon entreprise ?* »). Tout cela ne fait qu'amplifier son énervement lorsque son assistante le prévient qu'il est attendu pour la réunion du comité de direction.

Charles V., directeur commercial, ouvre la séance : « *Nous sommes dans une sacrément mauvaise passe : nos parts de marché diminuent sur tous les segments où nous avons décidé de nous battre. Je vous fais grâce des camemberts. Nous nous devons de réagir rapidement. Je fais mon affaire du premier problème d'agressivi-*

té commerciale. Mais pour moi le second est surtout la qualité du service après-vente, et plus généralement le service client.
Mon projet est d'améliorer le service client pour fidéliser notre clientèle avant qu'elle ne parte à la concurrence. C'est un projet qui nous concerne tous et un véritable projet mobilisateur pour Business SA ! »

Robert H., directeur des ressources humaines et des relations sociales : « *Tu as raison, nous devons travailler notre savoir-faire en matière de relation clientèle. Il faudrait faire passer tout le monde en session de formation de service client. Je connais une très bonne société extérieure : 10 jours de formation-action par individu pendant 6 mois pour ancrer les nouveaux comportements. Tu as raison, le service client c'est d'abord un changement du savoir-être des individus !* »

Quentin I., directeur de la qualité : « *Il faut construire l'entreprise autour des processus transverses et des chaînes de valeur ajoutée. Le service client est un bon exemple. Alors pourquoi ne pourrait-on pas regrouper toutes nos forces en contact avec les clients au sein d'un secrétariat commercial, faire évoluer leur métier vers quelque chose de plus pro-actif, un peu comme des télévendeurs ?* »

Robert H. : « *Quentin, tu n'y penses pas ! Les gens sur le terrain ne sont pas prêts à ce genre de bouleversement. Et puis pourquoi faire évoluer les postes si vite ? Je viens juste de finir le répertoire des métiers et des postes. Ça m'a pris pas mal de temps avec les organisations syndicales pour obtenir un accord global. Non, le projet commercial est une très bonne idée car il faut réellement se mettre au niveau de la concurrence mais prévoyons ce changement culturel en plusieurs années.* »

Gérard B. : « *Ne faudrait-il pas donner un nouvel outil à ces équipes ?* »

Serge I., directeur du système d'information et de l'organisation : « *Un nouvel outil ? Sûrement ! Le projet de Charles est très intéressant mais je crois qu'il est trop tôt pour le mettre en place. Je rappelle que nous nous sommes lancés, et vous étiez d'accord il y a*

6 mois, à refaire le système d'information de gestion commerciale et clientèle. Nous l'avons appelé Pégase. Je pense que cela devrait répondre en grande partie à la problématique du service client. Finissons ce que nous avons commencé avant de nous lancer dans ton projet. »

Gérard B. : *« Dans combien de temps aura-t-on fini Pégase ? »*

Serge I. : *« C'est simple, nous sommes dans la phase de schéma directeur. Nous avons déjà un peu de retard et nous devrions le terminer dans 1 mois, nous aurons ensuite la phase de conception de 8 mois environ, la réalisation et les tests utilisateurs devraient nous prendre 12 mois. Alors on pourra attaquer dare-dare la formation.... »*

Gérard B. : *« Bref, nous serons prêts dans deux ans ! »*

Serge I. : *« Oui, si les utilisateurs arbitrent rapidement pour éviter les surcoûts ! »*

Marc S., directeur du marketing, de la stratégie, de la communication et de la prospective : *« Je n'arrive pas à vous comprendre. Vous voulez vous lancer dans un projet de transformation commerciale alors que nous sommes dans la phase de ré-actualisation de notre schéma stratégique pour 1997-2000 : ne mettons pas la charrue avant les bœufs. Sans parler de notre projet d'acquisition en Espagne, qui, s'il se décide, va mobiliser une bonne partie de nos ressources. J'en profite pour vous demander quels sont les personnes que l'on pourrait mettre dans le comité de validation du schéma stratégique ? »*

Gérard B. : *« Ne peut-on pas en reparler une autre fois, s'il vous plaît. Concentrons-nous sur le projet de Charles. Merci. »*

François A., directeur financier : *« Pourquoi ne pas fusionner le projet de Charles et le projet Pégase ? »*

Serge I. : *« François, tu connais la mise en place des projets informatiques : c'est assez compliqué comme ça. Il vaut mieux un bon projet informatique bien ficelé qui arrive à temps qu'un projet style auberge espagnole, que l'on ne pourra plus gérer. Rappelle-toi le nombre de projets qui ont dérapé !!!* »

Patrick E., directeur de la production : « *Un projet d'amélioration du service client c'est pour moi l'amélioration des délais de livraison. Il faudrait donc y lier la problématique de gestion des stocks qui aujourd'hui n'est pas en grande forme.* »

Charles V. : « *Je veux bien prendre en compte le système de livraison et de gestion des stocks mais je ne pourrai pas attendre trop longtemps. Rupture SA a encore gagné 1 point ce trimestre. Il faut renverser la vapeur dès demain. Je ne peux pas attendre 2 ans. Réagissons !* »

Marc S. : « *Je ne comprends pas, Charles. Répondre au téléphone au client, ce n'est pas difficile. Le service des méthodes commerciales avait développé ce que devaient faire les secrétaires commerciales. Prendre une commande et répondre au client, ce n'est pas sorcier !* »

Gérard B. : « *C'est vrai Marc. Encore faut-il leur donner les outils et la formation adéquats. J'étais la semaine dernière à la direction régionale de Nantes et j'ai revu Ghyslaine, mon ancienne assistante, qui est devenue secrétaire commerciale. Et bien, elle m'expliquait que pour prendre une commande pour un client, elle doit réaliser les transactions dans deux systèmes différents. Sans parler de la vérification du risque client qui se fait dans un troisième système. Comment travailler dans ces conditions ?* »

François A. : « *Ce que tu dis, Gérard, incite à fusionner le projet de Charles avec Pégase ! Nous n'avons que 100 millions de francs d'investissement possible dans les projets pour cette année. On ne peut pas tout faire ! Nous avons déjà lancé 4 projets. Il faudra faire des choix !* »

Gérard B. : « *Oui, François il faut faire un choix. Il nous faut choisir le bon projet qui nous permettra de gagner la bataille. Mais je ne suis pas sûr que tous les projets répondent aux enjeux de Business SA.* »

Gérard B. songeait à nouveau à son envie de transformer son entreprise en profondeur. Ne fallait-il pas arrêter tous ces projets et les fusionner ? Il en prendrait alors la responsabilité avec, pour comité de pilotage, le comité de direction lui même. Cela permettrait déjà de réduire le nombre de consultants dans la maison ! Gérard B. essayait de compter le nombre de cabinets de conseil en management qui travaillaient chez lui : pratiquement chaque directeur avait son consultant ! Fusionner, pourquoi pas ? Aller enfin vers du nouveau, rompre avec le passé ? Le jeu en valait peut-être la chandelle...

Il y a du Business SA dans toute entreprise

Décider d'opérer une rupture exige un projet de transformation suffisamment fort. L'identifier n'est pas simple. Les dirigeants manqueraient-ils d'idées ? C'est plutôt qu'ils en ont trop, comme ces membres du comité de direction de Business SA ! Le trait est certes forcé. Mais tel l'âne de Buridan, qui ne parvient pas à choisir entre l'avoine et le foin et finit par mourir de faim, l'entreprise ne peut se permettre de tergiverser. Elle doit choisir de bons projets de changements. Et compte tenu de l'ampleur des enjeux humains et financiers, toute erreur sera coûteuse... et peut-être fatale !

Se forger des certitudes en la matière n'a peut-être jamais été aussi complexe. Pourtant ce n'est pas l'information qui manque : études de marché, analyses de la concurrence, synthèses prospectives, informations économiques, audits de l'entreprise... La difficulté consiste plutôt à distinguer l'essentiel, à opérer les bons choix et à s'y tenir.

Le mythe de l'équipe de direction

Or la majorité des équipes de direction sont loin d'y parvenir : « *La plupart des équipes de managers ne peuvent maintenir leur cohésion lorsque la pression augmente. L'équipe fonctionne à merveille sur des sujets de routine. Quand les problèmes deviennent plus complexes, embarrassants ou menaçants, l'esprit d'équipe va à vau-l'eau.* » écrit Chris Argyris, spécialiste de l'apprentissage en groupe à Harvard.

Partager une vision ambitieuse de l'avenir, avoir la détermination et la constance nécessaires pour tenir le cap dans la tourmente leur est souvent difficile. D'abord parce que les managers cherchent avant tout à éviter ce qui pourrait nuire à leur image. Soulever un problème de fond peut les mettre en difficulté : on a toujours tort d'avoir raison ! La plupart des individus ont peur de ne pas savoir, de prêter le flanc à la critique, de se remettre en cause. Les équipes de direction privilégient ainsi les compromis pour que chacun conserve ses repères, son territoire et son pouvoir. Elles cherchent à minimiser les risques en évitant des changements trop profonds. Si beaucoup de questions concrètes peuvent être réglées de cette manière, l'entreprise gérée dans le consensus passe la plupart du temps à côté d'opportunités importantes.

L'art du consensus « élargi »

« Il est plus facile de briser un atome
que de casser un préjugé. »
Albert Einstein.

Pour réussir à engager une transformation, l'équipe de direction doit briser ses tabous et accepter de désapprendre momentanément. Selon le consultant Alain Gauthier, expert en développement du leadership, *« les managers ont appris à distinguer deux types de consensus. Le premier a un effet de « rétrécissement » : il appuie sur le dénominateur commun de tous les points de vue; le second a un effet « d'élargissement », il se réfère à une vision plus large que tous les objectifs individuels. Le premier passe par une analyse de ce que contient chacun de nos points de vue, et s'appuie sur ce qui est commun aux membres de l'équipe. La seconde catégorie de consensus repose sur le fait que nous avons chacun une interprétation unique, personnelle, de la réalité. Si je puis explorer cette réalité à travers votre interprétation, et vous à travers la mienne, il y a des chances pour que nous découvrions quelque chose que nous n'avions vu ni l'un ni l'autre. »*

S'ouvrir ainsi à la différence exige d'abandonner les jeux de pouvoir, de se laisser déstabiliser, de ne plus se raconter d'histoires.

Passer à l'acte

Accepter des points de vue allant à l'encontre de notre culture est pourtant moins difficile que de passer à l'acte. Il y a peu de risques à analyser l'existant, à réfléchir en équipe de direction, à mener des expérimentations. Mais prendre la décision de transformer l'entreprise et se jeter à l'eau est une autre histoire. A-t-on identifié le bon projet de changement ? Le problème a-t-il été considéré sous tous ses angles ? Pour gagner en assurance, les dirigeants ont souvent tendance à remettre en cause les conclusions précédentes, à réclamer des études complémentaires et associer d'autres compétences à la discussion. Reculer pour mieux sauter ? Dans la plupart des cas, ajourner ainsi la décision n'est qu'une façon de se prémunir du risque qu'elle représente. Mieux vaut le reconnaître et en tirer les conséquences !

La descente aux enfers d'un bon projet

Une entreprise a décidé de refondre le système d'information d'une de ses divisions. Le projet est prêt à être lancé quand un nouveau responsable est nommé. Celui-ci décide de constituer un groupe ad hoc afin d'examiner son intérêt.

Deux mois plus tard, le groupe rend un avis favorable, mais souligne l'existence d'un autre progiciel, plus récent et un peu moins onéreux, qui pourrait également convenir. Une contre-étude est commandée à une société extérieure. Les conclusions sont remises quatre mois plus tard. Le prix est plus favorable, mais ce fournisseur ne dispose pas encore de références en France et la traduction du progiciel en français est en cours. L'audit interne est alors mobilisé pour trancher.

Trois mois plus tard, celui-ci rend ses conclusions : les deux progiciels sont équivalents, mais il semble que les utilisateurs ne sachent pas bien comment ils veulent travailler ; il faudrait d'abord réfléchir sur l'organisation. Des difficultés économiques nouvelles sont apparues entre-temps. Le directeur de division décide de différer le projet. Les utilisateurs qui avaient choisi le progiciel et s'étaient organisés pour conduire le projet ont l'impression d'avoir travaillé pour rien et de ne pas être pris au sérieux.

Pourtant, il y a un an, tout le monde était bien d'accord pour lancer l'opération. Cherchez l'erreur !

Se doter d'une énergie « haute résolution »

Lorsqu'il s'agit de transformer l'entreprise, les décisions ne peuvent être complètement rationnelles et la part d'inconnu est inévitable. Lâcher prise avec l'existant et accélérer dans le brouillard réclame de l'intuition et une détermination qui résiste au temps comme à l'adversité. Comme le dit Philippe Selznick : *« Les stratégies n'ont de valeur que si les gens y infusent leur énergie. »*

Cette énergie à « haute résolution », l'équipe de direction la trouvera en construisant une vision commune de l'entreprise, en identifiant les obstacles qui l'en séparent et en tenant compte des ressources disponibles pour préparer, ensemble, le grand voyage de la transformation.

Développement à l'international, position sur le marché, structure du portefeuille de clients, niveau de service, etc. La vision part d'enjeux stratégiques bien maîtrisés par les directions générales. Elles ont en effet une bonne intuition de l'orientation que doit prendre leur entreprise. Mais au moment de lui donner une réalité opérationnelle, les choses se compliquent.

Pratiquer le principe de réalité
Se donner une vision n'est pas un exercice de pure créativité. Comme l'écrit le consultant Kénichi Ohmae : *« Les solutions justes s'obtiennent au moyen d'analyses rationnelles des données réelles et d'une réintégration créative des différents éléments dans un nouvel ensemble. »* L'approche analytique doit compléter l'intuition. Les meilleurs dirigeants s'exposent à tous les aspects du problème, sans savoir réellement comment ils pourront s'en servir. Les solutions semblent d'abord hors de portée. Mais soudain la réponse s'impose, à l'image d'une solution chimique qui précipite lorsque ses composants sont enfin réunis. Rien de surprenant à

ce phénomène de créativité soudaine : il est nécessaire de « laisser du temps au temps » et d'être suffisamment disponible mentalement.

Comment se consacrer à une patiente exploration des problèmes quand il faut diriger plusieurs milliers de personnes et travailler 15 heures par jour ? En se dotant de ses propres capteurs pour saisir, au-delà des notes de synthèse de ses cadres et du système de reporting, la vie concrète de l'entreprise et la réalité de son environnement : visites de sites, clients mystères, échanges avec les fournisseurs et avec les clients, contacts directs avec des collaborateurs clés, visites à la concurrence, etc.

Noël Goutard, le président de Valéo, débarque à l'improviste dans les usines, prend connaissance de tout ce qui s'y passe et parle avec tout le monde. Sam Walton, le président de Wal Mart, visitait en personne les magasins de ses concurrents Kmart et Price Club : il y disséquait les prix de vente, les produits, l'organisation, les méthodes de promotion... Cette méthode intuitive, devenue la pratique bien connue du benchmarking, est encore insuffisamment appliquée.

Se saturer d'informations non filtrées par les strates successives de l'encadrement nourrit considérablement la réflexion. L'équipe de direction y gagne en ouverture d'esprit et en créativité. Nous sommes souvent surpris par le peu de temps que certains dirigeants, pourtant visionnaires, consacrent à l'exploration de la réalité de leur entreprise ou de son environnement concurrentiel. Les mauvaises décisions ne sont pas dues à des raisonnements erronés, mais à une connaissance insuffisante de ces faits bruts. Passer plus de temps sur le terrain avec les collaborateurs, les clients, les fournisseurs permet d'y voir plus clair pour décider !

Incarner la vision

Construite sur des données concrètes, la vision doit également faire appel à l'imaginaire. Lorsque Bernard Charlès, directeur général de Dassault Systèmes, parle de son entreprise, c'est pour expliquer qu'elle partage un rêve. Une vision est une image puissamment évocatrice de l'avenir, que chacun peut désirer avec la même force que s'il s'agissait d'une vocation d'enfance. *« J'écris mes discours avec les rêves de mes soldats* », disait Napoléon.

Cette représentation est holistique. Elle se fait sous plusieurs angles, économique, fonctionnel, humain, un peu comme ces tableaux cubistes qui dépeignent des objets en plusieurs dimensions. Elle tient de l'hologramme, dont chaque partie contient le tout. Chaque sous-ensemble de l'organisation y voit en effet quelque chose de spécifique, d'adapté à son métier et à ses activités, mais qui contient en même temps un sens pour l'ensemble de la structure.

Car la vision doit être partagée pour emporter l'adhésion. Initiée par la direction générale, elle est discutée niveau par niveau, métier par métier. Ces passes successives contribuent à la préciser, voire à la corriger. Elle porte alors le projet de tous les collaborateurs, est comprise par tous et devient ainsi le pivot autour duquel l'entreprise improvise et innove.

Identifier les vrais obstacles

Mais la vision prend toute sa puissance de transformation lorsqu'on la compare à la situation présente et que les obstacles à franchir deviennent évidents. Paradoxalement, c'est en les identifiant que l'entreprise déterminera les bons projets de changement, ceux qui la feront progresser rapidement vers la vision qu'elle a de son avenir.

Identifier ces barrières suppose une approche pluridisciplinaire. C'est en examinant simultanément la structure, la stratégie, les processus, les systèmes d'information et les jeux d'influence que l'équipe de direction comprend où se situent les améliorations possibles, avant de lancer des études plus détaillées pour en préciser l'importance relative.

Les obstacles qui séparent l'entreprise de sa vision sont en effet de différentes natures. Certains sont structurels : l'organisation, la circulation et la gestion de l'information, l'offre de produits et de services, les processus de fonctionnement et les infrastructures. Simples à identifier, ils ne constituent pas moins des problèmes difficiles à résoudre.
Mais les questions les plus sensibles sont souvent d'ordre psychologique : rapports de force, comportements ou façons de pen-

ser. Notre culture occidentale nous conduit souvent à en minimiser l'importance. Elles se révèlent pourtant critiques dans le passage à la réalité de la vision. Les entreprises qui décident par exemple de passer aux bureaux virtuels ont autant de problèmes de personnes à résoudre que de questions d'organisation !

Structurels ou comportementaux, les obstacles à franchir donnent lieu à des exercices extrêmement fructueux lorsqu'une équipe de direction s'attache à en mesurer l'importance. Une telle réflexion est essentielle à la préparation du programme de changement. Elle évite de passer directement aux solutions et induit un bon équilibre entre les différents leviers à mettre en œuvre. Mieux vaut pondérer chaque obstacle et se consacrer à l'essentiel, plutôt que chercher à multiplier les analyses paralysant presque toujours les décisions de rupture.

Etablir la tension créatrice

Lorsqu'elle est partagée par l'équipe de direction, l'équation liant vision, obstacles et contraintes doit alors être assimilée par l'ensemble du personnel. Elle contribue en effet à créer, selon l'expression du consultant Alain Gauthier, une « tension créatrice » qui donne à chacun la lucidité et l'enthousiasme indispensables aux changements majeurs. Toutes les entreprises ayant réussi dans ce domaine ont utilisé cette énergie qui galvanise l'ensemble du personnel, met la structure en mouvement et entretiendra plus tard la dynamique du changement.

Choisir un bon projet de changement

Avancer vers la vision que l'entreprise a désormais de son avenir, éliminer les obstacles entre la réalité actuelle et celle que l'on veut atteindre : voilà l'objet du projet de transformation. C'est le moteur qui permettra à toute l'organisation de progresser le plus vite possible vers l'objectif, en maîtrisant les risques. L'expérience montre que cette recherche du bon projet n'est souvent pas évidente.

Pour améliorer la performance de l'entreprise, certains moyens semblent s'imposer. Si les commerciaux ont du mal à tenir leurs

FORGER UN PROJET HAUTE RÉSOLUTION
LA TENSION CRÉATRICE

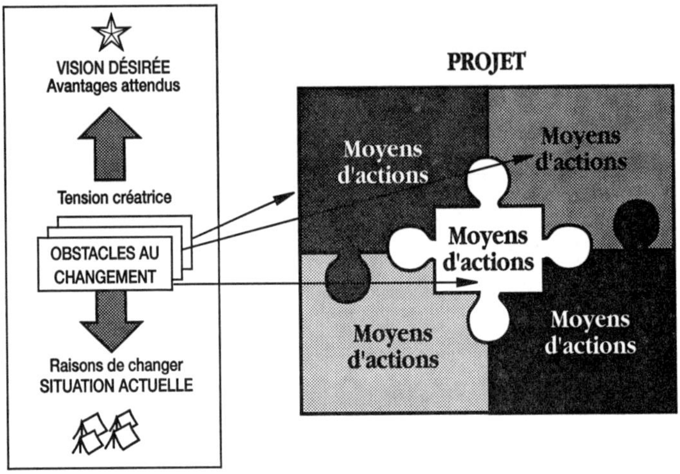

Source : Andersen Consulting et A. Gauthier

objectifs, une formation à la négociation devrait résoudre le problème. Une analyse plus approfondie aurait peut-être montré que la publicité sur le lieu de vente n'était plus efficace ou que l'organisation commerciale était inadaptée. Le problème d'un projet de transformation est comparable. Se borner à changer un processus alors que ce sont les compétences ou les comportements qui sont en cause gaspille une énergie considérable et donne des résultats médiocres. Il n'y a pas de solutions toutes faites.

La difficulté, c'est d'abandonner un mode de raisonnement cloisonnant. Les problèmes sont fréquemment abordés en les isolant les uns des autres : système d'information, organisation, stratégie, marketing opérationnel, management. L'organisation de l'entreprise et ses habituelles querelles de clocher renforcent encore cette vision parcellaire des problèmes.

Choisir un bon projet nécessite une vision globale et quelques règles simples. Loin d'être des recettes infaillibles, elles sont autant de questions à garder en permanence à l'esprit. Car le changement dépend autant de ses acteurs et de leurs réactions que des méthodes qu'ils utilisent.

Jouer sur tous les leviers en même temps

Actionner simultanément tous les leviers du changement va devenir essentiel. Il y a peu de temps encore, les dirigeants d'entreprise géraient ces 4 grands domaines d'intervention que sont la stratégie, les modes de fonctionnement, les ressources humaines et la technologie selon des rythmes différents : le plan stratégique était à 5 ans, les processus s'adaptaient en continu, les individus changeaient de fonction tous les 4 ou 5 ans, les systèmes d'information faisaient l'objet d'une refonte au bout de 7 ou 10 ans. Schématiquement, les dirigeants choisissaient une stratégie et les ressources s'alignaient à leur rythme, la technologie arrivant souvent en dernière position.

L'entrée de l'entreprise dans l'ère de l'information est en train de faire exploser ce modèle. Le phénomène général d'accélération et les pressions externes obligent désormais à synchroniser ces grands leviers. Faire jouer simultanément la stratégie, les processus, les ressources humaines et la technologie est le nouveau défi des managers des entreprises digitales. C'est ce que nous appelons le management synchrone.

Dans la transformation de Kodak par exemple, tous les leviers ont été actionnés en même temps. Lorsque Georges Fisher prend la présidence de l'entreprise en 1993, celle-ci vient de traverser une décennie particulièrement difficile : diversifications ratées, résultats médiocres en recherche et développement et en marketing. Le nouveau président va conduire un programme de transformation au pas de course, en jouant sur tous les tableaux : stratégie, organisation et management. Il recentre Kodak sur son métier de base, l'image, en vendant le quart des activités. L'organisation de l'entreprise est repensée en 7 unités, chacune responsabilisée sur un compte d'exploitation et des critères de performance. L'outil industriel est rationalisé en 8 sites. Le déploiement de la recherche est simplifié : la nouvelle génération d'appareils jetables est développée et lancée en 4 mois. Le marketing subit lui aussi une cure de jouvence avec l'embauche de managers venant de la grande

LE MANAGEMENT SYNCHRONE

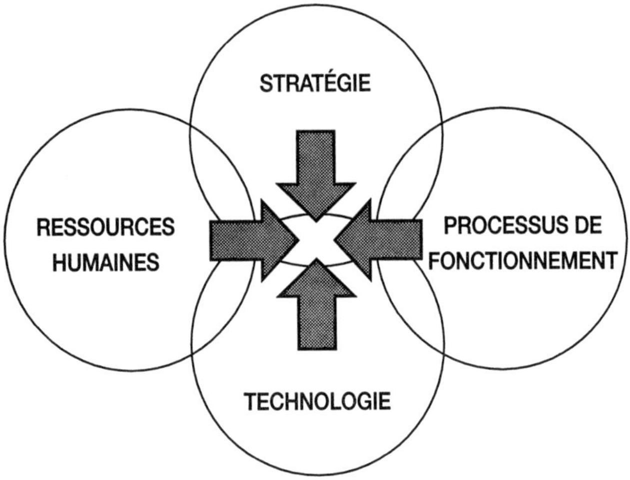

Source : Andersen Consulting

consommation. Enfin Fisher visite en permanence les usines et les services, et instaure un nouveau dialogue avec ses managers et ses équipes. L'entreprise affiche 2 milliards de dollars de bénéfices en 1995 contre 1,5 milliard de pertes en 1993.

Se focaliser

« *Le principe du levier est au cœur de la pensée systémique : où et comment agir sur la structure pour obtenir des améliorations substantielles et permanentes ?*, explique Peter Senge.[2] *Malheureusement notre difficulté à tenir un raisonnement systémique nous incite trop souvent à mettre en œuvre des actions à faible effet de levier : nous nous concentrons sur de simples symptômes alors que le problème touche le cœur du système.* »

Faire jouer les bons leviers est complexe. D'où l'importance de raisonner en fonction des obstacles à franchir pour donner au projet de changement le bon périmètre et éviter qu'il ne privilégie un facteur de transformation au détriment d'un autre. La direction générale d'une entreprise du secteur de la Défense souhaite rénover le management de ses activités grâce à une nouvelle comptabilité analytique. Le projet nécessite de modifier la répartition des responsabilités et les règles de décision entre le siège et les usines. Ce dernier point, très conflictuel depuis toujours, mais tout particulièrement sensible dans un contexte de restructuration industrielle et de réduction des effectifs, n'est jamais abordé explicitement. La direction générale fait le pari que la mise en œuvre d'un outil de gestion performant, accompagnée d'un effort de formation approprié, seront suffisantes pour mobiliser les responsables et les collaborateurs des usines sur cette nouvelle vision du management.

Les usines refusent dans leur majorité d'utiliser le nouveau système d'information. Elles soulignent la lourdeur des saisies, l'inadéquation des nouveaux schémas analytiques et la complexité de la modélisation des processus de production. Le débat essentiel, portant sur les responsabilités et le périmètre d'action des usines et du siège, n'a jamais lieu. De fait, le projet n'est pas habilité à traiter ce levier majeur de réussite. Le blocage est renforcé par une volonté générale de statu quo sur ces questions. Le projet aboutit finalement, mais avec plus d'un an de retard sur l'échéancier initial, et au prix de multiples contorsions pour obtenir le « droit » de traiter des aspects qui n'ont pas été inclus dans le champ initial.

Investir dans le matériel pour atteindre l'immatériel

La mise en œuvre d'une nouvelle technologie peut achopper sur le facteur humain. Mais inversement, comportements et compétences peuvent favorablement évoluer grâce à l'adoption d'un nouveau système d'information. Les entreprises anglo-saxonnes ont compris depuis longtemps tout le parti qu'il est possible de tirer de ce type d'investissement. Elles placent souvent la technologie au cœur de leurs projets de changement.

Les systèmes d'information et les infrastructures de communication créent en effet les conditions d'une modification en profondeur des modes de fonctionnement d'une entreprise. Un logiciel de groupware est plus utile à un groupe d'ingénieurs souhaitant travailler en réseau qu'une formation à la communication systémique, surtout s'ils sont disséminés sur plusieurs sites. Beaucoup de projets « soft » ont pour objectif de modifier les comportements : formation à la vente, au travail en groupe, développement de la créativité. Mais l'expérience montre qu'ils réussissent mieux s'ils sont accompagnés de la mise en place d'outils structurants. Les modes de fonctionnement, les comportements et les systèmes d'information agissent les uns sur les autres.

Déterminer comment on aura réussi

Technologique ou non, un bon projet de changement suppose surtout de bien déterminer ce qu'on attend de lui ! Beaucoup ont échoué parce que leurs objectifs de départ étaient tellement flous qu'il était difficile d'en mesurer le succès ou l'échec. Le personnel se dépasse pour atteindre brillamment un objectif... qui n'est pas le bon ! Chez un industriel de l'agro-alimentaire, un utilisateur résumait ainsi les deux ans nécessaires à la mise en place de l'application Achats et Gestion des stocks : *« Nous avons énormément travaillé, mais souvent nous avons été gênés car nous ne savions pas réellement ce que la direction attendait de ce projet. Même le domaine fonctionnel du système était flou. »*

L'étape consistant à déterminer les critères de mesure du succès n'a souvent jamais lieu. Chacun des membres de l'équipe de direction a pourtant des attentes précises; mais il reste à les partager, à les formaliser et à les rendre accessibles au plus grand nombre. Les managers citent leurs indicateurs fétiches : rentabilité d'un client, coûts logistiques, prix de revient... Pour le terrain, il est toutefois peu probable que ces ratios aient une signification concrète. Trouver des critères communs de succès est pourtant essentiel pour rassembler toute l'entreprise sur des objectifs mesurables, acceptés par tous et stimulants. Ils aident les opérationnels à assimiler les enjeux stratégiques et à faire eux-mêmes les arbitrages. L'une des solutions est de privilégier des indicateurs externes : la satisfaction de la clientèle, le délai de livraison, la qualité de la prise de commandes. Ces indicateurs, au moins, n'appartiennent à personne ! Et en montrant à tous le but de la transformation, ils évitent que l'entreprise se consacre à un aspect unique du projet.

Une grande entreprise anglo-saxonne de distribution d'eau a commis cette erreur. Elle souhaitait augmenter l'efficacité de son action commerciale en regroupant ses centres de traitement et en diminuant de 25 à 10 minutes le temps moyen de traitement des appels de la clientèle. Elle choisit de développer un système d'information commercial plus performant en gestion de clientèle. Le critère mesuré fut le temps de traitement. Le délai d'accès au système atteignit la brièveté record de 0,75 seconde. Mais personne ne se sentit réellement responsable des 599,25 secondes restantes ! Pourquoi déconnecter la performance du système du problème d'efficacité commerciale ? L'objectif n'était-il pas plutôt la qualité de la relation avec la clientèle ? Le système aurait alors été probablement différent.

Fixer les limites, clarifier les contraintes

Libérer la créativité des équipes en ne leur fixant que le cap à franchir ne peut se faire impunément. L'exercice conduit à de grandes déceptions si les propositions des opérationnels se retrouvent en contradiction avec ce que le management est prêt à remettre en cause. Il y a toujours des limites au-delà desquelles l'entreprise ne pourra aller ; il est essentiel de les clarifier et de les faire connaître dès le départ. Ces contraintes supplémentaires vont d'ailleurs renforcer la créativité des solutions ! *« L'homme a produit ses plus belles constructions quand les contraintes étaient les plus fortes »*, disait Frank Lloyd Wright. Les œuvres des auteurs dramatiques du XVIIe siècle, qui respectent non seulement des règles d'unité de temps, de lieu et d'action mais aussi de rime et de nombre de pieds, sont universelles et ont su traverser les siècles.

Les individus sont joueurs et prêts à se mobiliser pour relever des défis d'envergure. L'intelligence collective et le travail en équipe sont alors en parfaite synergie. Le slogan du Crédit Agricole, « Le bon sens près de chez vous », ne fut pas inventé par un créatif d'une agence de publicité mais par un coursier de la banque !

Un bon projet de changement est un véritable défi à l'organisation. C'est une façon de faire prendre conscience au personnel de l'entreprise que l'équipe de direction ne peut répondre seule aux questions qui se posent. Chacun détient, à son niveau, une des clés du problème. Les dirigeants évitent ainsi un phénomène de déresponsabilisation qui fait remonter toutes les prises de décision en haut de la structure.

Apprendre à naviguer

Le cap est fixé. Les obstacles sont identifiés. Le projet est défini. Il reste à larguer les amarres et à conduire le changement. Un art de la navigation qui demande à être maîtrisé ! Une transformation d'entreprise est un voyage dont le cap est connu. Mais il se réinvente à chaque étape, au gré des difficultés et des aspirations de ses participants.

LA STRATÉGIE DE CHANGEMENT - LE VOYAGE

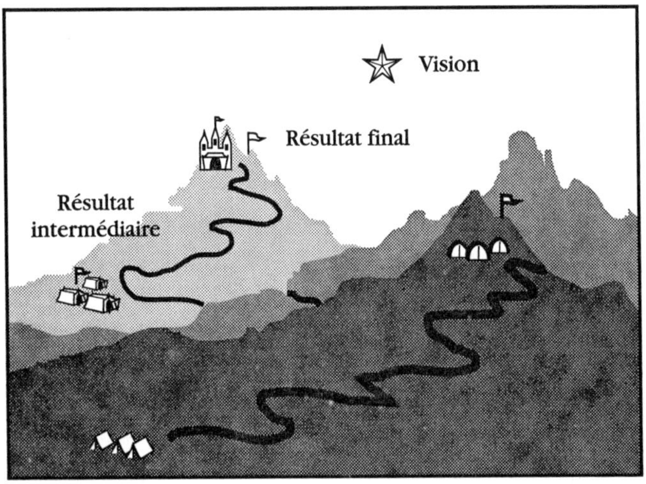

Source : Andersen Consulting

Dans quel ordre conduire les différents chantiers ? Qui mobiliser et de quelle manière ? Quel calendrier se donner ? Comment communiquer ? Quelle marge de manœuvre donner aux équipes et comment les aider ? Ces questions sont essentielles mais dépendent surtout d'un style de conduite des opérations, de ce qui leur donnera un cadre de cohérence. Là encore, quelques principes doivent être gardés à l'esprit.

Jouer avec l'énergie des forces en présence

Conduire un projet de changement exige d'abord de tenir compte des jeux de pouvoir au sein de l'entreprise. L'ensemble des acteurs est concerné par une transformation de grande ampleur. Comité de direction, management opérationnel, premières lignes, encadrement intermédiaire, partenaires sociaux, fonctionnels, parfois même clients ou fournisseurs... Comme dans le jeu du Mikado, où le joueur doit retirer une baguette sans faire bouger les autres, ne pas tenir compte d'une des composantes de ce prisme organisationnel est la plus sûre façon d'échouer.

La grenouille (...encore elle !) et le scorpion

Une grenouille rencontre au bord d'une rivière un scorpion qui a l'air fort triste. Elle lui demande ce qu'il fait là, et pourquoi il semble si désespéré. Le scorpion lui explique qu'il doit absolument traverser la rivière pour rejoindre sa famille qui se trouve de l'autre côté et qu'il ne sait pas nager. Elle lui propose de le prendre sur son dos pour la traversée, en lui faisant promettre de bien faire attention à ne pas la piquer avec son dard. Au milieu du gué, le scorpion pique la grenouille. Avant de mourir, la grenouille se retourne et demande au scorpion pourquoi il a trahi sa promesse. Le scorpion lui répond : « Je n'ai pas pu m'en empêcher, c'est ma nature. »
Méconnaître les forces en présence coûte souvent très cher !

Prendre en compte les forces en présence pour les utiliser et éviter les blocages, c'est comprendre leurs motivations, leurs craintes, leurs valeurs, leur histoire, et reconstruire ainsi leur modèle de rationalité en identifiant les paramètres les plus sensibles. Comme l'explique Michel Crozier : *« On ne sait pas ce qui se passe sur le terrain en demandant simplement aux gens ce qu'ils font, car ce qu'ils font n'a rien à voir avec ce qu'ils disent. »* Ceci rend souvent incompréhensibles les réactions de blocage. En entreprise, aucun comportement ne semble absurde si l'on parvient à décoder l'équation personnelle qui le sous-tend. Comme le recommande Oscar Wilde, *« il faut écouter les gens... jusqu'au bout ! »*

Construire un changement gagnant-gagnant

Comprendre les jeux d'acteurs est une condition essentielle pour conduire des projets de transformation qui soient gagnants à la fois pour l'entreprise et pour l'individu. Des populations entières s'excluent du changement proposé par l'équipe dirigeante si ce qui les motive n'est pas du tout pris en compte. Or le programme ne peut réussir sans une masse critique d'individus prêts à l'entreprendre.

Chez ce grand cimentier français, les responsables de la maintenance étaient considérés comme les seigneurs de l'entreprise. Les décisions qu'ils devaient prendre étaient en effet d'une importance cruciale. Les fours d'une cimenterie, lorsqu'ils sont arrêtés, mettent plusieurs semaines à redémarrer. Les arrêts non planifiés ont des conséquences catastrophiques dans une industrie dont l'outil de production doit tourner plusieurs mois sans interruption.

Des conflits d'intérêts entre la maintenance et la production ne permettaient pas de séparer clairement les rôles. Les dirigeants de l'entreprise ont alors décidé de transférer les responsabilités de maintenance à la production. Les responsables de la maintenance ont ainsi perdu le contrôle de l'un des principaux budgets de l'entreprise. Ils sont devenus des experts au service de leurs ennemis de toujours : la production. En quelques mois, les meilleurs d'entre eux ont tous démissionné pour rejoindre la concurrence.

Adopter une approche gagnant-gagnant peut d'ailleurs conduire à repositionner complètement un projet. Un grand réseau bancaire français avait planifié l'informatisation de ses agences. En analysant les conséquences de ce changement, la direction s'est aperçue qu'elle allait demander moins de compétences à un guichetier qu'à un distributeur automatique ! Les responsables du projet ont dû revoir intégralement leur copie. Comment transformer une entreprise si une grande partie de ses acteurs y perd la possibilité de s'y épanouir ?

« *J'effectue plus de 800 entretiens par an avec des personnes issues de diverses catégories socio-professionnelles,* témoigne une psychologue du travail. *Je suis à chaque fois impressionnée par l'énergie de ces personnes, leur envie de s'exprimer dans leur travail. Mais souvent la même difficulté ressort : démotivation à cause de l'encadrement, des conditions de travail, d'un manque de considération, des salaires, de la rigidité de l'organisation.* » Pour libérer le potentiel des individus, il faut leur offrir un changement dans lequel ils se retrouvent.

Pour faire avancer un éléphant, rien ne sert de pousser.
Il faut comprendre qu'il aime les bananes.
Proverbe africain

Faut-il pour autant abandonner une rupture si elle oblige à sacrifier des populations de l'entreprise sur l'autel du changement ? Les perdants ou les déçus du changement ne peuvent être découverts en cours de route ou à la fin du processus. Le climat se sera dégradé, l'opposition au projet organisée. Un bon projet demande de prévoir dans certains cas d'honnêtes portes de sortie. Les transformations importantes peuvent avoir leurs victimes, mais en aucun cas être laissées sur le bord du chemin.

Une question qui en pose d'ailleurs une autre. L'entreprise entreprend-elle un programme de transformation ou gère-t-elle une crise sociale ? Dans le premier cas, le problème de l'emploi doit être étroitement circonscrit ou faire l'objet d'innovations sociales que nous décrivons dans le dernier chapitre de ce livre. Au-delà, toute la démarche est à revoir.

Orchestrer la lisibilité des actions pour le personnel

Acquis au projet de changement, les individus doivent également en comprendre la cohérence. Trop de projets sont lancés sans que soit expliqué aux opérationnels quel est leur but et à quelle vision de l'entreprise ils se rattachent. « *Je ne sais plus où nous allons*, nous confiait récemment un chef de service d'un organisme public. *Je participe à un groupe de travail sur le schéma directeur informatique. En même temps la DRH veut refaire les fiches de postes et mettre en place une gestion prévisionnelle des emplois. Un consultant vient de prendre rendez-vous avec moi pour une étude de climat, et hier j'ai été interviewé par la nouvelle responsable qualité, qui veut élaborer un manuel qualité pour la certification ISO 9000. On me pose toujours les mêmes questions : quelles sont les missions de votre service, quels sont vos problèmes, quels sont vos besoins en informatique, etc. Ça commence à me prendre un temps fou, et je me demande si tout ça est vraiment nécessaire ! En plus je ne suis pas sûr que tous ces projets soient vraiment coordonnés : le directeur informatique veut réaliser son système avant la fin de l'année, et la responsable qualité veut repenser toutes les procédures, que nous venons justement de valider !* »

Lancer plusieurs projets en même temps n'est pas une erreur en soi. Mais à condition qu'ils ne donnent pas l'impression d'arriver en ordre dispersé ! Leur finalité et leur cohérence d'ensemble doit être claire aux yeux de tous. Submergé par des initiatives dépourvues de sens et venant de toutes parts, le personnel finira par se décourager, jouer la montre et étouffer le changement.

Conduire un programme de transformation consiste à rassembler tous les projets sous une même bannière, qui leur donne du sens, de l'utilité et de l'attrait. La vision joue là encore un rôle essentiel. Pour une entreprise sans vision, tous les projets sont intéressants et seule une analyse financière les départage. Or les projets de changement sont de plus en plus difficiles à valoriser en termes strictement économiques. Leur but n'est pas d'optimiser des processus ou de réduire des coûts, mais de réaliser ce vers quoi l'entreprise veut tendre.

Intransigeant sur les résultats et respectueux avec les individus

C'est en se pénétrant du sens du projet que les individus s'y montrent créatifs. La mesure objective du succès et les différentes contraintes délimitent, on l'a vu, le périmètre au sein duquel ils pourront s'exprimer. L'équipe dirigeante devra se montrer aussi intransigeante sur la mesure du succès qu'elle sera souple sur les moyens utilisés pour l'atteindre. Le caractère indiscutable des résultats aidera les individus, lorsqu'ils expérimenteront, à identifier leurs erreurs en comparant les solutions auxquelles ils arrivent à l'objectif visé. Cette flexibilité vis-à-vis du personnel est la nécessaire contrepartie de l'engagement demandé. C'est à l'équipe de direction que revient la responsabilité d'allouer les ressources nécessaires. Car responsabiliser sans donner les moyens du succès, c'est « *ligoter les gens deux fois* », selon Chris Argyris.

Ce droit à l'erreur, Richard Teerlink, président de Harley-Davidson, en a fait sa philosophie depuis que son entreprise est sortie du gouffre. Droit à l'erreur et surtout, devoir d'engagement personnel de chacun. « *Le leader a trois responsabilités. Premièrement, s'assurer que les objectifs sont clairement définis ; deuxièmement, savoir être au service de ses collaborateurs et, enfin, savoir dire merci. Sa seule réussite véritable provient des efforts mis en œuvre par les autres* », explique-t-il.

Les deux vies de Harley-Davidson

Firme mythique des années cinquante, Harley-Davidson a vu sa part de marché, dominante en 1972, chuter aux Etats-Unis à 23 % en 1980. Elle a réussi récemment un redressement spectaculaire en restructurant profondément ses processus et sa hiérarchie. « *Nous avons bien observé les choses et nous sommes arrivés à la conclusion que nous étions nous-mêmes à l'origine de notre problème,* dit encore Teerlink. *Plutôt que de considérer les choses que nous avons ratées au début comme des échecs, je préfère me demander ce que nous sommes capables de faire aujourd'hui que nous ne savions pas faire hier ? Et comment cela va-t-il nous amener à être encore meilleurs demain ?* »

Faire le choix de Sophie pour dégager du sens

« *Nous sommes de plus en plus attaqués par la concurrence,*
et nous avons perdu des parts de marché cette année.
Mais notre stratégie est maintenant claire :
la focalisation tous azimuts.
Nous allons nous battre sur tous les terrains,
nos gens sont motivés et le reste suivra. »

Le directeur du marketing d'un fabricant de produits industriels.

Identifier les projets qui vont faire avancer l'entreprise vers ce qu'elle souhaite devenir, qui aient de l'ambition, qui tiennent suffisamment compte des acteurs et dont le succès soit mesurable... Difficile de s'empêcher d'être boulimique ! Les problèmes à traiter font souvent l'objet d'une liste à la Prévert. Multiplier ainsi les projets nuit considérablement à leur efficacité et risque de les faire mourir, faute de ressources suffisantes pour chacun d'eux. « *Death by thousand initiatives* », disent les Américains... Mieux vaut un nombre limité de projets à fort effet de levier, qui fassent jouer toutes les dimensions de la co-création et impliquent l'ensemble du personnel.

Un organisme public avait décidé de conduire en même temps huit projets majeurs : le schéma directeur des systèmes d'information, la réorganisation du siège et des directions régionales, une démarche de qualité totale, la construction de ses tableaux de bord de gestion, l'élaboration des fiches de postes de tout le personnel, la refonte de la gestion des carrières, un ambitieux programme de formation aux métiers et au recrutement, une nouvelle conception de ses principaux processus de fonctionnement... D'après vous, qu'advint-il ?

Les dirigeants sont souvent tentés de refaire le monde en décidant de revoir tout le fonctionnement de l'entreprise. Les raisons pour le faire sont souvent parfaitement fondées, ce qui rend l'élimination encore plus difficile. « *Tuer une mauvaise idée est à la portée de n'importe qui. Mais tuer une bonne idée est beaucoup plus dur* », rappelle Daryl Connor. Conduire un programme de changement force à faire le tri. Il est certes plus facile de dire oui que de dire non. Le oui reste interprétable à l'infini et ne ferme aucune porte. Mais seul le non, paradoxalement, montre clairement la direction à suivre.

Piloter dans les turbulences

L'entreprise attend de ses dirigeants qu'ils opèrent des choix clairs et qu'ils en soient eux-mêmes convaincus. Ils doivent dire ce qu'ils font et faire ce qu'ils disent, ne pas présenter une optimisation de l'organisation en projet d'entreprise parce que cette option est plus valorisante, ni promettre un avenir meilleur en rabaissant l'ambition à la première difficulté. Au-delà des échecs d'une transformation, ce sont les « publicités mensongères » qui laissent le plus de séquelles dans une organisation. Manquer d'éthique dans ce domaine affaiblit la capacité à changer de l'entreprise. Même une crise peut être acceptée si les individus sont convaincus de son utilité réelle.

Conviction et « haute résolution » sont indispensables pour piloter dans les turbulences. Le rôle du navigateur du changement est de tenir fermement la barre. Un pilotage qui réclame beaucoup de souplesse, car il s'agit de jouer sur différents leviers, de s'adapter en permanence et d'entretenir l'énergie initiale en éliminant au fur et à mesure les sources de démotivation. *« Les leaders doivent constamment expliquer le coût d'un échec à chaque intéressé. La meilleure barrière contre la régression ou la fuite est de réaliser que le coût de l'échec est plus élevé que le coût du progrès »*, explique encore Daryl Connor.

Le changement permanent

Et si le changement devenait l'état permanent des entreprises les plus performantes ?

La grande majorité des entreprises ne se sont pas encore remises en cause. Leur fonctionnement se fonde sur une répartition rigoureuse des tâches et sur un mode de management pyramidal. D'autres, plus avancées, ont déjà vécu des changements importants et ont développé une certaine conscience, si ce n'est une compétence, de la transformation. Mais un petit nombre, à l'image de la société danoise Oticon, évoluent déjà dans le changement permanent. Pour elles, le voyage est devenu la destination !

Oticon, la vieille entreprise danoise devenue entreprise digitale

Au début des années quatre-vingt-dix, Oticon, vieille entreprise danoise spécialisée dans les prothèses auditives, n'a plus une rentabilité suffisante pour répondre aux nouvelles attentes du marché : le sur mesure et l'esthétique. Son directeur général, Lars Kolind, comprend qu'il faut changer complètement de modèle de fonctionnement ou se préparer à la faillite.

Il va alors créer un des premiers modèles au monde « d'organisation fondée sur le savoir et structurée en réseau », sacrée aux États-Unis

« entreprise la plus innovante de l'année ». Chaque employé a en règle générale trois emplois différents, dont l'un correspondant à sa formation spécifique, et ne travaille que dans des équipes de projet. Toute l'organisation doit suivre et se reconfigurer au rythme des projets. Cette souplesse s'accommodant mal de bureaux permanents, chaque employé réserve l'espace qui correspond le mieux au travail qu'il doit faire.

Ce décloisonnement organisationnel et physique crée un maillage très riche : communication plus fluide et fertilisation croisée des compétences stimulent la créativité et la souplesse. Les lignes de production elles-mêmes sont réorganisées autour d'équipes flexibles avec des opérateurs polyvalents. L'entreprise est passée du papier au tout électronique, avec une utilisation généralisée des outils de groupware. Règle absolue de l'entreprise : toute lettre reçue est automatiquement scannérisée avant d'être broyée. Ainsi chaque collaborateur d'Oticon est réellement libre de travailler là où c'est le plus efficace.

Il va sans dire que les comportements et les valeurs professionnelles se sont également modifiées du tout au tout : communiquer, changer, transmettre son savoir-faire et travailler en équipe font partie du quotidien de cette firme unique au monde. Les affaires ont suivi : les ventes d'Oticon ont progressé de 30 %.

S'adapter aux incessantes évolutions de l'environnement conduira en effet les entreprises à rapprocher de plus en plus les phases de transformation, jusqu'à les confondre. Naguère exceptionnel, le changement deviendra un état d'esprit et un mode de vie. La frontière entre ce qui relève d'un projet de changement et le fonctionnement habituel de l'entreprise s'estompera et finira peut-être, comme chez Oticon, par disparaître.

Cette tendance peut être observée dans les entreprises ayant suivi des principes de co-création pour réussir une transformation intense. Elles ont tendance à conserver le réseau des agents de changement; l'encadrement intermédiaire garde son nouveau rôle d'animateur et le mode de gestion en co-création est appliqué à des projets plus ponctuels. Cette cohabitation entre ce nouvel état d'esprit et d'anciens modes de travail reste toutefois difficile si l'entreprise ne bascule pas vers le stade digital. Le mode de gestion par projet de transformation co-créé est un excellent moyen pour le faire.

Adopter le changement comme règle de vie : ce principe encore une fois paradoxal ne peut devenir réalité sans des compétences spécifiques. Changer et intégrer le changement comme état permanent, cela s'apprend !

Apprendre à changer

Lors du dernier tremblement de terre en Californie, deux voisins ont vu leurs maisons totalement détruites. L'un a sombré dans la dépression, l'autre en a profité pour transformer sa vie... et s'est retrouvé deux ans après avec une maison bien plus belle que celle qu'il avait perdue !

Darryl Connor, qui cite cet exemple, appelle cette capacité à rebondir la résilience. C'est l'une des principales caractéristiques des hommes politiques, par exemple. Sans résilience, comment surmonter les attaques des opposants, survivre aux chausse-trapes des « amis », se représenter après plusieurs défaites consécutives ? Cette résilience fonde la capacité à s'adapter et changer.

La résilience s'apprend, selon Daryl Connor

La résilience c'est, dans la terminologie de Darryl Connor, l'aptitude au changement. Certains la comparent à la créativité ou au talent qui sont innés ; ce n'est pas l'avis de Darryl Connor : si nous ne sommes certes pas « égaux » en termes d'imagination et de capacité à changer, nous disposons de marges de progression importantes.

Daryl Connor distingue 5 qualités clés qui caractérisent la résilience :

- *vision positive de l'environnement : celui-ci est perçu comme complexe, mais riche d'opportunités ;*
- *actions focalisées vers les résultats recherchés ;*

- *souplesse dans la façon de réagir à l'incertain et à la nouveauté ;*
- *organisation et rigueur dans la façon d'appréhender des contextes complexes et ambigus ;*
- *approche pro-active pour aborder le changement.*

La capacité à changer va devenir une compétence à part entière. Les entreprises devront la valoriser et faire en sorte que les individus la développent. Une organisation qui n'a pas suffisamment de « résilients » est en danger de sclérose !

Développer collectivement la résilience

La résilience doit même devenir collective. Une entreprise qui cherche à la développer s'exerce à reconnaître les signaux faibles et en tire les conséquences. La technique de la planification par scénarios, qui consiste à entraîner le personnel de l'entreprise à simuler ses réactions dans le cas de modification importante de son environnement, accroit considérablement ses capacités d'adaptation et de survie.

Tout sera là encore question de pratique. La capacité à changer ne se développera pas si elle n'est mobilisée, tout comme un muscle sous-utilisé s'atrophie. Les exercices de simulation n'y suffiront pas. La résilience doit être mise à l'épreuve régulièrement pour pouvoir en disposer quand elle sera vitale. En période de croissance continue et linéaire, une entreprise qui ne déclenche pas volontairement des transformations court le danger de ne pas savoir tirer les conséquences des signaux faibles et d'être incapable, le moment venu, de se transformer. L'exemple d'IBM est particulièrement frappant. L'entreprise n'a pas décodé les signaux faibles de la vague de la micro-informatique : son management n'a pas convaincu ceux qui ne juraient que par les grands systèmes, à l'origine du succès de Big Blue. Depuis IBM s'est remis à l'écoute de son marché et les résultats sont là.

Intégrer le changement et le vivre volontairement : le chemin à parcourir semblera à beaucoup d'entreprises particulièrement long ! C'est qu'il est loin d'être entré dans notre culture. Changer l'environnement des entreprises est aussi crucial que transformer les entreprises elles-mêmes.

Bibliographie

1 Selon une enquête de l'Institute for Management Development, Lausanne.

2 *La Cinquième Discipline*, Peter Senge et Alain Gauthier, F1RST, 1991.

CHANGEMENT CLIMATIQUE POUR LA FRANCE

« Nous vivons un de ces rares moments où,
à partir d'une nouvelle configuration technique,
c'est-à-dire un nouveau rapport au cosmos,
s'invente un style d'humanité. »
Pierre Lévy, *Les Technologies de l'intelligence.*

La France peut fortement améliorer l'environnement qu'elle fournit à ses entreprises : elle n'a pas encore suffisamment pénétré dans l'ère de l'information. Les systèmes éducatif et administratif et, plus généralement, le système social, ne sont pas encore en phase avec les évolutions que nous vivons.

Comment s'assurer que le modèle social qui émerge est bien celui que la France aura souhaité ? Pour réussir une mutation harmonieuse, nous disposons d'atouts qui incitent à l'optimisme : la puissance de notre économie, la richesse de notre culture, la diversité de notre société et la capacité que nous avons montrée par le passé à maîtriser des transfromations de cette ampleur.

Mais il sera nécessaire de vaincre la morosité ambiante et de changer de climat ! Nous donnons l'impression de souffrir d'un sentiment d'impuissance collective : les mutations actuelles semblent nous échapper, les nouvelles technologies ne sont pas comprises, acceptées, ni explorées par les Français.

Corporatismes ou craintes individuelles, ces réflexes sont naturels. Mais ils ne disparaîtront que si nous reprenons la maîtrise de notre environnement, et devenons acteur de notre avenir. Nous devons nous placer dès maintenant, individuellement et collectivement, sur la courbe d'apprentissage du nouveau système technique planétaire.

L'ampleur des enjeux et les résistances au changement condamnent les réformes construites par les seules équipes dirigeantes, si brillantes soient-elles. La transformation de notre société s'adresse à chacun d'entre nous, et demande la participation de tous ses acteurs, bien au-delà d'une simple concertation. Les démarches de co-création et les technologies de l'information permettent d'envisager d'autres projets et de les concevoir autrement : des projets majeurs, visibles, conduits différemment, offrant à chacun la possibilité d'arpenter le nouveau champ du possible.

L'éducation, le soutien à l'esprit d'entreprise, la flexibilité du temps, le déploiement de nouveaux services individuels et collectifs fournissent quatre leviers essentiels pour changer notre regard sur l'avenir.

Mettre la France en mouvement

Entrer dans l'ère digitale exige des entreprises une transformation profonde. À travers elles, toute l'économie sera radicalement bouleversée. Nous avons déjà évoqué la tension naissant de ces mutations. Les systèmes économique et technique évoluent à un rythme de plus en plus rapide, dicté par une logique de rentabilité. C'est là que s'orientent les efforts, s'investissent des sommes considérables et fleurissent les initiatives. Le tropisme entre ces deux systèmes est naturel, accélérant leurs évolutions mutuelles et renforçant les ruptures qu'ils génèrent. Mais notre organisation sociale, elle, reste à la traîne et son inadaptation devient criante.

La tension entre l'économique, le technique et le social

Le social sera-t-il le grande sacrifié du progrès technique ? La globalisation de l'économie, l'accélération de l'utilisation des technologies et la demande de nouvelles compétences remettent en cause l'adéquation des individus aux besoins des entreprises. Le chômage atteint des niveaux inacceptables et la situation semble inextricable, du moins à court terme. Pourtant, nous avons vu combien les nouvelles technologies pouvaient redonner du sens au travail et enrichir la contribution des individus à l'activité de l'entreprise. Alors à quand cet avenir prometteur ?

C'est là toute la question. Pour l'ensemble de nos concitoyens, nous vivons un changement d'ère. Mais nul se sait combien de temps cette transition risque de durer ni combien de sacrifices elle demandera. Nos repères traditionnels disparaissent. Un monde de dématérialisation, de décloisonnement, d'ubiquité apparaît progressivement mais ses contours sont flous et ses incertitudes inquiétantes.

Notre société ne serait-elle pas prête à affronter ce changement ? *« Sur le moment, il paraît insupportable car on n'en distingue pas vraiment les limites et puis peu à peu on comprend que la période de transition est toujours rude, car il y a superposition de deux systèmes : l'ancien et le nouveau. Si on veut l'éviter, le risque est de passer par une phase « révolutionnaire » dont nous savons, nous Français, qu'elle peut être sanglante. Evitons la terreur... »*, déclare Michel Giraud, président du Conseil régional d'Ile-de-France.

Acteurs des mutations à venir

Notre conviction est que nous réussirons en devenant au plus tôt les acteurs de la nouvelle donne qui s'annonce, et non ses spectateurs passifs ou velléitaires. Michel Crozier, fin observateur de la France, est convaincu des blocages que génèrent dans notre pays les changements subis, renforçant une tendance à la crispation qui nous caractérise dans l'adversité.

Les 40 dirigeants que nous avons interviewés partagent ce sentiment. Ils perçoivent le caractère radical des changements que nous vivons. Ils sont plutôt lucides sur les difficultés qu'ils rencontrent pour les conduire dans leurs entreprises. Mais tous se demandent comment et quand notre société suivra. Michel Boutinard-Rouelle, président de Havas Média Communication, résume ce décalage : *« Les entreprises françaises, avec les difficultés que l'on sait, se sont adaptées, modernisées, rationalisées et celles qui ne l'ont pas encore fait savent pour la plupart qu'elles doivent le faire pour survivre et/ou croître. Notre modèle social, en revanche, n'a pas encore vécu les réformes que la montée du chômage et de l'exclusion rend indispensables.* »

Serait-ce une question de rythme ? Notre frilosité appellerait-elle une réforme lente de la France, entraînant les individus dans une démarche d'ajustement progressif ? La pression internationale, dont le pays ne peut s'affranchir, rend cette option malheureusement impossible. À elle d'inventer volontairement le système social adapté à cette nouvelle ère et porteur d'une activité économique performante.

Les Français face au changement
Les Français ne sont d'ailleurs pas démunis devant la complexité croissante de leur environnement. Nous sommes reconnus pour notre culture et pour notre sens de la logique. Le rationnel peut nous guider dans l'inconnu : Bernard Ramanantsoa, directeur du groupe HEC, évoque cette capacité de l'esprit français à décrypter la complexité en construisant ses propres grilles d'analyses.

Notre vrai handicap ? Une certaine lenteur pour affronter l'inéluctable, un vague souhait d'évitement, mais surtout nous nous contentons de comprendre, sans être réellement intéressés, sans chercher à tirer de ce nouveau système des avantages compétitifs concrets, tangibles. La France est réputée comme un des leaders mondiaux dans la recherche fondamentale... mais pas dans la recherche appliquée !

Nous comprenons les changements que nous aurons à vivre. Mais nous devons nous décider à les conduire nous-mêmes et à les généraliser. Agir pour s'approprier le futur est avant tout une question d'attitude. Les témoignages des 120 jeunes que nous avons rencontrés en sont l'illustration frappante. L'énergie est là mais l'angoisse du lendemain masque la pertinence de leurs analyses. Et au lieu d'être un catalyseur de l'action, elle engendre chez eux une tendance à l'immobilisme et au découragement. « *Quand nous formera-t-on ?* », demandent-ils, reflétant l'incapacité de leurs aînés à leur donner confiance en l'avenir. La crainte du chômage peut expliquer de telles réactions, mais elle ne rend la proactivité et la volonté que plus indispensables.

Pourtant, ce sont aussi des jeunes qui montrent le chemin à suivre. Ceux qui ont commencé à explorer les immenses possibilités des technologies de la communication et du nouveau monde qui s'ouvre à eux sont déjà « décalés » par rapport à leurs camarades. Ils en perçoivent toujours les défis et les dangers, mais ils en démythifient déjà la complexité. Et ils comprennent avant les autres, avec souvent beaucoup d'enthousiasme, quelle place y prendre, de quelle richesse et de quelle ouverture ils disposent.

Profondeur des bouleversements, accélération du rythme, plongée dans l'inconnu, adaptation des comportements : tous les ingrédients d'un changement difficile sont ici réunis.

Aller au delà des débats de fond

Face à ces enjeux, le débat public français est riche. Alexis de Tocqueville avait déjà relevé le goût des Français, à la différence des Américains, pour les idées générales. Lors des nombreuses lectures, recherches et rencontres qu'a nécessitées la préparation de cet ouvrage, nous avons apprécié la cohérence intellectuelle des auteurs et de nos interlocuteurs mais nous avons aussi été frappés par l'affrontement constant des visions théoriques.

Deux exemples illustrent notre propos.
Dans le domaine de l'éducation tout d'abord. Les questions sont posées avec acuité : comment concilier éducation de masse et formation des élites ? Quel est le rôle du système éducatif ? Sur ce sujet les points de vue sont difficilement conciliables.

Pour les uns, l'Education nationale doit privilégier l'acquisition des savoirs fondamentaux et c'est au système productif qu'il revient d'assurer l'apprentissage des connaissances techniques. Ces dernières sont évolutives, voire périssables, et l'école a essentiellement pour mission de former des citoyens adaptables à des perspectives peu prévisibles. Les déficiences de la planification des besoins des entreprises renforcent d'ailleurs cette conviction – la crainte du début de la décennie sur la pénurie d'ingénieurs en France en est l'illustration parfaite.

Pour les autres, l'école doit favoriser l'insertion professionnelle ;

il est important dans la compétition technologique que se livrent les grandes nations de mettre à la disposition des entreprises des jeunes maîtrisant bien les technologies qui seront le quotidien de leur environnement de travail. L'exemple du Dual System allemand est souvent cité par ce courant en omettant toutefois de mentionner que nos voisins d'outre-Rhin s'interrogent de plus en plus sur la nécessaire adaptation de leur modèle éducatif.

Prenons pour second exemple le rôle de l'État dans l'économie. Le constat est quasi unanime pour dénoncer son actuelle inefficacité. Mais, au-delà, les affrontements surgissent d'où naissent nombre de courants plus souvent soucieux de cohérence théorique que de respect des faits ou d'efficacité pratique.

Ainsi en va-t-il des partisans d'une réforme de l'État qui accordent la priorité à l'adaptation des structures. Face à eux, ceux qui croient à une redéfinition des missions de la puissance publique, et dont l'argumentation est tout aussi féconde : ils sont avant tout attachés à mettre au point la séparation entre activité publique et activité privée. D'autres courants s'affrontent sur le thème de l'influence des politiques économiques sur la croissance : un gouvernement peut-il mener des politiques conjoncturelles ou doit-il s'en tenir à des politiques d'environnement favorables à l'exercice de l'activité économique ? Autre débat : la puissance publique doit-elle revoir la législation pour s'adapter à la montée de la complexité ou à l'inverse se désengager pour éviter les effets pervers de son intervention et laisser jouer les régulations du marché ?

Débats difficiles et sans doute salutaires ! Mais il n'est pas dans notre intention de prendre parti. Notre métier de consultant nous a appris à nous méfier des réponses définitives. Dans un contexte de forte transformation, il est périlleux et illusoire de définir précisément la cible à atteindre comme d'obtenir l'accord général avant de se mettre en mouvement. Il est certes important de choisir les bons leviers : l'avènement de la société de l'information est de notre point de vue une rupture qui ne pourra se vivre par extrapolation des schémas passés. Vouloir maîtriser toutes les variables est utopique.

Investir dans le changement

La France a démontré sa capacité à réussir de grands projets techniques : le TGV, Ariane, le programme nucléaire, le tunnel sous la Manche sont exemplaires de cette faculté à mobiliser les énergies, à concentrer les investissements et à garantir l'efficacité décisionnelle.

Mais l'absence de projets de même envergure destinés à refondre notre modèle social est frappante. Dans des domaines comme l'emploi, la création d'entreprise ou le service public, des efforts significatifs sont certes consentis pour tenter de résorber les difficultés actuelles mais sans vraiment traiter la question du rythme et de la profondeur du changement.

Pourtant innover, quel que soit le domaine, coûte cher. Une nouvelle voiture ou un médicament représente des milliards de francs en recherche et développement. Construire de nouveaux modèles pour faire reculer le chômage, installer un réseau de service et d'assistance aux PME posent des problèmes autrement plus complexes et exigent des investissements bien supérieurs.

Comment financer ces investissements ? Est-ce à l'État que revient cette charge ? Pas nécessairement. De plus en plus nombreux sont les exemples de financements privés pour des activités du domaine public. En France, des financements mixtes public/privé nous semblent parfaitement envisageables pour accélérer la dynamique de transformation. À condition que l'État accepte de changer de logique en passant du contrôle des moyens nécessaires à l'accomplissement de ses missions au contrôle du service et de la valeur ajoutée qu'ils délivrent.

La mutation que nous vivons réclame, pour être gérée, des moyens significatifs et des comportements différents.

De la concertation à la co-création

L'individu ne peut créer et s'approprier un nouveau système de relations et de communications qu'en l'expérimentant et en le parcourant dans toutes ses dimensions. Le changement de notre société réclame l'implication de tous, un enthousiasme collectif, un climat différent dans les entreprises, dans les associations, parmi les clients, les usagers et les citoyens. C'est la seule façon de dépasser les résistances et d'inventer un futur répondant aux défis qui nous sont posés.

Les méthodes de co-création ont le grand avantage d'être adaptées à notre esprit français. Nous sommes individualistes ? Nous refusons les réponses toutes faites, nous détestons nous « mettre en rang », nous démontrons à chaque instant qu'une communication sur une solution, si bonne soit-elle, ne suffit pas à nous convaincre. Le « prix de l'excellence » nous agace toujours un peu. Mais notre individualisme est aussi le levier qui nous incitera à l'action, qui créera l'émulation dans une recherche de solutions en commun.

Puisqu'il faut renoncer aux solutions a priori, organisons l'effort en misant sur la capacité des acteurs à trouver ensemble les issues vers le futur. Entreprises, groupements et organisations professionnelles ou de consommateurs, syndicats et communautés d'intérêt, devront se déterminer : s'arc-bouter pour défendre des acquis et freiner la marche inéluctable du changement en le rendant, *in fine*, plus pénible, ou travailler à concevoir avec vigilance un nouvel équilibre.

Comment réussir une telle rupture ? En investissant massivement dans les technologies. Est-il naïf d'imaginer qu'elles aient un lien quelconque avec les problèmes que connaît la société française ? Paradoxalement non, pour deux raisons principales.

Tout d'abord la société de demain sera communicante et ouverte ; elle appelle des infrastructures à la hauteur du décloisonnement qui prévaudra. Mais surtout parce que les technologies sont des leviers particulièrement efficaces pour, à la fois, créer et réussir des ruptures fortes. C'est tout l'enseignement des ingénieries de changement réussies dans les entreprises : quel levier, mieux que les nouvelles technologies, est à même de susciter ce dialogue impératif pour déclencher et mener à bien les processus de transformation ?

Enfin, les technologies de l'information ancrent les ruptures dans le quotidien : les comportements et les mentalités ne font plus seulement l'objet d'un discours incantatoire ; ils sont effectivement modifiés grâce à la refonte des services, des prestations et grâce aux nouveaux dialogues instaurés avec les clients, internes ou externes.

Partant de cette conviction, nous avons sélectionné quatre thématiques que nous pensons particulièrement efficaces pour lancer le processus de transformation.

Ces thèmes ont été fréquemment évoqués dans nos entretiens avec les dirigeants, les responsables de l'administration ou les observateurs de la société civile.
Ils n'ont surtout pas pour vocation d'être exhaustifs, ils ne définissent pas les contours d'un projet de changement global qu'il suffirait d'appliquer. Mais ils permettent de placer rapidement une masse critique d'individus sur la courbe d'apprentissage des nouvelles technologies, ce qui représente *in fine* le moteur du changement.

Ces thèmes peuvent contribuer directement à « réchauffer » le climat de la France et l'aider à entrer avec détermination dans l'ère de la communication.

Quatre leviers d'action privilégiés

L'éducation est et restera le premier enjeu de la transformation de notre société. Les acteurs clés de l'éducation sont bien évidemment les enseignants.

Les technologies de l'information leur fournissent une opportunité sans précédent de disposer d'un environnement professionnel riche et motivant, de tester et déployer de nouvelles pédagogies, de trouver des réponses innovantes aux problèmes de l'échec scolaire. A eux d'être les promoteurs actifs des nouvelles technologies. Aux élèves de pratiquer les nouveaux outils du monde de demain, mais surtout d'expérimenter de nouveaux comportements : autonomie, responsabilisation, adaptation à un environnement ouvert, où la capacité de trouver les bonnes informations et les bons réseaux fera la différence.

Après les jeunes, les entreprises porteuses du futur sont à retenir comme cible prioritaire. Les PME représentent l'emploi de demain. Briser l'isolement de l'entrepreneur et du dirigeant de PME/PMI, telle serait la teneur du deuxième enjeu. En déployant un réseau à valeur ajoutée, les entreprises pourraient innover, investir, vendre ou exporter autrement, disposer d'un bouquet de services performants indépendamment de leur localisation, partager les meilleures pratiques entre partenaires, ou rénover leur mode de relation à l'administration.

Ensuite vient le domaine de l'emploi. Le troisième enjeu consiste à organiser les conditions d'exercice des activités de demain. La flexibilité du temps de travail peut contribuer à la réconciliation de nos systèmes techniques et sociaux. Non par de nouvelles approches réglementaires ou imposées, mais en développant une offre de travail qui corresponde mieux aux besoins de l'entreprise et des individus. Passer du temps subi au temps choisi est certainement un chantier caractéristique de la mutation que nous vivons. Le résultat peut être gagnant pour tous les acteurs.

Enfin, tout le monde s'accorde à juger l'État massif et tentaculaire : il serait bon de retourner cette source de dysfonctionnements à notre avantage et de parier sur sa capacité à irriguer tout le pays ! Et si cet acteur de poids basculait lui-même vers le futur ? Les technologies de l'information transformeraient sa relation avec « l'administré », contourneraient la complexité de son organisation et rénoveraient le niveau de service offert. L'État peut aller plus loin : il dispose d'une très large surface de contact entre citoyens et services publics, qu'il peut utiliser pour diffuser les futures méthodes de travail. Ainsi l'État renouera avec l'exemplarité qui l'a caractérisé.

Les enseignants promoteurs de la technologie

C'est peu de dire que l'école a pris du retard en matière de formation aux nouvelles technologies. Les témoignages des jeunes que nous avons interviewés dans la préface de ce livre sont éclairants. Pour Jean-Louis Beffa, président de Saint-Gobain : *« Dans le système éducatif, introduire et faire comprendre la notion de changement rapide et la nécessité des technologies les plus modernes comme facteurs de succès, est indispensable. C'est aussi indispensable que de former les jeunes au travail en équipe ou aux relations humaines.* » Qui demain pourra se passer des technologies dans son parcours professionnel ? Les jeunes ont tous conscience de cet enjeu. Mais les progrès en la matière sont malheureusement très lents.

Sortir l'informatique de son ghetto

En 1994, 100 élèves se partageaient en moyenne 3 ordinateurs en France, contre 11 au Royaume Uni et aux États-Unis. Même écart pour l'accès à Internet, qui peut s'expliquer aussi par la faiblesse de la communauté francophone et la quasi exclusivité de l'anglais sur le réseau.

« *Il y a beaucoup à faire pour que les jeunes de 14 ou 15 ans rattrapent leur retard. Les instituteurs ne sont pas formés, l'option informatique au bac a été supprimée. Le chemin à faire dans les écoles est gigantesque* », constate Georges Nicolaou, qui dirige Future Kids, réseau de centres de formation grand public à l'informatique. Principal obstacle à une diffusion massive des nouvelles technologies : le coût du matériel et sa rapide obsolescence. Mais aussi de sérieuses questions de déploiement. « *Le plus grave est que les plans Servan-Schreiber et Fabius d'informatisation de l'école en France furent des « flops immenses* », explique Philippe Chérèque, directeur général d'Amadeus Marketing. *Aujourd'hui les universités et les écoles sont mal équipées, les enseignants ne sont pas formés, ils n'ont pas de moyens financiers à la hauteur de l'enjeu.* »

Faut-il investir pour équiper à marche forcée tous les établissements de France ? C'est indispensable, mais inutile si l'enseignement lui-même n'est pas totalement transformé.

Introduite dans les années quatre-vingts, la pédagogie de l'informatique dans les collèges souffre de lacunes considérables. Ses premiers enseignants furent des professeurs d'éducation manuelle et technique fraîchement sortis d'une formation de moins d'un an, et dont certains avaient davantage de dispositions pour la couture, la poterie ou la cuisine que pour l'informatique ! De l'avis des intéressés, un sur quatre dominait son sujet !

Si l'enseignement de la technologie et de la mécanique a remplacé les sciences physiques en 6e et 5e, l'informatique n'est toujours pas obligatoire au collège. Lorsqu'elle fait l'objet d'un cours hebdomadaire, elle est déconnectée du reste de l'enseignement.

L'informatique doit cesser d'être présentée comme une bête curieuse. Il est impératif qu'elle devienne pour le lycéen comme pour l'étudiant un outil et un mode de travail dans toutes les matières, comme elle le sera dans sa vie professionnelle future. Elle le deviendra d'autant plus facilement que les enseignants en seront les promoteurs.

L'enseignant fait en effet beaucoup plus que de transmettre un savoir. Il est un modèle implicite. Il communique souvent durablement ses passions ou ses centres d'intérêt. Et on ne transmet bien que ce qu'on a pratiqué. Parce qu'ils forment la nouvelle génération, les enseignants doivent être les premiers à s'approprier les nouvelles technologies. Or combien de professeurs incitent leurs élèves à les utiliser ? Combien les considèrent comme un outil pédagogique efficace ? Combien savent expliquer les opportunités qu'elles offrent pour s'ouvrir au monde et partager le savoir ?

Les enseignants au cœur du changement

Ne nous trompons donc pas. Le but n'est pas de transformer les écoles, les collèges et les lycées en forum des technologies. Mais de lancer rapidement une dynamique dont les enseignants sont les principaux acteurs, engagés et proactifs, suscitant par effet d'entraînement l'intérêt des élèves : *« L'équipement des écoles est secondaire par rapport à la motivation des professeurs »*, résume Philippe Chérèque. Pour atteindre un tel objectif, il est nécessaire de lancer un programme qui déclenche un changement d'attitude des enseignants face à la technologie, en s'attaquant à la transformation de l'exercice de l'enseignement et du fonctionnement des établissements scolaires. Ils seront ainsi au cœur du changement. Les français s'approprieront d'autant mieux les techniques de communication que celles-ci auront une présence « naturelle » à l'école. Un certain nombre d'expériences témoignent du dynamisme d'équipes d'enseignants pour qui la technologie n'est pas une contrainte mais une formidable opportunité.

La France expérimente... mais généralise peu !

Les expériences d'application des nouvelles technologies à l'enseignement se multiplient en France. Dans l'académie de Caen, le visio-enseignement est utilisé pour des options rares. Au lycée européen Charles-de-Gaulle à Dijon, des salles multimédias ont été équipées pour l'enseignement général. [1] L'académie d'Alsace a été désignée comme pilote d'un projet national qui expérimente l'implantation des nouvelles technologies de l'information dans l'univers pédagogique. Principal objectif : parvenir à mettre en commun les ressources d'établissements appartenant à un même bassin de formation. Dans ce cadre, douze établissements alsaciens ont été mis en réseau et apprennent à partager leurs savoirs, leurs compétences.

Mais il est temps de dépasser le stade de l'expérimentation pour déployer une ambition beaucoup plus forte. *« L'Éducation nationale fourmille d'innovations, mais c'est à peine si elles sont connues, à plus forte raison reconnues, évaluées et valorisées »*, peut-on lire dans le rapport Fauroux. Un pas que notre système éducatif a quelque mal à franchir dans le cadre de ses structures traditionnelles.

Enseigner à l'ère de la communication

Pourquoi ne pas favoriser l'émergence d'un grand réseau autorégulé de type Internet dans ce domaine ? Les technologies de l'information peuvent être un levier exceptionnel pour transformer profondément l'éducation. Imaginons rapidement ce qu'un réseau de services dans ce domaine apporterait.

Mis à la disposition des enseignants, il décuplerait les outils de formation pour maintenir et développer leur niveau de compétence, ou les aider à intégrer de nouvelles disciplines. La formation permanente deviendrait une réalité simple. Combien d'enseignants utilisent aujourd'hui les vacances scolaires et les moyens du bord pour se préparer à de nouveaux cours ? Ils remettraient en question leur pédagogie pendant leur carrière, partageraient leurs expériences, leurs échecs et leurs succès avec leurs collègues du collège ou du lycée, ou des collègues « virtuels » aux passions similaires.

Un tel réseau accompagnerait aussi les élèves en situation d'échec scolaire ou ceux requérant des compléments de formation ou des rattrapages. Ils y trouveraient avec leurs enseignants des programmes spécialement conçus pour eux : tests, élaboration de cours de rattrapage, dispense en session particulière, suivi complémentaire à distance par un conseiller spécialisé, corrections... L'adaptation à chaque cas serait très poussée et le suivi à distance personnalisé.

Notre système français est connu pour générer des élites. Sa priorité est maintenant de monter le niveau d'étude d'un groupe beaucoup plus large. Bien au-delà des techniques multimédias, le réseau de services permettrait en complément du travail des enseignants de faire pratiquer une pédagogie active, requérant de l'autonomie et responsabilisant les élèves. Ils participeraient à des communautés d'intérêts, intégreraient des projets et des activités de groupes en multi-localisations, en France ou à l'étranger.

Imaginons des écoles qui, grâce à une coordination idéale des emplois du temps, disposeraient d'une équipe pédagogique commune travaillant par visio-conférence. Leur multidisciplinarité deviendrait alors facile à envisager et à rentabiliser. Avoir un professeur de chinois dans un établissement où seulement trois élèves souhaitent pratiquer cette langue est absurde ; si ce même professeur peut enseigner à une douzaine d'autres lycées par visio-conférence, son affectation se justifie tout à fait.

L'université du Tourisme et de la Culture pour la Paix, une « réponse aux exigences de savoir et de savoir-faire »

Gilbert Trigano présente avec passion « son projet » d'université pour la Paix. L'objectif est enthousiasmant : œuvrer à rapprocher des jeunes de pays en tension comme Israël et la Palestine, en leur offrant d'apprendre ensemble mais... à distance dans un premier temps !

Considérant le tourisme au Proche-Orient et dans le bassin méditerranéen comme un facteur essentiel de développement des échanges inter-culturels et de l'activité économique, l'UTCP, parrainée par l'Unesco et l'Organisation mondiale du tourisme, mise sur une nouvelle conception de l'enseignement.

Que ce soit lors de l'élaboration du contenu des programmes ou lors du choix des outils et méthodes pédagogiques, le mot d'ordre est « répondre aux exigences de savoir et de savoir-faire ».

L'enseignement est ainsi virtuel, fonctionnant selon un concept d'« université hors murs », recourant à la communication interactive par satellite, à la visio-conférence en temps réel, et à un réseau d'information de type Internet.

« Co-éduquer » avec l'entreprise et développer un enseignement professionnel est également une préoccupation majeure de l'UTCP, qui prévoit des périodes de formation en entreprises pour les élèves et valide le cursus par la préparation d'un produit touristique.

L'UTCP : est-elle un modèle spécifique ou une préfiguration de l'apprentissage de demain ? Quoi qu'il en soit, elle illustre les multiples possibilités en matière d'enseignement.

Un réseau où les savoir-faire, les expériences et les échecs seraient échangés pour l'enrichissement de toutes les parties ? Où les académies découvriraient des innovations pédagogiques pour les encourager puis les généraliser ? Où des forums offriraient aux jeunes des plates-formes d'échanges sur les sujets qui les passionnent, conduisant, pourquoi pas, un échange direct avec des penseurs, des artistes, des politiques ? Où ils pourraient aussi interagir avec le monde de l'entreprise, découvrir les règles de l'économie et renforcer leur sens de la valeur ajoutée? Tout cela est réalisable, dès aujourd'hui.

Dans tous ces domaines, les technologies de l'information permettent de travailler de manière radicalement différente. Il est largement temps d'utiliser leur pouvoir de séduction autrement que dans des divertissements stériles. Le CD-ROM ou les réseaux peuvent devenir de véritables outils de pédagogie, de développements personnel et collectif, gérés et maîtrisés par le corps enseignant. Le choc culturel sera fort car notre idéal repose encore sur un modèle d'homme de la Renaissance, celui qui a « tout appris ».

Aujourd'hui, même si une bonne culture générale reste – et peut-être plus qu'avant – indispensable, la capacité à naviguer dans de grands volumes d'informations, dans des systèmes hétérogènes, devient essentielle. Cette compétence représentera probablement une des lignes de fractures les plus fortes de l'ère de la communication, à l'origine de nouvelles exclusions. Il est d'autant plus nécessaire que les enseignants s'impliquent pour en minimiser les effets dès maintenant.

Briser l'isolement des entrepreneurs

La difficulté d'une PME n'est pas tant d'être petite qu'isolée ! Simplifier les modes d'accès à tous ceux qui peuvent être leurs éventuels partenaires, favoriser les échanges et la mutualisation des moyens deviendra rapidement une condition de leur efficacité. La technologie des réseaux remplace le dissuasif « parcours du combattant » auquel les petites entreprises sont confrontées dans leurs relations actuelles avec les clients, fournisseurs, partenaires, le système bancaire, les intermédiaires et autres administrations, par un système de « navigation » affranchi du temps et de la distance.

Le guichet unique virtuel des PME-PMI

Les PME sont frappées par ce que certains n'hésitent pas à appeler un « impôt papier ». En 1996, les embauches des entreprises vont générer, à elles seules, plus de 100 millions de formulaires ! Les formalités liées aux déclarations de cotisations mensuelles ou trimestrielles représentent plus de 30 millions, les arrêts maladie plus de 15 millions.
Une étude récente du SESSI (service des statistiques industrielles

du ministère de l'Industrie) a chiffré le coût des démarches administratives pour les PMI employant entre 20 et 499 salariés : entre 70 000 et 130 000 francs par an. Soit une charge comprise entre 10 et 15 milliards de francs pour l'ensemble des entreprises françaises.

Les relations entre les entreprises et les organismes de protection sociale sont particulièrement complexes. 6 000 organismes sociaux sont concernés ! Et les modalités d'échange sont très hétérogènes, car les premiers efforts de dématérialisation ne se sont pas toujours accompagnés d'une harmonisation des supports : la CNAV (Caisse nationale d'assurance vieillesse) reçoit près de 1 200 formats différents de supports magnétiques pour gérer la procédure de Déclaration annuelle de données sociales !

Le guichet virtuel unique représenterait une véritable révolution. Il pourrait non seulement protéger l'entreprise de la complexité administrative mais aussi lui offrir des services d'échange (routage multi-destinataires pour réduire les flux de sortie des entreprises, assistance réglementaire « en ligne », notarisation des échanges...) et des services à valeur ajoutée où, là aussi, les besoins sont patents.

Les meilleurs services pour chaque PME

Un tel réseau serait facilement étendu entre les PME : pour les relations clients-fournisseurs, la promotion et le marketing, la formation, le télé-travail, la mise en relation avec des experts, etc.

Jean Martin, président de PME...

Jean Martin est le président de Entreprise Martin Tissage (EMT), une PME qui réalise des cordons tissés pour la confection. EMT travaille principalement en sous-traitance pour de grandes entreprises qui apprécient la qualité de sa production, liée à un procédé innovant inventé par EMT il y a quelques années.

Jean assume tous les rôles : il s'occupe à la fois de la gestion, du commercial et des ressources humaines. Il est assisté d'une secrétaire qui assure également le relais avec la production lorsqu'il s'absente pour démarcher de nouveaux clients.

Jean est pourtant préoccupé car il sait que son procédé risque de se banaliser. Il a peu de temps pour travailler sur le sujet, dans la mesure où son carnet de commandes réclame toute son énergie pour renouveler l'activité. Il en a parlé avec son expert-comptable. Tous deux ont diagnostiqué le cercle vicieux habituel : un niveau suffisant d'activité permettrait l'embauche d'un technicien et d'un commercial, qui aideraient Jean à développer le chiffre d'affaires et à améliorer les procédés. Mais Jean n'arrive pas à franchir ce seuil d'activité....

Comme tous les matins, Jean consulte sa boîte aux lettres personnelle dans le nouveau réseau de services auquel il s'est abonné. Son expert-comptable lui a laissé un message. Une entreprise allemande recherche d'urgence un sous-traitant. Cette information a été identifiée par la CCI qui l'a référencée sur le réseau. Toutes les coordonnées de l'entreprise demandeuse sont indiquées. Un formulaire électronique est joint pour soumettre la candidature.

Jean comprend mieux l'utilité du réseau auquel il s'est abonné un peu par hasard : un nouveau canal commercial ! Une fois rempli le formulaire, il l'adresse également par le Réseau à sa banque. Celle-ci, après lui avoir fourni la caution nécessaire, le renverra directement à l'entreprise allemande. Il consulte en parallèle la base de données d'une société de renseignements commerciaux, qui lui confirme le sérieux de son client potentiel.

Cette commande allemande risquant de déstabiliser l'entreprise – c'est la première fois qu'il signe un contrat d'une telle importance, de surcroît avec l'étranger – Jean adresse via *le réseau une demande d'aide standardisée aux organismes de soutien à l'exportation. Il expédie également une demande à la direction du Travail et de l'Emploi afin de connaître les dernières réglementations en vigueur pour embaucher.*

Il reste que sa secrétaire doit se mettre rapidement à l'export. Heureusement que la CCI propose désormais un service de formation en ligne bien adapté au cas de EMT. En fonction de ses créneaux disponibles, sa secrétaire pourra suivre sans quitter son poste le programme de formation spécialisé. Afin d'évaluer ses progrès, Jean recevra régulièrement un état d'avancement. Il pourra ainsi planifier finement les créneaux horaires qu'il laissera à sa secrétaire pour se consacrer à sa formation.

Dans l'après-midi, Jean a reçu l'ensemble des informations nécessaires pour prendre sa décision. Une soirée chargée en perspective. Mais l'époque où il n'aurait pu envisager ce parcours en moins de trois semaines lui semble déjà loin !

Les applications émergeraient « naturellement » du réseau et stimuleraient la demande. En faisant le premier investissement de base, l'Etat susciterait des opportunités de création de nouveaux services, faisant rapidement entrer le système dans un cercle vertueux où l'offre nourrit la demande.

Prenons l'exemple du financement de l'innovation. Il est avant tout une question d'information : le porteur de projet se pose en effet une foule de questions. « Comment déposer mon brevet à l'INPI ? Comment entrer sur le Nouveau Marché ? Quels investisseurs associer au niveau local à mon projet d'innovation ? Est-il possible d'obtenir une subvention de l'Union Européenne ? Vers qui me tourner ? » Des questions simples, dont les réponses sont urgentes ! L'isolement de l'entrepreneur génère une perte de compétitivité flagrante.

Le problème ne doit surtout pas être résolu en créant de nouvelles structures car les technologies relient désormais les acteurs de l'innovation pour qu'ils apportent à l'entreprise l'ensemble des services et des compétences requises.

Il serait bon que ces organisations virtuelles soient principalement bâties au niveau régional, sous forme de Réseaux locaux de l'innovation (RLI), structures d'appui multicompétences dans l'accompagnement de l'innovation. Elles mettraient en réseau les acteurs existants : banques, conseils en gestion, juridiques, experts-comptables, administrations... Liés par une charte de déontologie et un engagement de niveau de services, ces réseaux fourniraient un véritable conseil personnalisé aux PME. Leur « bouquet » de services serait large : mise en relation avec des clients, des fournisseurs ou des partenaires, mais aussi conseil en marketing, aide à l'obtention de crédits à la recherche grâce à une connexion avec des organismes d'assistance juridique, conseil financier, de développement de brevets…

Une telle organisation ne préjuge pas bien sûr du choix du coordinateur d'ensemble : il pourrait s'agir tout aussi bien d'une collectivité (département, région) que d'un acteur privé, voire d'une structure administrative représentant l'État régulateur. Là encore les technologies de l'information « retournent » la problématique et font percevoir au « client » un guichet unique virtuel sur notre réseau de services à valeur ajoutée. La qualité primerait sur les positions acquises et entraînerait une émulation positive. De quoi supprimer quelques cauchemars et de nombreux tâtonnements, et encourager l'initiative !

Un forum virtuel de l'innovation et du financement

Au-delà des initiatives indispensables aux professionnels, un problème culturel demeure crucial. Les Français ont derrière eux une longue tradition d'innovation, mais ils sont insuffisamment sensibles aux règles du jeu économique, aux lois du business, comme l'appellent les Anglo-saxons, mot d'ailleurs sans traduction véritable en français…

Seules des actions visibles et symboliques peuvent transformer les fondements culturels de notre société. Voilà pourquoi il serait intéressant de lancer un « forum virtuel de l'innovation et du financement ». Son principe ? Présenter des projets innovants, récolter des fonds d'investissement, susciter de nouvelles vocations et surtout relier des investisseurs et des entrepreneurs. Il contribuerait ainsi à familiariser le grand public avec les questions économiques et les possibilités des nouvelles technologies et à transformer notre compréhension des mécanismes qui font la richesse d'un pays.
Ce forum serait à la fois hautement professionnel – qualité des informations fournies, analyses et statistiques, accès à des services d'information et de contrôle... – mais il aurait également des vertus pédagogiques. Les technologies permettent parfaitement d'adapter les informations présentées aux profils des individus qui se connectent à des réseaux ou des forums. Des modules de sensi-

bilisation aux règles économiques, au jargon, à des histoires vécues, sont tout à fait réalisables.

L'épargne est là. Il reste à convaincre ceux qui la détiennent. « *Les mentalités françaises ne sont pas encore prêtes à prendre le risque de perdre de l'argent sur une opération financière*, juge Yannick Petit, directeur général adjoint du Nouveau Marché. *L'exemple d'Eurotunnel est d'ailleurs édifiant. Aux États-Unis, c'est différent. Certes, on perd de temps en temps, mais c'est pour réaliser de grosses opérations ailleurs. Et au bout du compte, tout le monde s'y retrouve.* » Voilà pourquoi une place virtuelle de l'innovation et du financement créerait de nouveaux réflexes tout à fait salutaires chez les investisseurs comme chez les petits épargnants. Aujourd'hui, les investisseurs peuvent spéculer sur des sociétés américaines ou coréennes mais ils ne connaissent pas les entreprises françaises qui pourraient les intéresser. Demain, sur ce réseau, des relations de confiance, de proximité ou d'intérêt partagé pourraient s'instaurer, déployant une nouvelle force stabilisante face à la mondialisation des flux.

L'obtention du financement et la rencontre de l'offre et de la demande seraient accélérées. Une nouvelle forme de capital risque pourrait même émerger, avec un engagement des épargnants et des investisseurs, plus personnalisé, plus solidaire.

Le volume d'informations à brasser serait très élevé ? La déontologie aurait un rôle critique ? La COB devrait s'impliquer avec des méthodes novatrices ? Aucun de ces obstacles n'est insurmontable au regard des enjeux. Les technologies qui contribueraient à une telle initiative sont déjà disponibles. Les conséquences pourraient être phénoménales, à la fois pour les entreprises qui en bénéficieraient et pour notre conscience économique de citoyen.

Réinventer l'usage du temps

La croissance continue du taux de chômage en France et dans de nombreux pays occidentaux nous conduit-elle à conclure qu'il n'y a plus assez de travail pour tous ? Sommes-nous condamnés à voir s'accroître la proportion d'individus exclus du système ?

Comme beaucoup de responsables, d'intellectuels et de spécialistes du sujet, il nous semble que notre société ne manque pas de travail. A l'inverse, les tensions qu'elle connaît tendent à en accroître le besoin. Assister les personnes âgées ou malades, « ré-humaniser » un certain nombre de services souffrant d'un excès d'automatisation, lancer des actions concrètes pour protéger l'environnement, préserver le capital historique de notre pays, s'impliquer davantage dans la vie publique, l'éducation, les arts... Le travail ne manque pas.

C'est l'emploi marchand – c'est-à-dire l'emploi dont le coût peut être directement compensé par le prix qu'est disposé à payer un client potentiel – qui, lui, se fait rare. Il y a plus de travail que de ressources financières !

Cet état de fait concentre les richesses sur une partie de la population active, privant de ressources une minorité trop importante. Le coût social de ce phénomène pèse de plus en plus lourd sur les « privilégiés » du système. Cette société à deux vitesses devient trop difficile à supporter, la pression que subissent ceux qui travaillent progressant au rythme de la croissance de l'exclusion.

Sortir de l'opposition travail - non travail

Cette situation binaire, qui conduit à opposer le travail au non travail, est d'autant plus intolérable qu'elle semble s'opposer à une tendance de fond. Nous avons vu comment les transformations des entreprises vont accélérer la demande de flexibilité et comment les technologies rendent possibles des modes de travail plus fluides, libérés d'un lieu unique et d'horaires rigides.

Car les rigidités des formes de travail actuelles sont en train d'éclater. Dans la société économique en émergence, les formes de travail traditionnelles ne seront plus qu'un cas relativement rare. Elles seront remplacées par de nouvelles relations, répondant à des appellations et à des conditions diverses, mais toutes à cette même logique de flexibilité. Le temps devient de fait une des seules variables d'ajustement au-delà de l'emploi.

Créer de la flexibilité est une priorité essentielle. Pour les employeurs, c'est probablement une question de survie, tant les efforts de l'entreprise pour défendre sa compétitivité seront importants. Pour la société, c'est tout simplement la question de l'emploi qui est en jeu. Mais comment lutter contre les résistances des chefs d'entreprise comme des salariés ? Et sait-on réellement ce que souhaitent ces derniers ?

Vers une vie plurielle

Comment les Français considèrent-ils leur travail ? Certains y voient l'opportunité de se réaliser et un puissant vecteur de reconnaissance sociale. Pour d'autres, seul compte l'arbitrage entre l'argent que le travail leur procure et le temps qu'il leur coûte. Entre ces deux extrêmes, chacun construit son propre rapport au travail, cette relation étant d'ailleurs susceptible d'évoluer avec le temps. « Réalisatrice » ou « utilitariste », ces approches ont toutes un point commun : elles partent du principe que le travail est rémunéré. Soit parce qu'il est le tribut à payer pour parvenir à d'autres fins, grâce aux revenus qui le sanctionnent, soit parce qu'il est tout simplement le seul moyen d'existence.

Il est très difficile de mesurer précisément les attentes des Français. D'une part parce que l'écart est grand entre des aspirations idéalistes et leur mise en pratique. D'autre part parce que ces attentes sont très hétérogènes : *« Il n'y a pas une attente « standard » vis-à-vis du travail, des revenus, du temps, des activités hors travail, mais des attentes très différentes selon la position sociale, le diplôme, l'âge, le sexe, la position dans le travail... »* [2]

Il apparaît néanmoins que, parmi les Français qui ont un emploi, 53 % préféreraient davantage de temps libre à un surcroît d'argent. Les Français veulent « (...) *gagner du temps pour pouvoir en perdre en se payant du bon temps. C'est dans l'air du temps.* » [3]

La demande d'une « autre vie », où la répartition entre temps libre et temps de travail serait plus égalitaire se traduit par une demande de « vie plurielle », au cours de laquelle il serait facile, voire normal, de passer d'une période d'activité professionnelle (salariat, travail indépendant...) à une activité hors entreprise (formations, congés sabbatiques...). Une étude du CREDOC réalisée à la demande de l'Association française des banques en 1994 montre que le travail à temps partiel correspond aux aspirations de 80 % des salariés et de 88 % des cadres. 29 % sont même prêts à accepter le sacrifice correspondant en termes de rémunération...

Des alternatives crédibles au travail marchand

Nous vivons donc un moment de notre histoire où les besoins de l'entreprise pourraient coïncider avec de nouvelles aspirations individuelles. La tendance conduirait à transférer du temps rémunéré vers du temps certes non rémunéré, mais ayant une valeur forte pour l'individu et pour la collectivité.

Le problème est qu'il est impossible de mesurer la réalité et l'ampleur du phénomène. Il n'est pas non plus possible de se fier aux résultats des enquêtes car, comme le dit Michel Crozier, les gens ne savent pas vraiment ce qu'ils veulent dans des domaines aussi nouveaux... Ils veulent plus !

Les individus devraient prendre parti face à une alternative crédible, ce qui n'est pas le cas aujourd'hui, où seul le travail « marchand » a de la valeur. Les activités non marchandes, de la formation à l'éducation des enfants en passant par les activités associatives, culturelles et sportives sont considérées comme non « professionnelles » – pour la simple raison qu'elles ne s'intégrent pas dans le modèle de l'activité salariée en entreprise. N'ont-elles pour autant aucune valeur pour la société ou pour l'individu ?

Question d'attitude et de modèle. On a trop souvent l'image d'un monde associatif peu professionnel, peu structuré et souvent inefficace, malgré les bonnes volontés. Des initiatives comme celles des Restos du Cœur contribuent à faire évoluer ces stéréotypes grâce à une rigueur de gestion et des vocations solides. Mais elles restent des exceptions. Et pourtant, songeons à l'étendue des besoins de la société auxquels pourrait répondre le monde associatif, là où la sphère économique n'a pas vocation à intervenir !

C'est tout un secteur qui est en mal de structure, et les scandales financiers comme l'affaire de l'Arc ne font que ternir davantage des associations souffrant déjà d'un manque de reconnaissance sociale. Et pourtant, pour un employé en position d'exécutant dans son entreprise, quel formidable potentiel de motivation, d'apprentissage, de responsabilisation, et d'éthique ! Devant la demande sans cesse croissante pour ce secteur, mais également pour réguler un système trop flou, il est urgent de réorganiser le milieu associatif pour en faire un univers qui fonctionne avec professionnalisme, qui soit reconnu et valorisé.

Le manque d'information, l'absence de structures adéquates et de financement freinent également le développement d'autres activités non marchandes. Beaucoup voudraient pouvoir bénéficier de véritables passerelles entre la vie professionnelle et l'université, pour y effectuer une période ou un temps partiel d'enseignement. D'autres souhaiteraient pouvoir s'investir dans la protection de leur environnement et de leur cadre de vie : mais combien d'entre eux font les démarches nécessaires, quand l'action locale rime trop souvent avec l'engagement politique ?

Le dernier frein au développement de ce type d'activités provient des entreprises qui semblent, aujourd'hui encore, peu enclines à accorder du temps à leurs employés. Le temps partiel est souvent considéré comme une infidélité ou une baisse de motivation de la part de l'employé. Quant à l'employé, il le ressent comme un risque pour sa carrière. *« Dans le cadre d'un nouveau développement des différences de comportement, la « civilisation du temps libéré » passe par une prise en compte massive des valeurs non marchandes. Des trésors de richesses inévaluées y gisent. »*, résume Jean-Louis Michau dans *Libérer le temps.*

Il paraît donc crucial de revaloriser ces activités, afin que chacun puisse choisir librement son emploi du temps en fonction de ses aspirations propres. Ces activités sont à devenir aussi « nobles » que les activités rémunérées et à constituer de véritables alternatives au travail salarié.

Libérer le temps

Pour reprendre l'expression de Jean-Louis Michau, *« la liberté de comportement commence par la liberté de choix de son temps ».*

Chacun pourra aménager ses activités et mieux ventiler son temps en fonction de son choix de vie. L'activité secondaire ne sera plus une activité « du soir », une activité masquée, mais une activité complémentaire, une deuxième vie en dehors du bureau.

Pourquoi le temps choisi ?

Indépendamment de la semaine de 4 jours à la carte, démarche qu'il propose pour générer une flexibilité du travail et de nouveaux emplois, Pierre Larrouturrou souligne les nombreux avantages d'un temps choisi : les parents qui souhaitent s'investir plus dans l'éducation de leurs enfants pourraient s'impliquer collectivement, voire s'associer aux équipes d'enseignants, durant leur « journée libre » ; le temps libéré permettrait de meilleurs engagements dans le monde associatif et politique local.

L'État jouera un rôle essentiel pour orchestrer l'énergie ainsi libérée, en proposant des cadres juridiques correspondant davantage aux besoins des individus, comme un statut spécial pour les bénévoles (et non uniquement des salariés des associations), leur donnant accès à une couverture sociale et à une retraite.

« Si l'on veut offrir à chaque citoyen la capacité de se réapproprier son « capital-temps », il faut le libérer de la nécessité de fixer ce temps pour gagner sa vie. », entend-on au Cercle des jeunes dirigeants. En France, des formules comme le congé sabbatique et le congé pour création d'entreprise existent déjà depuis 1984. Toutefois, ce droit au congé se heurte à des limites à la fois économiques, puisqu'il s'agit d'un congé sans solde, et culturelles, les absences prolongées étant souvent mal vues par l'employeur... et par l'employé qui craint de ne pas retrouver son poste à son retour !

Au Danemark, les « congés rémunérés » aident l'emploi

Au Danemark, tout salarié peut quitter l'entreprise pendant un an maximum. La rémunération du congé sabbatique est égale à 80 % de l'indemnisation du chômage et celle du congé-formation à 100 %. Pendant ce temps, l'entreprise est contrainte à un remplacement dans 70 à 80 % des cas.

Ces congés prolongés peuvent être employés aussi bien à une année sabbatique, un congé parental, une formation... Les avantages sont multiples : ce droit permet d'améliorer sensiblement la qualité de vie des Danois, mais aussi de choisir la forme d'activité (professionnelle ou non professionnelle) qui leur convient, d'où une meilleure maîtrise de leurs rythmes de vie. Cela permet également une rotation des postes dans la mesure où les postes provisoirement libérés sont affectés à d'autres personnes. Or, d'après plusieurs enquêtes, près de 95 % des sans-emploi ayant ainsi mis un pied dans l'entreprise ont ensuite été embauchés à durée indéterminée. Le bilan chiffré de ce droit au congé semble particulièrement positif : en 1994, plus de 3 % de la population active en ont profité, cédant leurs places à 60 000 personnes.

Et rappelons-nous que le salariat est une invention de la société industrielle qui ne date que de 200 ans ! « *Aujourd'hui, notre génération découvre ce que sera une partie des travailleurs du futur : des hommes polyactifs* », expliquent Nicolas Bühler et Denis Ettighoffer. [4] *Des hommes et des femmes qui conduiront simultanément plusieurs carrières à la fois. (...) Savent-ils que leurs arrière-grands-parents, qui vivaient dans une économie de subsistance essentiellement agricole, l'étaient déjà ? Sabotier le matin, éleveur à midi, fromager le dimanche, boucher-charcutier à Pâques... Chacun avait la ou les tâches où il excellait.* »

La polyactivité semble par ailleurs un facteur de prise de recul, d'enrichissement personnel et de créativité, des qualités non négligeables pour affronter les défis du futur. Les idées nouvelles viennent souvent du croisement d'expériences n'ayant rien de commun. Craindre un désengagement de la compétition économique en donnant moins de place au travail marchand ne correspond pas au vécu des polyactifs.

Un réseau de vente de la flexibilité

Comment initier cette dynamique ? Le nombre d'organismes, d'associations et d'entreprises déjà lancés dans des actions concrètes d'aménagement du temps de travail est important. Créer une structure dédiée à la réflexion sur ce thème serait certainement une erreur. Nous avons vu au chapitre 4 comment la flexibilité

demandera aux entreprises de revoir en profondeur leur organisation : la technique des réseaux de changement pourrait être avantageusement utilisée pour innerver l'ensemble des structures existantes. Dans chacune d'entre elles, des agents de changement chargés d'assembler les expériences, identifieraient les pratiques les plus porteuses de succès, les diffuseraient en assurant une pédagogie de la flexibilité auprès de l'ensemble des partenaires concernés, feraient remonter les difficultés et les obstacles qui s'opposent sur le terrain à leur mise en œuvre, trouveraient les réponses concrètes aux questions posées...
L'installation d'un tel réseau de diffusion de la flexibilité à grande échelle ferait émerger de nouveaux métiers comme celui de « courtier en contrat d'activité ». Son rôle ? Faciliter des accords entre l'employeur et l'employé, établir les contrats de travail, assurer la coordination avec les organismes sociaux et les partenaires de l'emploi. » Le courtier facilitera l'émergence d'un « guichet unique » qui évitera aux salariés la multitude des démarches nécessaires pour régler les problèmes de couverture sociale. D'autres simplifications seront bien sûr nécessaires : par exemple un nouveau statut du travailleur indépendant...

Le réseau fait converger toutes les énergies dans une même direction et évite un émiettement des initiatives incompatible avec la nature et l'ampleur du problème posé. Le problème de l'emploi exige une véritable logistique industrielle pour rassembler les initiatives des entreprises, des organismes sociaux, des collectivités locales... en s'appuyant sur une masse critique d'acteurs, en leur faisant expérimenter de nouveaux modes d'organisation et inventer de nouveaux équilibres.

La technologie pour se protéger de la complexité de l'État

« Dans les transformations actuelles, la France a un handicap, l'État, et un atout, l'État, nous déclarait Bernard Attali. Et de préciser : *Le handicap ? La culture étatique qui enserre l'initiative et aboutit à une centralisation des décisions. L'Etat est omniprésent. On s'en remet trop à lui, au détriment du sens des responsabilités.*

Son atout ? C'est ce même Etat qui permet de mener des transformations structurelles considérables. »

Atout ou handicap, l'État français est de toute façon une machinerie extrêmement complexe. « *L'État est effrayant* », nous disait Michel Crozier mais là encore, nous souhaitons éviter une proposition supplémentaire de réforme de l'état et garder l'angle des technologies et des programmes de co-création. Certains organismes comme les caisses d'allocations familiales ont déjà lancé de lourds investissements avec des résultats significatifs : ces initiatives sont très encourageantes mais encore limitées par rapport au potentiel que peuvent apporter les technologies de l'information. À travers elles, le service public pourrait aisément renouer avec l'exemplarité et créer un formidable effet d'entraînement du point de vue du citoyen, et, en interne, aux institutions et aux organismes concernés.

Une démarche marketing pour les services publics
Sur ce plan, l'expérience des entreprises est instructive. Au cours des dernières années, l'impératif de mieux servir leurs clients les a amenées à organiser une interface globale intégrant l'ensemble de leurs besoins, et à se restructurer en interne pour promouvoir une approche client. Ce passage d'une logique de produit à une logique de client suppose une grande flexibilité des processus transverses à toute l'organisation, « tirés » par le client sans exception aucune. Il reste à l'introduire dans la production et la diffusion des services de l'administration.

Le consommateur, le client de l'entreprise, le citoyen ou l'usager de l'administration ne font qu'un. Les Français auront de plus en plus de difficultés à accepter un monde à deux vitesses, avec des différences trop marquées entre les niveaux de service : délai de réponse, traitement personnalisé, traitement total de la prestation par téléphone, historique relationnel...

La priorité ? Une segmentation des citoyens, des « clients » et des services de l'état. Les attentes se sont fortement différenciées, et le service public peut transformer son image et son efficacité en y répondant. Le dirigeant de PME, le demandeur d'emploi, la mère de famille au foyer, le créateur d'entreprise, le travailleur indépendant à domicile sont quelques exemples d'attentes bien spécifiques. Attentes dans les services utilisés, attentes dans les contextes et les modalités d'utilisation de ces services.

Pour certains, un niveau de service privilégiant l'efficacité sera la priorité. Pour d'autres, une compréhension détaillée des possibilités d'assistance, des droits et des devoirs demandera une relation plus personnalisée. Une attention toute particulière pourrait être apportée aux individus en transition entre deux « segments » : un chômeur qui retrouve un emploi, un ex-salarié créant une entreprise individuelle, un couple à son premier enfant, un salarié prenant sa retraite...

En matière d'interface globale et unique pour le client, des guichets proposeraient à l'usager une vision intégrée de sa situation. Différents canaux de distribution seraient systématiquement déployés, permettant par exemple de privilégier l'assistance à distance dans les cas simples et la concentration des guichets physiques pour les cas complexes nécessitant une assistance sérieuse.

Personnalisation de la relation, différenciation des modalités d'accès du client (téléphone, Internet, minitel...), maillage de ces différents canaux : les technologies faciliteront la transition.

Adopter une stratégie de contournement

Les technologies de type « carte à puce » ou les guichets virtuels permettent de gérer une information individualisée et une aide sociale ou économique adaptée à chacun. Dans un premier temps elles peuvent être déployées pour masquer en partie les limites et inadéquations des grands systèmes conçus à l'ère de la seule automatisation. Leur refonte s'effectuerait en parallèle, ou dans un deuxième temps.

Petit tour du monde de la réforme des administrations

Les États-Unis, l'Angleterre et l'Allemagne se sont lancés depuis plusieurs années dans des projets de refonte de leurs administrations. En Grande-Bretagne par exemple, les méthodes de gestion de la

Sécurité sociale ont été complètement transformées avec un programme lancé en 1983. Administration « phare » versant 110 milliards de francs à 20 millions d'allocataires, employant 80 000 personnes, et implantée sur 1 800 agences, la Sécurité sociale anglaise en avait grand besoin : les méthodes de gestion étaient pour la plupart manuelles, les agences non informatisées possédaient des machines désuètes, la qualité de service se dégradait, les coûts de fonctionnement étaient très élevés. Le programme qui a coûté plusieurs milliards de francs a très sensiblement amélioré la qualité de service grâce à l'utilisation de bases de données clients partagées au front et au back office, au décloisonnement des processus, à la délocalisation de call centers à Glasgow, Manchester et Belfast, loin de Londres... aux possibilités de consultation en ligne des données des assurés, à la réduction sensible des délais de réponse et à la personnalisation accrue de la relation administration-assuré.

En Espagne, chaque citoyen sera prochainement doté d'une carte à puce permettant sur les automates une reconnaissance biométrique et lui donnant accès aux prestations sociales dont il peut bénéficier.

Au Canada, l'administration de la province du New Brunswick a lancé un projet global de transformation en 1991. Ses principes sont une orientation forte du service public vers l'usager, une volonté de répondre aux principes fondamentaux d'accès au service public, l'utilisation de la technologie comme vecteur de transformation. Des investissements massifs ont permis de changer en profondeur les modes de communication entre l'administration et son usager devenu son client. L'administration de la province est désormais capable de donner des conseils personnalisés, de développer des services spécifiques parfois payants. Elle réfléchit aussi à la mise en réseau de l'ensemble des acteurs intervenant dans une procédure judiciaire : police, avocats, tribunaux... Un des premiers modèles de « justice intégrée » ?

L'administration française peut trouver là l'occasion de renouer avec une fierté de pionnier, en investissant sur l'avenir pour servir le citoyen, et en redéfinissant le rôle du fonctionnaire investi d'une plus forte responsabilité au contact de son « client ». N'est-ce pas La Poste qui, la première, assuma la mission de service public de développer l'usage du chèque en France, avec le succès que l'on connaît ?

La prise en compte des clients a été pour les entreprises ce même vecteur puissant de transformation. Elle les a d'abord touchées superficiellement dans la façon de mener une démarche commerciale puis s'est répandue dans toute l'entreprise, y compris dans les processus apparemment très éloignés de la vente.

Des projets qui illustrent bien ces nouveaux services intermédiaires existent déjà aux États-Unis, où, témoigne Pierre Simon, membre du comité directeur de la Compagnie Bancaire : *« C'est l'irruption de la connexion directe sur des réseaux ouverts, dans des applications entièrement nouvelles telles que celles de la ville de New York. Cette dernière fournit au grand public, depuis des cybercafés, des accès à ses services qui révolutionnent complètement la relation administration-citoyen. »*

Infrastructures de télécoms cherche utilisateur motivé

Cette démarche pourrait trouver chez les développeurs d'infrastructure de télécommunications de fervents supporters, et faciliter la mise en œuvre de leur financement. Aux États-Unis, l'exploitation des désormais célèbres « autoroutes de l'information » est une priorité nationale. La France n'est pas encore à ce niveau d'engagement. Faute peut-être d'avoir su anticiper le phénomène, mais surtout faute d'un effort suffisant pour concevoir et diffuser des services à forte valeur ajoutée utilisant ces « autoroutes ». Il nous faut continuer à investir en France dans ces réseaux : mais la vraie priorité est de stimuler la demande de services de la part des entreprises et du grand public.

Le retard pris par l'informatique domestique et par l'utilisation de services en ligne est très significatif : peu d'ordinateurs connectés, peu de services attractifs et donc peu de demande. Si les services d'informations sont très développés, le commerce électronique est encore en émergence, à l'exception notable du minitel. Pourtant les observateurs s'accordent à penser que ce n'est pas l'infrastructure des réseaux qui est en cause. *« Il faut tabler sur les infrastructures existantes et je ne préconiserais pas les grands chantiers »* affirme Jean-Claude Pelissolo, directeur général de Lafayettes Services-Laser. Pour le groupe Inter Industrie, force de proposition auprès du ministère sur le déploiement des autoroutes de l'information en France, et dont Jean-Claude Pelissolo est membre, les infrastructures existantes sont suffisantes, mais sous-utilisées.

D'une façon générale, l'implication d'une masse critique d'acteurs est nécessaire pour accélérer l'émergence des normes d'échanges et pour s'assurer de la rentabilité comme du caractère opérationnel des infrastructures. Un ou deux services publics pourraient être choisis pour offrir des services à forte valeur ajoutée. Allocations familiales, recherche d'emploi, assistance juridique, réseau de santé sur le mode de celui que nous avons décrit au chapitre 2, guichet unique de prestations sociales : les candidats ne manquent pas. Il s'agira de se concentrer sur un petit nombre de projets très visibles.

Quelques principes de succès

Réussir les projets que nous venons d'évoquer demande de la méthode et un certain nombre de réflexes. Seul le succès de quelques initiatives spécifiques permettra aux Français de se réapproprier le phénomène technologique et de renouer avec la confiance dans leur aptitude à changer.

Favoriser l'hétérogénéité

Dans ces phases de recherche, il est vain d'imposer a priori une cohérence ou des méthodes communes. Les problèmes du système éducatif ou la question du temps de travail ne peuvent être traitées dans leur globalité. A l'inverse, c'est la multiplication des dispositifs, associant l'environnement public et l'environnement privé, qui fera apparaître de nouveaux modes de fonctionnement.

Il nous semble qu'en dépit des propos de beaucoup de personnalités, l'hétérogénéité n'est toujours pas favorisée. La législation, la réglementation, les structures centrales continuent de peser sur les initiatives locales.

Encourager la différence. Multiplier les expériences originales. Décentraliser les expérimentations au plus près du client. Favoriser la diversité. Les résistances globales du système sont telles qu'il est impossible de penser les réformes de façon systématique.

Accroître la perméabilité public-privé
Le changement pourrait avoir de précieux alliés dans des structures privées. Pourquoi ne pas confier certaines prestations à des entreprises avec l'accord et le soutien des structures publiques ? Pourquoi ne pas mailler le public avec des entreprises privées pour accélérer les évolutions ? Pourquoi des sociétés spécialisées ne développeraient-elles pas de nouveaux services administratifs pour les particuliers ou pour les entreprises dans le domaine de la recherche d'emploi, la santé, l'éducation, ou même les procédures administratives de base ?

La lourdeur de l'appareil administratif rend extrêmement difficiles des réformes de grande ampleur. Il paraît indispensable de contourner l'obstacle en faisant pénétrer peu à peu la réforme de l'extérieur, dans l'administration elle-même.

Mettre en place un commando du changement
A l'intérieur comme à l'extérieur, le changement réclamera des patrons qui lui seront dédiés. Les processus de changement agissent comme des différenciateurs puissants sur les comportements des individus. Certains adhèrent très rapidement à la dynamique d'un projet, d'autres s'opposent, une proportion importante reste sceptique.

La réussite de chaque processus de réforme passe par la mise en place d'un véritable « commando pluridisciplinaire ». Composé de responsables de haut niveau issus du secteur public et du secteur privé, il serait chargé de conduire à leur terme les projets prioritaires pour réformer notre système social. Véritables patrons du changement, ces responsables auraient aussi pour mission de créer un réseau d'agents de changement constituant autour de lui la masse critique indispensable au succès. Ils pourraient partager leurs convictions et leur difficultés et enrichir en permanence leur savoir-faire.

S'ouvrir sur l'étranger, décloisonner les cultures

Aucun projet ne pourra cependant être lancé sans prendre d'abord le temps d'analyser les expériences comparables d'autres pays. Les Français ont souvent la critique facile vis-à-vis des Etats-Unis par exemple, dont les habitants ne sauraient pas situer Rome par rapport à Paris.

Si cette critique est justifiée, elle pourrait peut-être nous être retournée sous une autre forme. Savons-nous réellement tirer parti des expériences étrangères ? Et savons-nous, nous-mêmes, tirer parti des cultures, des environnements, des habitudes de travail des différents milieux professionnels qui constituent notre société ?

Un système se réforme rarement de l'intérieur. C'est au contraire le brassage des cultures, le décloisonnement, l'ouverture vers le monde qui peut lui permettre de sortir de schémas anciens, usés, inadaptés aux nouvelles données de notre société.

Il serait donc essentiel que des projets de transformation touchant à l'enseignement ou à l'emploi soient pilotés par des équipes d'origine très diverses : fonction publique, entreprises privées, associations, professions industrielles, financières, de services... Et qu'ils soient éventuellement inspirés par des approches novatrices expérimentées ailleurs.

Enfin, l'État devra réguler : ce rôle est essentiel si les différents acteurs du monde du travail sont appelés à expérimenter et à participer activement à la mise au point des solutions. A lui d'établir une mesure précise et constamment renouvelée de l'efficacité des démarches mises en œuvre, de la pertinence des dispositifs. Les méthodes pour le faire peuvent s'inspirer des techniques de pilotage utilisées dans l'entreprise. Un tel « tableau de bord global » n'est certainement pas plus complexe à bâtir que celui qui rend compte du pilotage d'une multinationale de 100 milliards de chiffre d'affaires.

Le citoyen au centre du changement

Une entreprise ne change pas sans prendre en compte ses clients ni son personnel. La société ne se réformera pas sans impliquer ses citoyens. Cette démarche va très loin. Elle touche au fonctionnement même de notre démocratie. Confiné aujourd'hui dans des procédures établies mais très limitées, le mode d'expression des citoyens sera réinventé, deviendra plus riche et plus ouvert.

Les spécialistes d'histoire politique se plaisent à souligner la peur que pouvait inspirer le peuple aux premiers démocrates. C'est pourquoi ils imaginaient le citoyen comme un être idéal, débarrassé de préjugés ou d'intérêts propres. Pourtant, derrière la notion de citoyenneté se cache une multiplicité de cas, d'individus, de jugements, de besoins. Notre organisation sociale devra prendre en compte cette diversité. En elle se trouve l'énergie nécessaire à la construction d'un nouveau modèle de société.

NOTES

1 Rapport Fauroux, *Tableau des innovations repérées.*

2 Jean Boissonnat, *Le travail dans 20 ans* - rapport du Commissariat au plan. Odile Jacob, 1995.

3 *La Tribune,* 02 février 1996.

4 *Le Travail au XXIe siècle, mutations de l'économie et de la société à l'ère des autocrates.* Eurotechnopolis Institut, Dunod, 1995.

CONCLUSION

La France accuse-t-elle un retard dans le déploiement des nouvelles technologies de l'information et de la communication ? Certainement. Et pourtant ce n'est pas la véritable question. Le coeur de nos problèmes est surtout l'absence d'une détermination à entreprendre vraiment des transformations radicales. Nous constatons dans les entreprises, mais aussi dans les économies nationales, un couplage de plus en plus fort entre la profondeur des changements économiques et sociaux, la maîtrise de l'avenir et le déploiement des technologies de l'information.
Avons-nous vraiment décidé de nous transformer ? Voilà le véritable enjeu.

Réconcilier la France et la transformation...
Notre pays semble crispé sur un modèle qui a eu ses vertus, angoissé et bloqué par l'immensité de la tâche qui l'attend : entrer dans le futur avec l'ambition et les moyens d'y jouer un rôle à la hauteur de son rang. Que faut-il faire ? Attendre la crise d'où jaillira un nouveau modèle ? Se préparer d'ores et déjà aux mesures d'urgence et à leur coût humain et financier exorbitant ? S'en remettre aux remèdes de cheval plutôt qu'à la prévention ? Sommes-nous trop frileux ?... nous pourrions être plus volontaires et maîtres de notre destin.

La France s'est construite ainsi par le passé, peu douée pour les évolutions consenties et maîtrisées, plus encline aux changements radicaux et inéluctables lorsque les systèmes économiques, sociaux ou politiques sont conduits à leur point de rupture. Tel serait le prix à payer pour notre spécificité culturelle en matière d'évolution, et de transformation : une autre expression de « l'exception française ». Certains diront qu'il est vain de contrarier une histoire, une culture, que chaque pays a son propre mode de régulation : la crise en vaut un autre. Mais les anciennes règles sont-elles encore pertinentes ? La France peut-elle déterminer hors de toutes contraintes l'agenda de sa transformation ?

Nous pensons que la globalisation des économies, le décloisonnement des secteurs rendent caduques ces anciennes régulations à l'échelle des pays. Ceux-ci n'ont plus aujourd'hui le choix du rythme du changement. Certains retards se rattrapent difficilement. *« Aucune réforme de structure majeure n'a été entreprise dans les vingt dernières années »* analyse René Monory, Président du Sénat, laissant ainsi augurer de l'ampleur des transformations à initier.

Aider le futur à prendre vie...

Alors comment procéder pour mettre en mouvement la France et les entreprises françaises ? Les technologies sont capables d'amplifier et d'accélérer le changement mais ne peuvent enclencher seules les processus de rupture. Dans un contexte de blocage, elles créent des brèches dans le modèle, soutiennent la dynamique de transformation et entretiennent une poussée irréversible vers le futur. Avec elles, plus rien ne sera comme avant et le changement est en marche.

C'est le sens des projets que nous proposons dans *Changement climatique pour la France* : ils ne sont pas une plate-forme de gouvernement mais un ensemble de pistes privilégiées pour libérer des potentiels, lancer des expérimentations et aider le futur à prendre vie.

S'il est décisif de libérer l'esprit d'initiatives pour mettre à profit les opportunités ouvertes par le nouveau système technique en émergence, une autre compétence majeure doit être développée : la connaissance des processus de changement, des mécanismes de résistance, des jeux d'acteurs. *« Il faut être sociologue et non praticien »* constate le Président René Monory lorsqu'il commente la capacité de transformation de la France et de ses entreprises.

Et s'il ne restait qu'un dernier message...

Les nouvelles technologies de l'information et de la communication sont *naturellement* l'affaire de la France, parce qu'elles sont porteuses de sens et qu'elles font partie du nouvel horizon de l'humanité. Parce que la France est une terre d'innovations, qu'elle a ce génie qui l'a toujours maintenue dans le sens de l'histoire, il nous semble impensable qu'elle ne joue pas un rôle clé dans cette mutation.

L'ère de la communication apporte un nouvel élan : la mise en réseau des savoirs, le maillage planétaire de l'intelligence, le dépassement des contingences matérielles de l'espace et du temps. Lorsque nous serons persuadés que l'ère de la communication appelle un nouveau système social et relationnel et que nous accepterons de questionner notre modèle actuel de société industrielle, alors nous aurons l'esprit libre pour réinventer un nouvel équilibre. Une chose est sûre, nous disposons des ressources, des compétences, des énergies mais aussi de l'histoire et de la culture indispensables à l'avènement d'une économie et d'une société digitales « à la française ».

GLOSSAIRE

Glossaire technologique

Agent intelligent : module, programme de recherche, capable de « naviguer » dans des réseaux d'informations ou des bases de données afin d'identifier et de sélectionner des éléments pertinents pour un objectif précis, ou de filtrer des flux d'informations. Un agent intelligent peut par exemple prendre en compte le profil et les souhaits d'un utilisateur pour sélectionner les nouvelles du jour, ou naviguer sur Internet pour faciliter un choix de produits ou de services prédéfinis (prix, qualité, proximité...).

Borne multimédia : écran (tactile ou traditionnel) et clavier (classique ou simplifié) d'utilisation grand public, permettant d'obtenir dans un lieu public des informations sous forme de données, d'image et de son sur des produits ou services, voire de les commander et de les règler. Appelé aussi quelquefois « kiosque ».

Centre de relations personnalisées ou call center : plateau d'accueil téléphonique regroupant jusqu'à plusieurs milliers d'opérateurs, offrant des services par le média du téléphone. Le centre peut recevoir des appels et fournir des prestations d'information, de réservation, de télé-vente..., ou émettre des appels : promotion, marketing direct...

Commerce électronique : mode de commerce résultant de l'utilisation des réseaux de communication pour présenter des produits et des services, en assurer la promotion et le marketing et, le cas échéant, prendre des commandes et assurer les transactions financières. Le commerce électronique s'adresse notamment au consommateur au travers du minitel et d'Internet mais aussi de la télévision et du téléphone.

Data warehouse ou silos de données : bases de données très performantes permettant de gérer de grandes masses d'informations, et ses outils d'extraction et de structuration des données. Principalement dédiées à la gestion des données clés de l'entreprise : information de gestion ou de production, informations clients...

Échange de données et de traitements informatisés (EDTI) : au-delà de l'EDI, norme prédéfinie d'échanges de documents, l'EDTI permet l'interconnexion (accès aux données, déclenchement de traitements) de deux ou plusieurs systèmes d'informations d'entreprises. Un fournisseur peut ainsi connaître en continu le niveau de stock de son client, réapprovisionner en fonction des consommations réelles et le facturer en conséquence.

Efficient Consumer Response (ECR) : technique permettant d'intégrer les relations entre acteurs de la grande distribution. Elle permet de diminuer les coûts sur la totalité du cycle production – distribution, en optimisant les flux de marchandises dans une démarche de type juste-à-temps, à stocks intermédiaires minimaux voire nuls.

Electronic Data Interchange ou Échange de données informatisées (EDI) : technique permettant, grâce à des réseaux de télécommmunications, de remplacer les échanges de documents papier par des échanges numériques, sur la base de normes (EDIFACT, GALIA...) définissant le format des informations échangées (factures, commandes...).

Groupware ou collecticiel : ensemble d'applications informatiques qui facilitent le travail en groupe sous toutes ses formes (messageries et échanges d'informations, organisation de la circulation des documents, ou workflow, bases de discussions thématiques, gestion documentaire). Les utilisateurs peuvent être connectés sur le réseau interne de l'entreprise ou de l'extérieur via le réseau téléphonique.

Integrated Performance System (IPS) : développement multimédia de supports à la performance intégrés à un système d'informations permettant la formation des utilisateurs dans leur environnement de travail, sur leur propre station de travail. Les didacticiels de formation sont conçus pour s'adapter au profil de l'utilisateur et au contexte de sa demande d'assistance, permettant de s'approcher au plus près d'une formation « juste-à-temps ».

Internet : baptisé Arpanet à l'origine, réseau destiné à relier entre eux les systèmes informatiques du dispositif de défense américain, puis utilisé par des universités comme outil de communication de données et de courrier électronique. Son nom provient d'un protocole d'échanges de données entre sous-réseaux qui a permis une interconnexion sans précédent. Internet connaît aujourd'hui un formidable déploiement au niveau du grand public, avec 50 millions d'utilisateurs fin 1995. Internet permet à partir d'un ordinateur personnel et d'un modem d'accéder à une gamme d'informations et de services dans le monde entier, de dialoguer par courrier électronique et d'accéder à des « communautés d'intérêts ».

Modems : raccourci de modulateur-démodulateur. Appareil d'adaptation servant à transformer des signaux numériques pour les transmettre sur un canal de transmission analogique et inversement. Le modem est l'élément qui permet notamment à un ordinateur personnel de se connecter aux réseaux de télécoms ou à Internet.

Rapid Application Development (RAD) : mis au point aux Etats-Unis au début des années quatre-vingt-dix, le RAD permet de réduire le temps de conception. Cette méthode consiste en une succession d'« ateliers de travail » où les utilisateurs s'expriment puis font évoluer directement avec les équipes informatiques des prototypes du futur système.

Système intégré de marketing et de vente (SIMV) : applications communiquantes, partagées par les équipes de marketing et de vente, incluant l'accès et l'usage intensif de bases de données internes et externes (silos de données/DataWarehouses), à des fins de création de produits, d'analyse de marché, de segmentation des clients, de conception de démarches promotionnelles et marketing, de fidélisation du client...

Vidéoconférence ou visioconférence : réunion de plusieurs personnes situées dans des lieux géographiques différents et communiquant en « temps réel » avec un système d'échange d'images et de son. Des fonctions complémentaires peuvent être disponibles (transmission de textes, de graphiques...). Ces services sont fournis par des opérateurs de télécommunications ou peuvent être effectués sur Internet.

Workflow ou gestionnaire de flux : fonction particulière du groupware qui permet d'automatiser des flux de documents et d'informations entre différentes équipes ou personnes. Un workflow permet de suivre correctement les procédures qui structurent une activité particulière de l'entreprise (initialisation, enrichissement, étapes clés, historique, fermeture...).

Glossaire de la conduite du changement

Agent de changement : acteur convaincu de l'intérêt d'un projet de changement, en charge de faciliter la réalisation de ce changement au sein de l'organisation.

Burning platform ou plate-forme en feu : ensemble de faits ou d'événements dont la perception génère chez des acteurs de l'entreprise la prise de conscience du besoin impératif de changement. Cette perception peut être facilitée par des actions de communications appropriées.

Coaching : technique d'apprentissage permettant de faire progresser un individu ou un groupe à partir de ses compétences actuelles, en l'assistant au quotidien dans son propre cadre de travail.

Co-création/co-conception : démarche de conduite de projet permettant d'obtenir l'engagement des acteurs concernés par le projet en faisant appel à leur capacité de créativité lors de la recherche et de la construction de solutions.

Fulguration : « Action de la foudre sur les êtres animés » (Le Nouveau Robert). Dans l'histoire des sciences et des techniques, mais aussi des arts et des lettres, émergence soudaine d'une idée, d'un concept permettant de dépasser un modèle de pensée.

Ingénierie sociale : ensemble d'approches, processus, méthodes et techniques aidant à la mise en oeuvre de politiques dans le domaine de la gestion des ressources humaines (par exemple gestion prévisionnelle des ressources humaines, référentiel de compétences, dispositifs de formation ou de rémunération, bilans professionnels, techniques d'évaluations des rôles...).

Organisation apprenante : organisation dotée des moyens et modes de fonctionnement permettant aux individus de progresser ensemble, et de développer en permanence leurs propres capacités à atteindre les objectifs qu'ils se fixent.

Power map : (dite aussi carte du pouvoir ou carte relationnelle) analyse des relations, comportements et intérêts à agir respectifs de l'ensemble des acteurs concernés par un changement.

« Vallée du désespoir » : écart perçu par un individu en situation de changement entre ses compétences actuelles et celles qu'il devra acquérir une fois le changement maîtrisé, et générant des craintes, des peurs, des blocages ou des « démissions » face aux enjeux.

Visualisation : principe de conduite de changement et ensemble de techniques permettant, par une représentation physique ou virtuelle, de se projeter et de concrétiser sous forme « vivante » les changements à mettre en œuvre sous leurs différents aspects : outils, espaces de travail, rôles, compétences, modes de fonctionnement, comportements...

BIBLIOGRAPHIE

CHAPITRE 1

Ouvrages et essais

Augé M., *Non-lieux : introduction à une anthropologie de la surmodernité,* Seuil 1992
Bressand A. et Distler C., *La planète relationnelle,* Flammarion 1995
Breton T., *La tribu informatique, enquête sur un passion moderne,* Métailié 1990
Breton T., *La Fin des Illusions - le mythe des années high-tech,* Tribune libre/Plon 1992
Bron A. et Gaulejac de V., *La gourmandise du tapir, Utopie, management et informatique,* Desclée de Brouwer 1995
Ellul J., *La Technique ou l'enjeu du siècle,* Colin 1954
Ellul J., *Le bluff technologique ?* Hachette 1988
Galbraith J.K. *La république des satisfaits, la culture du contentement aux Etats-Unis,* le Seuil 1993
Goldfinger C., *L'utile et le futile, L'économie de l'immatériel,* Odile Jacob 1994
Ichbiah, D., *L'empire invisible - la civilisation des objets intelligents,* Village mondial 1996
Lipovetsky G., *L'ère du vide : essais sur l'individualisme contemporain,* Gallimard 1983
Lipovetsky G., *L'empire de l'éphémère : la mode et son destin dans mes sociétés modernes,* Gallimard 1987
Maffesoli M., *Le temps des tribus : le déclin de l'individualisme dans les sociétés de masse,* Méridiens Klincksieck 1988
Maffesoli M., *La contemplation du monde : figures du style communautaire,* Grasset 1993
Mermet G., *Tendances 1996 - Le nouveau consommateur,* Larousse 1996

Minc A., *La France de l'an 2000 - rapport au premier ministre,* Odile Jacob 1994
Nora D. *Les conquérants du cybermonde,* Calmann-Lévy 1995
Naisbitt J / Abuderne P., *Megatrends 2000,* W.Morrow co 1990
Popcorn F., *The popcorn report,* Doubleday 1991
Perrin J., *Comment naissent les techniques,* Publisud, 1988
Rosnay de J., *L'homme symbiotique,*
Salmon R., *Tous les chemins mènent à l'homme,* Interéditions 1994
Stiegler B., *L'effondrement technologique du temps,* Traverses revue du CCI , Centre Georges Pompidou 1988
Toffler A., *Le choc du futur,* Denoël 1974
Virilio P., *Espace critique,* Bourgois 1984
Virilio P., *Cybermonde la politique du pire,* Conversations pour demain textuel 1996
Weil P., *À quoi rêvent les années 90 ? Les nouveaux imaginaires, Consommation et communication,* Seuil 1993

CHAPITRES 2 ET 3

Ouvrages

Serusclat Franck, sénateur : *Les nouvelles techniques d'information et de communication : l'homme cybernétique ? Rapport (Office parlementaire d'évaluation des choix scientifiques et technologiques),* Direction des Journaux Officiels 1995
Pateyron Emmanuel-Arnaud et Salmon Robert : *Les Nouvelles Technologies de l'Information et l'Entreprise,* Economica 1996
Goldfinger C. : *L'utile et le futile,* Odile Jacob 1994
Livre blanc sur le système de santé et de l'assurance maladie (Comptes de la Nation)

CHAPITRE 5

Ouvrages de management

Baumard Ph., Préface S. Wikham *Prospective à l'usage des managers,* 1995, Litec,
Bleeke J. et Ernst D., *Collaborating to compete,* John Wiley & Sons 1993
Carlzon J., *Renversons la pyramide !* Interéditions 1984
Cova B. et Wickham S., (sous la direction de) *Stratégies d'incertitude,* Economica 1996
Devaux M., Robert M., *Penser Stratégie,* Dunod 1994
Dou H., *Veille technologique et compétitivité,* Dunod
Ekland I., *Calcul et imprévision,* Gallimard 1984
Garrette B., Dussauge P., *Les stratégies d'alliance,* Editions d'organisation 1995
Godet Michel., *De l'anticipation à l'action,* Dunod 1991
Iribarne (d') Ph., *La logique de l'honneur.* Gestion des entreprises et traditions nationales, Le Seuil 1989
Mintzberg H., *Structure et dynamique des organisations,* Editions d'organisation 1982
Mintzberg H., *Le management,* Editions d'organisation 1990
Mintzberg H., *Grandeur et décadence de la planification stratégique,* Dunod 1994
Ohmae Kenichi., *Le génie du stratège,* Dunod 1991
Quinn J.B., *Intelligent enterprise,* Free Press 1992
Savall H. et Zardet V., *Ingénierie stratégique du Roseau,* Economica 1995
Zarka M., Jarrosson B., *La stratégie réinventée ;* Dunod 1995

Ouvrages de sociologie des organisations et de sciences humaines

Alter N., *Sociologie de l'entreprise et de l'innovation,* PUF 1996
Alter N., *La gestion du désordre dans l'entreprise,* L'Harmattan 1990
Bollinger G., Hofstede G., *Les différences culturelles dans le management,* Les Editions d'organisation.
Changeux J.P. *L'homme neuronal,* Fayard 1983

Crozier M., *Le phénomène bureaucratique,* Le Seuil 1963
Crozier M., *La société bloquée,* Le Seuil 1970
Crozier M., *Préface et postface,* in C.Balle et J.L.Peaucelle, Le pouvoir informatique dans l'entreprise, Les Editions d'organisation 1972
Crozier M. et Friedberg E., *L'acteur et le système,* Le Seuil 1977
Crozier M., *La crise de l'intelligence,* Interéditions 1995
Damasio A. *L'erreur de Descartes, la raison des émotions,* Odile Jacob 1994
Fauconnier Th., *Le Talent qui dort,* Seuil 1996
Francfort I., Osty F., Sainsaulieu R., Uhalde M., *Les mondes sociaux dans l'entreprise,* Desclée de Brouwer 1995
Giraud C., *Bureaucratie et changement,* L'Harmattan 1987
Morin E., *Introduction à la pensée complexe,* ESF 1990
Parsons T., *Eléments pour une sociologie de l'action,* Plon 1955

Chapitres 4 et 6

Ouvrages et essais

Boissonnat J., *Le travail dans 20 ans - rapport du commissariat au plan,* Odile Jacob 1995
Boulanger P. *Organiser l'entreprise en réseau,* Nathan 1995
Bruhnes B., *Des habits neufs pour l'emploi,*
Clot Yves, *Le travail sans l'homme?*, La Découverte 1995
Ducatte J.C., *Après la crise - l'entreprise post-taylorienne,* Editions d'organisation 1995
Girard H., *Comprendre le télétravail*, Editions du téléphone 1995
Handy C., *Le temps des paradoxes,* Village mondial 1996
Handy C., *L'âge de déraison,* Village mondial 1996
Landier Hubert, *Dessine-moi une vie active,* Village Mondial 1995
Larrouturou P., *Ca ne peut plus durer,* Seuil 1994
Larrouturou P., *Du temps pour vivre,* Flammarion 1995
Perret, B., *L'avenir du travail,* Seuil 1995
Pichault F., *Ressources humaines et changement stratégique,* De Boeck Université 1996
Quinn Mills D., *L'entreprise post-hiérarchique,* Interéditions 1994

CHAPITRE 9

Auberger P., rapporteur général, *Poursuivre la maîtrise des finances publiques - rapport d'information préalable au débat d'orientation budgétaire,* Les Documents d'information de l'Assemblée Nationale, rapport n° 2760 1996

Boissonat J., *Le travail dans 20 ans - rapport du commissariat au plan,* Odile Jacob 1995

Centre des Jeunes Dirigeants d'entreprise, *L'entreprise au XXIe siècle,* Flammarion 1996

Eurotechnopolis Institut, *Le travail au XXIe siècle - mutations de l'économie et de la société à l'ère des autoroutes de l'information,* Dunod 1995

Fauroux R., *Pour l'école,* Calmann-Lévy La documentation Française 1996

Larrouturou P., *La semaine de quatre jours à la carte - Pour concilier compétitivité économique et bien-être social,* Forum Humanisme et Démocratie, novembre 1994

Les aides à l'emploi, Novelli H., Rapporteur, Péricard M., Président, Commission d'enquête, Les Documents d'information de l'Assemblée Nationale, rapport n°2943 1996

Pangloss n°26, *L'insertion professionnelle des jeunes,* Fondation Nationale Entreprise et Performance 1996

Etude de l'OCDE sur l'emploi - La mise en oeuvre de la stratégie, OCDE 1995

Les jeunes et l'emploi - Recherches multidisciplinaires, Cahier travail et Emploi, Ministère du travail et des affaires sociales, La documentation française 1996

Examens des politiques nationales d'Education, France, OCDE 1996

Logiciels éducatifs et multimédia, rapport de la CEE, janvier 1996

Les systèmes nationaux de financement de l'innovation, rapport de l'OCDE 1995

Les téléservices en France, quels marchés pour les autoroutes de l'information ?, rapport de Thierry Breton remis au Ministre d'Etat, Ministre de l'Intérieur et de l'Aménagement du territoire et au Ministre des PME et du Développement Economique, Octobre 1994

Les autoroutes de l'information, rapport de Gérard Théry remis au Premier Ministre 1994

Recherche et innovation : le temps des réseaux, groupe « Recherche, Technologie et compétitivité » présidé par Guy Paillotin, Préparation du XIe Plan, Novembre 1993

Le système financier français face à l'investissement innovation, rapport remis par Robert Chabbal au Ministre des Entreprises et du Développement Economique 1994

The world Competitiveness Yearbook, IMD 1996

Les administrations et les autoroutes de l'information, vers la cyberadministration : stratégies et pratiques, Jean Paul Baquiast, Editions d'organisation, Collection Service Public 1996

Livre vert sur l'Innovation in Bulletin de l'Union Européenne, Supplément 5/95

REMERCIEMENTS

S'appliquer à soi-même ses propres préceptes ...
Ce livre parle de travail en équipe, de décloisonnement des compétences, d'intelligence en réseau, d'exercice collectif de la vision stratégique, de co-création. Un défi plus difficile encore que de décrire cette nouvelle donne de l'entreprise du futur était... de mettre ces principes à l'épreuve dans la forme de projet sans doute la plus étrangère à notre savoir-faire : écrire un livre. Nous avons relevé le défi de l'écriture à plusieurs mains, en organisant la rencontre au sein de notre organisation des compétences, des expériences et des techniques que nous vivons avec nos clients, en tentant le mélange difficile de la créativité et de la rigueur, de l'enthousiasme pour l'avenir et des leçons du passé. Mais nous avons aussi ouvert ce livre : ouvert à quarante dirigeants d'entreprises, à une douzaine d'intellectuels, sociologues, philosophes, conviés pour une rencontre rare entre les sciences humaines et les sciences de l'entreprise ; ouvert enfin à plus de cent vingt jeunes, de 12 à 24 ans qui vivront la vie que nous avons partiellement dessinée. Ce livre se veut aussi la restitution des moments de ce forum virtuel entre ceux qui font l'entreprise, ceux qui pensent la société et ceux qui vivront à l'ère de l'information et de la communication.

Nos remerciements s'adressent à tous ces contributeurs, élève de seconde ou patron d'industrie, étudiant en médecine ou psychologue du travail. La complexité du sujet est évidente, et les avis divergent. Aucune de ces séances de travail n'a été « tiède ». Beaucoup de jeunes qui y ont participé nous ont même témoigné leur gratitude pour avoir « enfin pu débattre de ces sujets essentiels ». Notre souhait est bien entendu que cette agora virtuelle s'élargisse et montre la voie d'une réflexion globale et collective sur notre avenir.

Nous aurons réussi si vous entendez ce livre non comme un exposé, la voix d'Andersen Consulting, mais comme un appel à développer votre propre réflexion et votre engagement sur des sujets qui le méritent par l'ampleur des enjeux qu'ils recouvrent ; un appel à prendre part à ce forum et à imaginer l'avenir.

Tous nos remerciements à ceux qui ont contribué à ce livre et particulièrement à nos partenaires de la 5e édition de La Cité de la Réussite : **Crédit Commercial de France, Chronopost, MAAF Assurances, SEITA, SNCF et le Conseil régional d'Ile-de-France.**

Quarante présidents et dirigeants d'entreprise nous ont fait partager leur expérience. Nous remercions vivement :

Bernard Attali, président du Collège de gérance de la banque Arjil
Kléber Beauvillain, président, Hewlett Packard France
Jean-Louis Beffa, président, Saint-Gobain
Patrick du Besset, directeur des Ressources humaines, OTIS
Michel Boutinard-Rouelle, président, Havas Média Communication
Dominique Brutin, directeur des Systèmes d'information, Bourse de Paris
Bernard Charlès, directeur général, Dassault Systèmes
Philippe Chérèque, directeur général, Amadeus Marketing SARL
Jean-Jacques Coisy, directeur central des Ressources humaines, Bouygues
Jacqueline Courmont, directrice de la Communication, 3 Suisses France
Jean-Pierre Doumenc, Secrétaire général du groupe Schneider SA
Jean-Marie Dru, président, BDDP Conseils
Gérard Eymery, président, France Télécom Multimédia
Mme Claude Gasné, directeur, Banque Directe
Jean-Pierre Gérault, directeur général, Rank Xerox France
Didier Hernoux, directeur des Ressources humaines, Promod
Marie-Pia Ignace, responsable clientèle à la direction du

Développement, Crédit du Nord
Jacques Languedoc, directeur Informatique, Laboratoires français des biotechnologies
Didier Livio, président, Centre des Jeunes Dirigeants
Francis Mer, président, Usinor Sacilor
Jean Miot, président, Agence France Presse
Jean Morin, directeur de la Production, Aubin
Francis Olivier , président, Sidel
Georges Nicolaou, gérant Future Kids pour la France
Denis Payre, directeur général, Business Objects
Michel Perchet, directeur général adjoint des Cast Members, Produit et Qualité, Disneyland Paris
Docteur Philippe Presles, SIAMED
Daniel Richard, président, 3 Suisses France
Franck Riboud, président, Danone
François Sallot des Noyers, directeur général adjoint, La Savoisienne
Docteur Marc Salomon, M Plus Santé
Jean Schmitt, président, SLP
Jean-Claude Seys, président, MAAF Assurances
Pierre Simon, membre du comité directeur, Compagnie Bancaire
Rémy Souchon, chargé de mission auprès de Daniel Richard, 3 Suisses France
Frédéric Tiberghien, président, Chronopost
Docteur Alain Trebuc, SIAMED
Gilbert Trigano, président d'honneur, Club Méditerranée
Bernard Vergnes, président, Microsoft Europe
Lionel Zinsou, directeur général, Danone.

Douze sociologues, philosophes et psychologues ont apporté leur éclairage critique en contribuant à la « fertilisation croisée » de nos disciplines respectives :

Norbert Alter, professeur de sociologie des organisations, Université de Paris 9 Dauphine
Michel Barat, directeur général du pôle universitaire Léonard de Vinci

Yves Clot, psychologue du travail et spécialiste des questions d'ergonomie, auteur de *Le Travail sans l'homme ?*
André Comte Sponville, philosophe, écrivain
Michel Crozier, sociologue, spécialiste des organisations et du fonctionnement des institutions publiques, auteur de l'essai récent sur les élites françaises : *L'Impuissance des élites à se réformer*
Vincent de Gauléjac, sociologue, professeur à l'université de Paris 6 Jussieu, auteur du *Coût de l'excellence* et d'un ouvrage sur l'utopie de l'informatique, *La Gourmandise du Tapir*
Armand Hatchuel, directeur adjoint du Centre de gestion scientifique, responsable de l'information doctorale *Ingénierie et Gestion* à l'école des Mines de Paris
Edgar Morin, philosophe, auteur de *Terre-patrie*
Chris Parker, psychologue, ancien professeur de l'IMD de Lausanne et aujourd'hui intervenant dans les organisations
Pierre Rabardel, professeur de psychologie du travail à l'université de Paris 8 Saint-Denis, spécialiste des relations et interfaces homme-machine.
Bernard Ramanantsoa, directeur de l'école des Hautes Etudes Commerciales
Renaud Sainsaulieu, directeur de l'Iresco et professeur à l'IEP spécialiste de sociologie des organisations qui a dirigé l'ouvrage collectif *Les Mondes sociaux dans l'entreprise.*

Des personnalités de l'Etat ou de la haute administration ont contribué à enrichir ce débat d'avenir :

Michel Giraud, président, Conseil régional d'Ile-de-France
Jean Leca, président, Conseil scientifique de l'évaluation des politiques publiques
René Monory, président du Sénat
Christian Paire, directeur des ressources humaines, Assistance publique et Hôpitaux de Paris
Yannick Petit, directeur général adjoint, Nouveau Marché

Bernard Perret, rapporteur général, Conseil scientifique de l'évaluation des politiques publiques
Jean-Ludovic Silicani, commissaire à la Réforme de l'Etat
Jean-Claude Trichet, gouverneur de la Banque de France
Serge Valmont, ancien directeur des Ressources humaines, direction départementale de l'Equipement.

Nous ne pouvions parler de l'avenir sans impliquer ses futurs acteurs : à cette fin nous avons invité cent vingt jeunes à s'exprimer sur les nouvelles technologies de l'information et de la communication

Nous avons rassemblé un panel de jeunes de 12 à 24 ans, composé d'élèves du lycée technique professionnel Saint-Nicolas, de collégiens et lycéens du lycée Montaigne et de l'école Alsacienne, d'étudiants d'écoles scientifiques (école Centrale de Paris, école des Mines, ESCPI), de commerce (HEC, ESCP) et de gestion (MIAGE de Paris Tolbiac), de futurs juristes (faculté de droit) ou médecins (faculté de médecine Cochin).

Nous les avons tous accueillis pour expérimenter le « surf » sur Internet, du serveur de Madonna à celui du Vatican, manipuler le multimédia, visionner des vidéos de prospective sur l'environnement professionnel de demain, et leur permettre aussi d'échanger leurs réflexions, de douter ensemble, et de se passionner tout autant.

Les résultats de cette expérience ont dépassé nos espérances. Nous avons choisi de remercier de leur contribution enthousiaste tous ces jeunes, en leur consacrant notre préface ; les prénoms qui y figurent sont fictifs pour laisser chacun libre de ses opinions :

Ibrahim Akabli, Justine Andrieu, Charline Antoine, Jean-Philippe André, Laurent Badiane, Jean-Yves Bagheri, Deborah Banayan, Francisco Barga, Sanahin Basmadjan, Camille Bellet, Fabien Bernard, Aurélie Berthet, Pierre-Olivier Billard, Christelle Bordas, Marianne Bouvette, Raoul Bras, Frédérique Bravin, Clément

Brillaud, Philippe de Brito, Adrien Campos, Grégory Cantien, Vincent Capis, Nicolas Castellet, Noëlle Chan, Brice Chapuis, Alexandre Charpy, Benjamin Cohen, Stéphane Colombet, Jérôme Conin, Vincent Cousin, Nathalie Crosse, Thomas Da Silva, Keyvan Davarpanah, Flora Desprats, Marc Diedisheim, Valérie Dos Santos, Florian Dumont, Alain Dupierre, Stéphane Dupont, Sylvère Dupont-Monod, Alba Escalon, Adrien Felon, Sergio Ferreira, Jérôme Feys, Julie Fillon, Audrey Frageas, Jullian de la Fuente, Lily Galland, Caroline Gérard, Lisa Gomis, Noémie Goudal, Estelle Goux, Julie Grellet, Stanislas Hannoun, Hélène Harraca-Taulet, Grégoire Harraca-Taulet, Henri Helmholtz, Thomas Icart, Gurvan Jan, Souhir Jemel, Thomas Joudalen, Léna Karsenty, Julie Klein, Rodolphe Laporte, Joachim Lebovits, Pierre Le Brun, Paul Le Coz, Capucine Lemaignen, Stéphane Le Thies, Sébastien Lévy, Mathilde Liacre, Shing Lim, Olivier Longin, Luisa Lopes da Silva, Thomas Lourenço, Cédric Lowenbach, Carole Mallet, Claire-Sophie Martin, Christian Maugein, Marc Mechaï, Hyjr Meziane, Nessrine Mezouane, José Milleiro, Reza Mohammadi, Antonin Moisan, Eric Nicolas, Marie Oriou, Paolo Paco, Delphine Panon, Nicolas Parrot, Philippe Paumier, Maxime Picat, Quentin Piepscownik, Grégoire Poinas, Marie-Anne Ratte, Jean-François Rault, Olivier Renoux, Daphné Ribière, Etienne Richard, Olivier Roux, Sacha-Alexandre Russo, Imad Saïkali, Ariane Segalen, David Serre, Yann Siau, Margot Simoney, Mathilde Sivard, Marie Skippon, Grégory Soileux, Frédéric Soldner, Noël Soret, Julien Soubeyre, Anne-Claire Surowy, Nicolas Tasky, Numa Thiellement, Emmanuelle Touret, Raphaël Toutain, Amaury Vandebrouck, Bertille Verret, Léa Veshima Bertin, Claire Vitry, Camille Voisin, Dévika Wijesuriya, Michaël Wolden, Clément Wolf,

ainsi que leurs professeurs et responsables d'établissements :

Mme Baglietto, professeur, lycée Montaigne
Mme Bosser, professeur, école Alsacienne
M. Fuchs, directeur, école Alsacienne
Mme Harraca-Taulet, professeur, lycée Montaigne
Mme Lennuier, professeur, lycée Montaigne
M. Marchal, MIAGE

M. de Pannafieu, directeur adjoint, école Alsacienne
M. Passemard, professeur, lycée technique Saint-Nicolas
M. Sol, directeur, ESCPI.

L'équipe projet Andersen Consulting

Quatre auteurs. Déjà en soi une gageure.
Autour d'eux, il y a bien eu, comme dans tout projet, une équipe, un noyau dur qui a mené à son terme cette aventure ; mais se sont associés à cette équipe beaucoup d'autres consultants qui ont fait de ce livre un événement pour l'ensemble de notre cabinet. Six mois intenses, où chacun a pu contribuer et apprendre des autres.

Le premier cercle
Cinq experts et un cœur d'équipe
La garde rapprochée s'y est consacrée massivement : c'est le premier cercle, avec l'apport de **Michel Crozier**, sociologue, conseiller scientifique d'Andersen Consulting mais aussi :

Yves Laurent, directeur délégué, concepteur de programmes de transformation, spécialiste de l'ingénierie des Ressources humaines
Jean-Claude Bernardon, directeur délégué, spécialiste des entreprises industrielles
Antoine Brugidou, directeur délégué, promoteur d'une réflexion au sein d'Andersen Consulting autour des institutions françaises
Lionel Bry, manager, spécialiste de la diffusion du changement à grande échelle et du marketing de projet
Frédéric Watine, manager, spécialiste de l'analyse des compétences et du « capital humain ».

Une attention toute particulière pour le cœur de notre équipe :
Nicolas Lioliakis d'abord, qui a traversé avec sérénité les six mois de ce projet, maintenu le cap, mais a surtout largement contribué à l'enrichissement des points de vue par ses connaissances éclectiques et la justesse de ses analyses

Emmanuelle Léon, jeune recrue d'Andersen Consulting, navigatrice hors pair dans le réseau mondial d'information Andersen Consulting, et point d'ancrage de toute l'animation quotidienne du réseau des contributeurs.

Le deuxième cercle

Ce premier cercle s'est élargi au fil du temps. Parce que, fidèles en cela à nos façons de faire, des réseaux internes ont été activés et des contributions spontanées sont venues nourrir la réflexion. Il s'agit tout d'abord de l'ensemble des associés et directeurs délégués d'Andersen Consulting France qui ont partagé sur une base informatique dédiée au livre leurs analyses, apporté leur contribution au fond autant qu'à la forme de cette *Entreprise digitale.*
Ce sont aussi :
Yves Harraca-Taulet, manager qui, assisté de **Marion Vergès,** stagiaire, a animé les débats des jeunes autour des nouvelles technologies
Patricia Amarger, manager, spécialiste de la communication interne dans le cadre de projets de transformation
Emmanuel Beeker, manager, spécialiste du pilotage de programmes de changement
Patrick Chotel, consultant, qui a contribué au lancement de nos réflexions et aux premiers contacts avec les sociologues
Isabelle Montfort et **Eric Boyrie,** jeunes recrues d'Andersen Consulting, pour leurs travaux de recherche préparatoires.

Le troisième cercle

Parce que rien ne se fait sans une logistique performante et « transparente » :
L'équipe marketing conduite par **Nancy Katris** au sein de laquelle **Isabelle Bougerol-Fontaine** a tout au long du projet amené sa fraîcheur de vues et son professionnalisme
L'équipe documentation avec **Dounia Laïdi** et **Bénédicte James** notamment qui ont tenu le pari tout au long du projet de fournir, en juste-à-temps, l'ensemble des données thématiques qui alimentaient nos réflexions
L'équipe support composée de **Rosa Macina**, **Anne Epitalon** et **Véronique Mariès** qui ont assuré la délicate mission de gérer les relations avec les dirigeants, les intellectuels, ont accompli des

miracles pour coordonner les agendas.
Le support technologique avec **Catherine Leoni** qui a permis la mise en place d'une base de dialogue et d'échange autour du livre.

Enfin, tous nos remerciements à **Marie-Hélène Mudès** et surtout **Steve Fiehl** de Clarinda pour l'aide et le conseil qu'ils nous ont apportés dans la mise en forme de ce livre.

Achevé d'imprimer par
Brodard et Taupin
en octobre 1996
pour le compte
des Éditions Générales F1RST

N° d'édition : 393
Dépôt légal : octobre 1996
N° d'impression : 6773Q-5
Imprimé en France